伝統中国と近代法、人

松田恵美子著

成文堂

はしがき

本書の元となったのは、一九九七年からほぼ二十年の間に発表した筆者の論文である。どの論文も読み返してみると当時その論文のために、その段階での自分の水準で懸命に考え筆を握っていた時の気持ちが蘇り、どうしても書き直す気にはなれず、そのまま掲載することになったものも多い。しかし既発表論文の寄せ集めととらず、筆者の問題意識を読み取ってもらえると有難い。

振り返れば、「君も研究者を目指してみないか。」という言った本人にどの程度の意味があったかもわからない言葉に、何かおもしろそうだと感じて突然大学院に行こうと思ってから既に三十年以上の年が過ぎている。いいかげんなようだが、案外切っ掛けなどはこのようなもので、この後をどう進むかこそ重要なのではないか。むしろ大学に入る前から何度も、将来どうすると尋ねられる学生たちが気の毒に感じられる。

院生生活に入った一九八〇年代、まだ大学は学問機関の雰囲気が濃く、研究とは十分な時間をかけるものであった。そこからの急激な時代の変化の中、ゆっくりと時間をかけることは許されなくなり、書く人の人生の表現であるのが論文なのだと感じた私の理解は過去のものになろうとしている。かつての大学の「学問」、「研究」というものの雰囲気を最後のギリギリのところで体験できた自分は運が良かったと思う。今やそのようなことを体験していない世代が多くなった世の中で、そう簡単に今に合わせることもできず、やはり良いものはその片鱗でも伝えねばという気負いが一方であったようにも思う。私程度が気負ったところでどうなるものでもないのだろうが、ただ感じたのは、もし研究者であるというのなら、それは芸術家に近く、何よりも大切であるのは膨大な自由に使える時間なのではないかということであった。今や「大学の先生」は暇そうだから、一つこれをやってもらったらどうかという理解が一般的なのかと思われるような時代になってしまったのだろうか。不安である。今後は一体どのような場にいる人が研究者でありえるのだろうか。

不安を口にすればきりがない。今はとにかく、還暦の時に自分の研究をまとめえたことが心より喜ばしい。「先生の研究を本にしませんか。」と声をかけてくださった成文堂の篠崎雄彦氏には深く感謝しなければならない。

思えばこれまでの人生、感謝しなければならない方々は大勢いる。阿部照哉先生、中澤巷一先生、梅田康夫先生、中村茂夫先生、櫻井利夫先生、佐藤正滋先生、皆直接に学問的な指導を受けた先生である。そして職を得てから最もお世話になった（多分迷惑をかけた）のは谷口昭先生であろう。二〇〇三年には法制史学会の開催校でありながら、私は弁当とお菓子の心配をする以外は、シンポジウムでの自分の報告のことを考えていればよかった。随分自由にさせてもらったものである。この他にもあの時のあの言葉有難うございましたとお伝えしたい先生は何人もいるのだが、この場合は一言説明も必要になるため、残念ながらこれ以上は控えておく。

南を見れば白山、西を見れば日本海、それ以外はすべて水田という加賀平野に生まれた。あの頃の日本ははっきりとした四季があり、風景は美しかった。遠い昔のことである。

しばし故郷で時を過ごしまた都会に帰る時には、北陸線の列車の窓から最後に目にするのは母の実家近くの神社の木々であり、これが見えなくなった時にいつも故郷よさようならと心でつぶやいたものだったが、新幹線ができてからは何も見えなくなってしまった。それでも目を閉じれば今も浮かぶのはかつての故郷の風景であり、その中に立っているのは今は亡き祖父母と父であって、いつも私に笑顔を見せていてくれる。一人となった母がいつまでも元気でいてくれることを心より願っている。

最後に本書の出版は「名城大学総合研究所学術研究奨励助成制度」による助成を受けていることを記し、ここに謝意を表したい。

二〇一九年一〇月

松　田　恵美子

初出一覧

一、「伝統中国の法と社会への一試論」名城法学、第四七巻第三号、一九九七年
二、「現代中国大陸民事裁判理論の課題と伝統中国法の視角」名城法学、第四九巻第一号、一九九九年
三、「日本の法文化研究にみられる法意識と『近代』」名城法学、第五七巻第一・二合併号、二〇〇七年
四、「『青鞜』論争から人と法へ」阿部照哉先生喜寿記念論文集、成文堂、二〇〇七年
五、「魯迅の描く『人』と届かない『声』、そして法」社会科学研究、第五八巻第二号、二〇〇七年
六、「伝統中国の科刑原理と徳、礼、法についての予備考察――喜多・中村・川村報告を聞きて――」名城法学、第五八巻第四号、二〇〇九年
七、「蘇力論文と『馬上法廷』を結ぶ『人』」名城法学、第六〇巻別冊、二〇一〇年
八、「台湾法制史と土地法研究」法制史研究六一、二〇一二年
九、「大正期の母性保護論争に見られる三つの論点」名城法学、第六三巻第四号、二〇一四年
十、「『慣習と〈近代〉』研究会についての一報告」名城法学、第六五巻第一・二合併号、二〇一五年
十一、シンポジウム『国家と自由の空間』報告「大正期母性保護論争に見られる個人と国家――『現実の人』と徳・礼・法――」名城法学、第六七巻第四号、二〇一八年

一、二、三、四、六、七、九の論文は、ほぼそのままの形で一つの章となっている。但し誤字やより良い表現との意味での訂正はしている。五論文の一部を書き直して第四章とし、八、十論文の一部を使い第十章にまとめ、十一のシンポジウム報告の元となる原稿に加筆して第一章とした。

目　次

序章

「法」とは何か、「権利」とは何か、常に法学の研究分野にある者の念頭に浮かぶ問いである。ただその場合やはり我々にとって前提となるのは、西欧近代の「法」であり「権利」である。明治以降、西欧近代型の法システムを取り入れた我が国においてはその確立が目指され、そして今もやはりその下にある。しかし「近代法」も完璧ではなく、次第にその限界に目が向けられるようになり、見直しが迫られるようになった。

その一つの動きとして、ポストモダンの波の中で「近代」が問い直される時に、法学においても「近代法」が見落したもの、「近代法」から漏れ落ちたものに目が向けられた。例えば権利の「主体」について、新たな捉え方がなされるようになった。それは「近代法」が前提とした合理的、理性的な「人」というものへの懐疑に基づくものであり、理性的でも合理的でもない「現実の人」に着目するところから導き出された主体への視点である。そこに見られるのは物語や言語により主体は構成されるとの捉え方に基づく「物語的主体」であり、「近代法」が念頭に置く「自律的主体」とは異なる。自律的や自立的或いは理性的とはおよそ言えない「物語的主体」は、周囲との関係性の中で、他者との相互作用、それゆえの内面的葛藤で揺れ動くのである。そのような「主体」が悩みつつなす「自己決定」の意味も問われた。そしてこのような「物語的主体」の発想を生み出す「現実の人」への着目は筆者の見る限りで言えば、日本の法律学においては一九八〇年代から、民事訴訟法学、民法学、法社会学の分野でその動きが現われている。

ところでこのような「近代法」の問い直しに貢献できる視点を法制史研究は持っているように思う。「近代法」とは異なる法の下にある社会を扱う立場にあるためか、「近代法」システムに時として感ずる違和感、それが現実生活で感ずる疑問と重なったところから探究心が生まれるのである。

例えば伝統中国社会においては、人々は「権利」概念を持たずに生きているのではあるが、しかし一定の秩序を保ちつつ取引が活発に行なわれていた。但しそれは統治者に対し個人が権利を主張することは予定されていない社会であり、また個人の間での権利主張の裁定をなすという発想の見られない社会でもあった。

権利概念が存在しないことの負の側面は大きい。しかし一方で今や我々は、過度の「権利言説」の問題性を感じている。それ以外にも法律、規則、そしてマニュアルが次々と必要とされることの反作用として個人の自由の空間が次第に狭められているのではないかとの閉塞感の中にいる。マニュアル作りの側は一度事が起きればより高度な責任を求められるため、それに伴い一層精緻なマニュアルを作ろうとする。それゆえ本来求められるはずであった、自由の空間において当事者一人一人が己自身で判断し行動することの重要性はまるで顧みられないかのような不安を感ずる。

このような多くの問題を抱える現代社会において、一旦「近代」概念から離れて考察することも何らかの意味を持つのではないか。権利概念がなく個が存在する社会、伝統中国社会の民と民との調和的な関係維持方法とは何か、またその社会に見られた礼という秩序維持規範の持つ意味は何か等、これらを追究することに価値はないのだろうか。次々と問いが浮かぶ。その結果「和の中の個」の追究、つまり権利概念を身につけつつも繋がりの分担者としての「個」のあり方への追究や、内面の徳、形式をもつ礼、強制力のある法という「徳、礼、法」の三層構造による社会秩序の維持のあり方の追究等が課題となったのであった。

ところで「近代法」の問い直しの理論面での追究において、ポストモダンの波の中で「物語的主体」という観点が生まれたが、この観点は一人一人の人間、また一つ一つの事件の個別具体性に目を向けさせることから、どうしても法制度のもつ安定性、普遍性との接合の問題が大きな壁となる。一つの対応策として法的ルールを守りながらも、その枠に収まり切らない部分への配慮をなすことと言える「法の技法」が挙げられるが、それも個別具体的対応である。また「物語的主体」は自律、或いは自立した存在ではないとしても、決して自律や自立は不要であるというのではなく、逆にそれゆえにこそそのような「主体」が他人に判断を任せるのではなく、やはり自分自身で判断することが重視されるべきなのであり、このような「主体」が自律的また自立的に生きてゆくことができるよう、法制度はどうあるべきかを考えねばならないということになる。つまり人の不確定性・多面性・複雑性も含み込んで考察する必要があるというのであれば、合理的、自律的な「人」の下で「近代法」システムの確立を目指すに比べ、一層問題は複雑になるように思われる。現実問題として対応は可能なのだろうか。

そもそも「物語的主体」という観点は、どのような意味を持つのであろうか。このような視点を持てば、人の一つの行動を自律的判断に基づくものと速断するのではなく、その判断に到る過程での、関与する者の存在、周囲との関係から生まれる当事者の悩み、逡巡にも思いを致すことを可能にしうるのではないかということである。そこで最終的に筆者の結論となったのは、「物語的主体」の観点とは、法制度の運用時に個々の具体的事態に直面した時に我々が持つべき視点として重要になるものと、捉えざるを得ないのではないかということであった。ただもし視点の重要性として意義があるのであれば、制度面への直接的な作用という点では、どうしても強力な理論的支柱とはなり難い。

そう考えた時、近年経済学的視点から法学研究を捉え直そうとする考え方も登場していることが注目される。「現実の人」の非合理な行動を定式化という手法を用いて明らかにするとか、「社会的厚生」との関係から「権利」を捉えるという発想で法学研究を再検討しようとするものである。この新たな動きは「ポストモダン」とはまた異なる方向から、法学に理論的な展開を迫りうるのではないかと思い到る。それはどのようなものであるのか。定式化される非合理な人の行動を利用することを可能にする側面をもつことを考えるなら、より強力な形で直接的に法制度に働きかけるものとなりうるのだろうか。このような点から新しい動きに関して、正の側面、負の側面の双方が予想されながらも、やはり関心を寄せざるを得ない。

以上のような現代における法学の理論面での展開を意識しつつ、そしてその一方で法制史研究の立場から「近代法」を問い直そうとする時に導き出されたものが「和の中の個」や、徳、礼、法の三層構造による秩序維持の追究という課題であるということになるが、実はこの課題について現段階で何らかの結論が得られているわけではない。

結局は現代社会においてより良き法制度はどうあるべきか、そのためには「法」をどう捉えるべきかとの疑問の下に常にあって、結論はでるわけではないのだが、その時点での関心に応じて論文が生まれ出たように思う。その各々の論文が各章となっているので、ここで簡単に振り返っておく。

本書第二章となった「伝統中国の法と社会への一試論」では、滋賀秀三氏を中心とした東洋法制史の研究成果を辿ることで、「権利」概念の存在しない帝制中国社会における法の特徴を、我々が意識する個人の権利を念頭に置くことで、逆に捉え直すことを試みる。その結果帝制中国社会、つまり伝統中国社会での民と民の関係維持方法を探ることが課題となった。一方治世観に見られる中国の公・私概念を探究する溝口雄三氏の提言にみられる伝統的な中国の公・私の枠組みを維持しつつ新たな人と人の関係を問うとの発想に着目することで、逆に西欧近代の個の観念を前提としたとしても、つながりの分担者として「個」を位置付けられないかとの問いが生まれた。そしてその双方からの問いの結果、「和の中の『個』」の追究という課題が導き出されたのである。

第三章となった「現代中国大陸民事裁判理論の課題と伝統中国法の視角」では、日本に見られる、溝口氏の提言の法理論分野での実践と捉えられるものを含む現代中国大陸の民事裁判理論研究を検討するために、そこに影響の見られる日本の法理論研究の成果を整理した。それらは民事訴訟法の「第三の波」論や、民法学や法社会学における理論であるが、いずれも「近代法」の下での「理性的、合理的な人」に疑問を呈し、「現実の人」を基点として法理論の構築を図ろうとするものであった。そこでは「現実の人」の不確定性・多面性・複雑性を描き出すことが試みられているのだが、紛争をめぐって新しい視座を展開するこれらの理論にみられる当事者の意味、裁判官の役割、実体法規範の位置付けについて分析した。これらの理論においては、紛争交渉行動での人の不確定性に注意を払いつつ、裁判の主体として当事者を捉えたうえで、裁判官の役割、実体法規範の位置付けを論じており、また当事者の自主交渉から始まり、調停、裁判、さらにその後までも含めた過程を相互に関連する連続したものとし、そしてそれらの過程の動態を論じている。以上を踏まえ、これらの理論を意識しながらなされる現代中国の民事裁判の理論研究を検討したところ、そこには二つの方向性がみられ、そしてそのいずれにおいても日本の法理論研究の「現実の人」分析のもつ意味が捉えきれていないという課題が浮かび上がったのである。

第四章「魯迅の描く『人』と法」の元となった論文は「魯迅の描く『人』と届かない『声』、そして法」であるが、そこでは魯迅の小説に描かれた人の姿から、何も理解せず、何も思考していないために他者への抑圧を生み出す「人」、その一方で他者への配慮の心を持つ「人」を示した。そしてその人間像を前提に、「近代法」の枠組みに収まり切らない「現実の人」に着目する研究に現われる、「語り」、「傾聴」、「法の技法」を考察した。人の声を相手の位置より発せられる「語り」と捉えること、生身の人間に向き合い「語り」に耳を傾ける「傾聴」、そして「語り」と「傾聴」の実践のうえで個別具体的状況と法制度の間を繋ぐために生み出される「法の技法」であるが、いずれもがマニュアル化の困難なものであった。

第五章となった「伝統中国の科刑原理と徳、礼、法についての予備考察」では、「近代法」の限界を知るために、「近代法」とは異なる原理を追究せんとし、中村茂夫氏の研究にも大きく拠ることで、伝統中国に於ける科刑原理、そして律の特性を追究した。その結果律のもつ社会秩序維持機能を考えるうえで徳、礼、法の三層構造、即ち、人の内面的規律に関わる徳、形式をもち、それにより人の行動を規制する礼、規制のための強制力をもつ法（刑）の関係を検討することの重要性が明らかとなった。

第六章となった「蘇力論文と『馬上法廷』を結ぶ『人』」では、映画「馬背上的法庭」を題材とする蘇力論文「高く険しい中国の法治――映画『馬上法廷』を通して」に見られる視点を、中国大陸民事裁判理論の展開の中に見られた二つの方向性との関係で分析した。即ち基本的には西欧近代型の法制度を確立せんとする方向性と、「近代法」を当然視せず中国大陸社会の特性を活かした法制度を構築せんとする方向性である。二つの方向性の模索は、その接点にある「人」に着目させることから、「現実の人」分析を課題とすることに繋がる可能性もあるが、結果として蘇力氏の視点は、むしろ人と人の関係のあり方を探る「和の中の『個』」の追究に通ずるものであった。

第七章となった「日本の法文化研究にみられる法意識と『近代』」では、川島武宜『日本人の法意識』以降の日本における法文化研究を辿った。その結果法文化研究は「近代法」の限界に目を向けさせ、そして近代の限界を意識することによって、現代社会に求められる法秩序の探求をなすための端緒となる視点を与えるとの役割を担うのではないかとの考え方が導き出されたのである。

第八章となった「『青鞜』論争から人と法へ」では、『青鞜』上の女性たちの論争から、当時の女性たちが人為的に作り出された男性支配‐女性従属という社会構造的な女性への抑圧を敏感に感じ取っていたことを示し、その視点の延長線上にある現代フェミニズムの論ずる所と、さらに法律学との理論動向の重なり合いということで、「主体」の問題を考察した。主体が言説により形成されるとの視点に立ち、それゆえ一人の人間は確立された統一的個体とは捉えられず、断片の集積と捉える発想を生み出したフェミニズムでは、自律的な「主体」概念の拘束から逃れるために「行為体」との表現も用いられる。そこでこの「行為体」と、「近代法」の前提とした自律的、理性的主体とは異なる近年の日本の法律学で言う「物語的主体」が重なり合うことを明らかにした。このような「主体」の捉え方は「自己決定」の意味を問題にする。例えば周囲との関係性の中、他者との相互作用、それゆえの内面的葛藤の末になされた決定を、「自己決定」の一語の下に責任を帰せしめる理由としてよいのかという問題である。そしてまたこのような主体の捉え方は、人が最終的な判断に到るまでの過程における関与者の存在、当事者の悩み等に目を向けさせるという点で重要な意味を持つことを指摘した。

第九章となった「大正期の母性保護論争に見られる三つの論点」では、『青鞜』休刊後の女性たちの論争ということで、「母性保護論争」を取り上げ、現代のフェミニズムの論ずる所に繋がる三つの問題が論じられたことを示した。母性の保護のために国家は女性に如何に関わるべきかについて論争となった際に見られた、国家と女性（個人）の関係をどう捉えるかという問題、個人を個として捉えるのか或いは関係性の中または共同体の中の個人として捉えるのかという問題、そして女性が担うことになる家庭での労働を不払い労働としてよいのかという問題である。

今回新たにこの序章の他、第一章と第十章をまとめ、終章を加えて結びとした。

第一章「『近代法』と『人』と秩序」は、シンポジウム「国家と自由の空間」での筆者報告に基づくものである。国家が定める法と個人の自由の空間という観点に立ち、母性保護論争にみられる個人と国家の関わり方についての意見の対立に着目し、そこから個人の自立を最大限に尊重する考え方を明確化した。そしてその考え方と近年の法律学に見られる「物語的主体」という見方が含む、人を不確定な存在と捉えながらも個人の内なる創発力を「支援」する発想との共通点を確認した。また「物語的主体」とは異なる方向から「現実の人」に迫ろうとする動きにも注目した。例えば民法学に見られるような、行動経済学に基づいて「現実の人」を分析するものである。そこでは人間の一般的な行動傾向が関数や数式を用いて示されるが、その人の姿は決して合理的といえるものではない。つまり「現実の人」の非合理な行動を定式化という手法で明らかにする方向性も登場しているということになり、「現実の人」は異なる二つの方向から追究されている。そしてこのような理性的でも合理的でもない「現実の人」の間に秩序をもたらすにはどうすればよいのか、その鍵が歴史的事象の中に見い出せないのかということから、伝統中国に見られた徳、礼、法（刑）の三層構造のもつ意味を考察した。

第十章「法学に見られる経済学的視点と『権利』」は、前掲「日本の法文化研究にみられる法意識と『近代』」の一部に拠る他、拙稿「台湾法制史と土地法研究」と「『慣習と〈近代〉』研究会についての一報告」の一部を使ってまとめたものである。川島武宜氏の時代には念頭に置かれなかった「法の過剰」、所謂「法化」の問題や、また「権利言説」の問題に対して、近年の新たな動きと言える経済学的視点が何か有効な対応策となりうるのかという問いを抱くところから、我が国における明治以降の「権利」に関わる問題ということで、明治政府下の土地制度形成過程で見られる権利関連問題と戦後の「近代的土地所有権論」を辿ったうえで、近年の法律学において経済学的視点から「権利」を検討する研究に注目した。そこでは財の社会的レベルでの効率的利用という観点からの権利の正当化、さらには権利を制限することの正当化が示されている。そして「社会的厚生」対「権利」の問題が指摘されている。

以上より、西欧近代法システムを改めて検討するためには、「現実の人」分析が一つの鍵となるのではないかと思われた。そしてその「現実の人」とは、人は言説により形成されており、究極的には断片の集合体と捉えざるをえないという考え方に示されるように、多面的であり、不確定な浮動的な存在である。しかしその一方で断片の集合であるなら、自身の中の断片が他者のもつ断片と共鳴する可能性があるということにもなる。

このような人の捉え方は「近代法」の前提とした「合理的な人」への懐疑から生ずるものだが、しかしそれは弱き者としての「現実の人」に手を差し伸べるとか、すべてについて法、ルール、マニュアル等を準備すべきだとする発想に繋がるものではない。断片の集積であっても、なお断片同士が共鳴するというように、このような「人」

を基点としてもなおまた解決策は見い出せるということであり、それは「現実の人」の内にある創発力に掛けようということである。そしてそこに関わるのが自由の空間である。ところがその一方での難問が、人は何を理由にしても抑圧を生み出す存在であるうえに、その点について非常に鈍感な存在であることである。これはフェミニズムが明らかにしたことである。そのため逆に我々は無意識に生み出される、抑圧に繋がる社会構造に常に敏感であらねばならないという難題を抱えていることになる。さらにまた「現実の人」については、経済学的発想からの分析も始まっていることを考えると、この分析手法のもつ意味も問われることになる。

単純に近代の理想を信ずることのできた時代を過ぎて生きる我々は、より多くの思考を要求されているということであろう、自由な空間の中で、一人一人が自分自身で考えることができる重要性を再認識しつつ、多面的に思考せざるを得ない状況にあるとの前提に立ち、改めて歴史事象を振り返った時に何が見えてくるのかということを追究せねばならない。

第一章　「近代法」と「人」と秩序

始めに

「法とは何か」、法学という研究分野にいる者にとって常に念頭にある問いである。その答えに迫るには、様々な局面からこの問題を探究する必要があろう。

さて近年実感として感じられる事としては、制定法の数が年々増加しているというものがあるが、では一体制定法はどこまで必要なのであろうか。

国家が法を定めることで不正は防止され、公平が保たれることは確かではあるものの、その反面自由の空間が狭められるのもまた確かではないか。

この点につき歴史を振り返ってみると、伝統中国では統治者による社会秩序維持のための成文法は膨大な量になるまで発展していたが、その反面実定私法の体系的な発展はみられなかった。しかしながら人々の間では一定の秩序が保たれながら私法上の取引は活発に行なわれていたのである。

このように考えると、統治権力或いは国家が定める法と個人の自由の空間という観点から歴史的事象を見てみることも、法を考えるための一つの視点として有益に思われる。そのためここでは大正時代の「母性保護論争」を取り上げたい。この論争からは、国家による個人の保護というものを考えた時、個人の自立を最大限に尊重したうえで保護すべきであるとの考え方が導き出せる。

そこでこの個人の自立を最大限に尊重するという発想が現代の法律学においても非常に重視されている観点と重なり合うことを確認したうえで、伝統中国に見られた徳、礼、法（刑）の三層構造が、個人の自由の空間を保ちつつ法を定めるための重要視点を与えてくれることを示したい。

一　母性保護論争より見る個人と国家

「母性保護論争」は、与謝野晶子「女子の職業的独立を原則とせよ」（『女学世界』一八－一、一九一八年一月）と「女子の徹底した独立」（『婦人公論』三－三、一九一八年三月）での主張が発端となった。

与謝野晶子は、女子は経済的に男子に依拠せず徹底して独立せねばならないと主張するのだが、与謝野は働かなければ生活できない状況にある女子ではなく、親兄弟や夫の財力によって自分自身は働かなくとも生活はできる女子に対して、自労自活を呼びかけるとしている。まもなく世界大戦が終わることを予想し、戦後の社会の激変に経済上の無能力者である女子は男子以上に備えなければならないと与謝野は考えたのである。また与謝野は、生殖的奉仕によって婦人が男子に寄食することは奴隷道徳に等しいのであるから、これと同じ理由から国家に寄食してはならないとする。婦人は如何なる場合も依頼主義を採ってはならないとして、男女相互の労働によって経済上の保障が得られる確信がない限り、結婚、分娩すべきでないと言う。このため与謝野は欧米の婦人運動に見られるような、妊娠分娩等の時期にある婦人が国家に経済上の特殊な保護を要求することに賛成できないとしたのである。

この主張に対して平塚らいてうは「母性保護の主張は依頼主義か」（『婦人公論』三－五、一九一八年五月）において反論する。平塚は、欧州では私生児を生んだ女性は社会的に非難され、経済生活面で困難に陥る一方で、私生児の父は法律上何の責任も負わない状況にあり、その下で私生児たちについて多くの問題が生まれていると指摘する。そのうえで平塚は、国家は私生児の心身の健全な発達を計らねばならず、そのような子供の保護のためには、その母を保護する必要があるので、母親の妊娠、分娩、育児期の生活の安定を国家は助けなければならないとするのである。さらに平塚は、婦人は母となることで、個人的な存在から社会的、国家的存在となるのであるから、母を保護することは一婦人の幸福のために必要というだけでなく、その子供を通じて、全社会の幸福、全人類の将来のために必要になるとも言う。

平塚のこの反論に対して与謝野は「平塚さんと私の論争〈粘土自像〉」（『太陽』第二四巻七号、一九一八年六月号）で再反論している。与謝野は、経済的に独立する自覚と努力さえあれば、母の職能を尽し得ないような不幸に陥ることは避けられると考えるため、国家の特殊な保護は、或種の不幸な婦人のために已むを得ず要求されるべきものとし、一般の婦人にとって望ましいものではないと考える。与謝野はこのような保護は、経済上無力にならぬようにすべきという自覚の育成を阻害し、経済上の無力から生ずる不幸が予想されても安易に出産するような夫妻を作りだすとみているのである。

与謝野に対して平塚はさらに「母性保護問題に就いて再び与謝野晶子氏に寄す」（『婦人公論』三－七、一九一八年七月）で反論する。平塚は、子供は私有物ではなく社会のものであり、国家のものであるとし、子供の数や質は国家社会の進歩発展に大きく関係するので、子供を産み且つ育てる母の仕事は個人的な仕事ではなく、社会的、国家的仕事だとする。そしてこの母の仕事は婦人のみに課せられた社会的義務であり、さらによき子供を産み、よく育てねばならないという二重の義務になっているとする。このような義務を負う母を国家は十分な報酬を与え保護する責任があると言うのである。

この論争にはさらに山川菊栄、山田わかが加わり論点が一層広がってゆくのであるが、ここでは女性或いは個人に対する国家の保護ということで、与謝野と平塚の対立点に絞って見てゆくものとする。

与謝野は経済的に独立する自覚と努力さえあれば、母の職能を尽くし得ないような不幸に陥ることは避けられると考える点に見られるように、個人に強い自覚と努力を求めており、これに応ずることが不可能な女性は極一部に限られるはずだとの捉え方をしている。個人の自覚と努力は非常に重要であり、それを要求することも問題はないと思うが、与謝野のようにわずかの例外を除いてすべての女性（或いはすべての個人）はこの要求に応じられるはずだと捉える感覚にはやはり現実問題として賛同しにくいのではないだろうか。

とはいえ平塚のように母親の妊娠、分娩、育児期の国家による保護は当然として、保護を絶対視する考え方も個人の自立という面を等閑視しているのではないかとの危惧を覚えさせる。特にこの平塚の発想は子供は社会のもの、国家のものとする考えとなり、母の仕事も社会的、国家的仕事とする方向に繋がっているのであり、その先に待っている国家権力の存在を思うと無防備と言わざるを得ない。

こうして見ると与謝野と平塚いずれにおいても、一方はあまりにも個人の自立を強調し、一方はそれをあまりにも考慮しないということで、個人の捉え方にいささか問題を感ずることになるのである。

二　「現実の人」と物語的主体

さてここで「個人」或いは「人」ということで、近年の法律学の研究状況を振り返ってみる。

法律学においては、「近代法」が前提とした「理性的な人」または「合理的な人」への懐疑が提起され、理性的でも合理的でもない「現実の人」に着目する動きがでてきて久しい。そのため特に「主体」が再考されることになり、主体は物語や言語により構成されるというような捉え方に基づく「物語的主体」が、周囲との関係性の中で、他者との相互作用、それゆえの内面的葛藤で揺れ動く様が描かれる。そして「近代法」が念頭に置く「自律的主体」とは異なる、理性的でも合理的でもないこのような「物語的主体」が迷いながら行なうものが「自己決定」であるとの捉え方が登場している。

この立場に立てば与謝野の個人（或いは女性）に対する要求は単純にすぎるということになる。つまり与謝野は理性的でも合理的でもない個人（「主体」）が周囲との関係性の中で揺れ動いていることには全く目を向けていない。しかし一方で与謝野の徹底した個人の自立という点への拘泥りは決して軽視できない。実は近時の法律学においても、「主体」を「自律的主体」としてではなく、「物語的主体」と捉えながらも、なお且つその上で「自己決定」するのはあくまで当事者自身であることが強調されるのである。「物語的主体」であったとしても周囲や、まして国家がその自律や自立を妨げたり干渉すべきではないのである。よってこの点からすれば平塚のような妊娠というような一定の要件が具わった場合は国家の保護があって当然との主張は、個人の自律や自立にあまりに無頓着という印象を与える。

ところで与謝野は「物語的主体」の発想に見られる現実の人に対してあまりにも冷淡であった。対して現代の我々は「物語的主体」の視点を持つことは不可欠と思われ、その一方で与謝野の拘泥る徹底した個人の自立を重視しなければならないのであるからより複雑な状況にある。「物語的主体」との捉え方に立った上で、個人の自立はどうあるべきかを考えなければならないのである。

また与謝野は女性への国家による援助を安易には認めず、已むに已まれぬ場合のみの援助でよいとの立場である。平塚のような国家による母性保護を絶対視する立場は国家権力というものの脅威を意識するなら簡単に賛同はできないが、しかし与謝野の考え方も現実を考慮するならこちらも単純には賛成はできない。しかしながら与謝野が女性（或いは個人）の自立を最大限に尊重しようとしているために、個人が当然のように国家に依存することは避けるべきであると考えているのだとすれば、やはりその考え方は重要である。

この与謝野の考え方は、現代における「支援」概念を思い起こさせる。「物語的主体」であっても、「自己決定」はあくまで当事者自身がなすものとする立場からすると、周囲には干渉でもなく、パターナリズムでもなく、当事者自身が決定することを支える役割が求められる。このような役割が「支援」である。

このように考えると与謝野の主張は現代にも通ずる重要な側面を衝いていたことになるのではないか。

ただ関連して言えば、平塚の主張も現代論じられている「差異か平等か」の問題と関わっていることも指摘せねばならない。つまり男性と女性の間の様々な生物学的・生理学的「差異」の存在を認め、それに対して一定の対応策をとることは、形式的に「同一」の取り扱いをするより、実質的な意味での女性の「平等な取り扱い」に繋がるのではないかとの議論に通ずるのである。

与謝野・平塚いずれの主張も現代の議論に通ずる面をもつと言えるが、国家の制定法と個人の自由の空間の関係を問うことから、ここでは与謝野のもつ徹底した個人の自立を重視する視点に注意したい。ただ既述の如く現代においては、理性的や合理的であることからかけ離れた現実の人の姿を前提に個人の自立を問わねばならなくなっている。そこで先述の「物語的主体」への「支援」という考え方が登場したわけだが、この「現実の人」というものを問うことに関し、法律学ではさらに新しい観点が加わり始めていることをここで挙げねばならない。

実はかつて「法主体」を追究する法社会学会のシンポジウム「法主体のゆくえ」（二〇〇五年）では、「法主体」を巡る二つの方向性が指摘されており、その一つが「物語的主体」に到るものであり、もう一つが「合理的・自律的主体」像のさらなる追究であった。その後者の動向との関連である。

三 「現実の人」の経済学的追究

前掲シンポジウムでの報告「法主体のゆくえ」で示されたように、「合理性」、「自律性」を中核として法主体像を構想し実践してゆくことの限界が様々な分野で論じられていることと共鳴しつつ、新たな主体像の検討が試みられた。そして「法主体」を巡る二つの方向性として、物語や言語により主体は構成されるというような観点に基づく「物語的主体」に到る方向と並んで、近代的な合理的・自律的主体像のさらなる追究という方向も看過し難いとされた。この方向性は、合理性の内実をより明確に定式化し、操作可能な概念として合理性概念を理論の中核に据えようとする理論動向を典型として念頭に置くと述べられている。

この合理的・自律的主体像をもう一歩踏み込んで考えようとする動向の現われと言えるのが、非常に逆説的であるが、「現実の人」の非合理な行動を定式化という手法を用いて明らかにするものではないかと思われる。人間の非合理性を合理的手法で明らかにするものとも言える。そしてこの方向性が近年、例えば民法学の研究に現われる。そこでは行動経済学に基づくことで、理性的でも合理的でもない「現実の人」の姿が示されている。人間の一般的な行動傾向が関数や数式を用いて示され、また人の行動が具体的な実験で明らかにされるのだが、この場合どのような姿が示されるのか、その具体的例示の部分を中心に参考として挙げる。

例えば人は不確実な利得よりも確実な利得を取ろうとする傾向がある。具体的に言えば、六〇パーセントの確率で一〇〇〇万円が当たるが、四〇パーセントの確率ではずれる宝くじは期待値としては六〇〇万円の価値を持つわけだが、六〇〇万円の現金を持っている人にこの宝くじと現金を交換しないかともちかけても、一般にその交換に人は応じないということである。もしかすると一〇〇〇万円得られるかもしれないとしても、確実に手元にある六〇〇万円の方を優先するのである。このような確実な利得を手にしている状況では、人は利得についてはリスクを避ける心理的傾向があるということになる。

では別の状況ではどうなるのだろうか。ある人が取引を行なったところ、六〇〇万円の損失が出た場合である。もし取引を継続すると六〇パーセントの確率でさらに四〇〇万円の損失が出るかもしれないが、四〇パーセントの確率で六〇〇万円の利益が出るとする。つまり六〇パーセントの確率で損失は一〇〇〇万円に拡大するかもしれないが、四〇パーセントの確率でこれまでの損失がゼロになるのである。この時人は取引をやめて六〇〇万円の損失を確定するより、取引を継続して挽回の機会に賭けようとする傾向がある。

先程述べたように六〇〇万円の現金を持っている人が一〇〇〇万円もらえるかもしれないと言われても、その賭けには応じようとしないのだが、損失が挽回できるかもしれないとなると、不確実な損失挽回に賭けようとするのである。損失を蒙ったとなると人はリスクを回避するのではなく、リスクを取る存在となってしまうのである。

このような人の性癖は一〇〇パーセントの人に当てはまるわけではないのだが、しかし一定の割合でこのような性癖を持つ人がいることは確かである。それゆえそれを利用する投資の勧誘行為が生まれると指摘され、その観点から投資勧誘行為に見られる違法性の検討がなされることになる。

このような性癖を持つ人が一定割合いることを経験的に知悉する投資勧誘会社は、多数の人に勧誘を行ない、一部その勧誘に応じた人がいるなら、まず少額でよいから投資取引を始めてもらえばよいのである。もし利益がでるなら、勧誘会社は投資額を大きくするように勧めてゆく。勧誘会社は投資家が取引を継続している限り、手数料収入を得るのであり、投資額が大きくなるなら手数料収入もより大きくなる。そしてもし投資家が損失を出したとなれば、投資家は損失挽回のためにはリスクを負ってでも投資に賭けようとするわけであるから、投資勧誘会社は不確実でも大きな利得のある投資を持ちかけることができる。繰り返すが投資勧誘会社は投資家が投資を続ける限り手数料収入を得るのである。

このような行動経済学に基づいて人の行動傾向を視野に入れる立場からは、従来説に対して新たな視点が提供されている。つまり従来は投資の勧誘行為の違法性について、取引開始時の説明義務が非常に重視されるのだが、先述の如き性癖をもつ人の一定割合の存在を利用できるという前提に立てば、投資家がどのような精神状態におかれた状況での勧誘であったのかに、より関心を寄せるべきではないかという指摘がなされるのである。取引開始時にリスクを伴うことを十分説明され、用心のため少額の取引を開始したということであっても、先述のように人が投資を拡大し、その後に損失挽回の網に搦め取られてしまうのなら、もはや事前の規制である説明義務には効果が望めないことになる。そして勧誘会社は、投資家が取引をやめたと言わぬ限り手数料収入を得続けるのである。

またさらにはこのような人の行動パターンを利用する勧誘行為が頻発すると社会的厚生が害されるとの観点から勧誘行為の違法性を論じうることも指摘されている。公正の観点だけでなく、社会的厚生という、市場、効率性と大きく関わる観点も併せつつ規制のあり方を図ることも主張されている。

以上民法学の先行研究に基づいて述べたが、ここに見られるのは理性的でも合理的でもない「現実の人」の姿であった。

ところで人の一般的性癖を利用することで勧誘する側にとって利益となるように人に決定をさせたというのであれば、この決定は当事者だけの決定とは言えないということになる。つまり「物語的主体」が他者との相互作用の下で決定するに到った状態ということにもなる。それゆえ如何なる精神状態にある時の勧誘の結果であるなら、勧誘する側の行為に問題があると言えるのかを問わねばならないと指摘されることは、「物語的主体」の観点からも理解できることになる。そしてこのもう一つの主体追究の下では自己の「決定」について、「物語的主体」の観点の下では避けるべきものとされた関与者による誘導が、明確に浮かび上がっている。

以上、「近代法」が前提とした「理性的な人」については別の側面からも疑問視されていると言える。とはいえ理性的でも合理的でもない「現実の人」ではあるが、そのような「人」が自立的に判断することをやはり重視すべきだということになると、この点を念頭に置いたうえで法制度を考えねばならない。ではその場合国家の定める制定法と個人はどのような関係に立つことになるのだろうか。

但し我々の関心は、このような問題を考える鍵が何か歴史的な事象として存在したかどうかという点であるので、ここで歴史を振り返る。

四　伝統中国の徳、礼、法

上述の如く、「近代法」が前提とした「理性的な人」「合理的な人」に対し、複数の角度から懐疑が強まっていると言える。では「現実の人」という観点に立ったうえで「人」が自立的に判断することを最重要視し、そして法のあり方を考えるにはどうすればよいのだろうか。歴史的な事象の中に何か鍵となるものを見い出せるだろうか。

ここで挙げたいのが伝統中国で見られた徳、礼、法（刑）という三層構造による社会秩序の維持という発想である。徳、礼、法（刑）については、拙稿「伝統中国の科刑原理と徳、礼、法についての予備考察――喜多・中村・川村報告を聞きて――」において筆者なりのまとめを行なった。その部分をここで振り返ってみる。

しばしば引かれる『論語』・為政篇によれば、統治者が徳を具え、徳に基づいて人々を統治すれば皆その統治者に従い、また徳で導くとともに、人々の行動を正すために礼を用いるなら、人々は不道徳を恥じ正しく生きるようになると言う。

そこでこの徳と礼は各々どのようなものと言えるかであるが、まず徳について言えば、最高の徳は仁とされる。

この「仁」の意味するところを金谷治『孔子』（講談社学術文庫、一九九〇年）の解説（六五－七〇頁）によりまとめてみる。

仁は愛情にかかわる徳だとほぼ一般的に解釈される。その愛とは如何なるものか考えてみると、孔子は仁を問われた時に、自分が望まないことは人にもしてはならないと答えるところから、仁は他人に対するおもいやりと言える。また孔子が、口さきがうまく顔つきがよいことには仁が少なく、正直で飾りけがないことが仁に近いとすること等から、仁は私情に流されない公正な立場にある愛となる。つまり公正なまごころに基づき、他人へのおもいやりをもって行動することが仁の意味する愛となり、これが仁の意味する徳となる。『論語』では孔子が道としてつらぬこうとしているものは忠恕であるとしており、この忠恕が仁の説明に合致する。忠がまごころ、恕が他人へのおもいやりということになる。

以上金谷氏の解説によったが、このような忠恕を核心とする徳を身につけた統治者が人々を導くのである。それによって人々も皆徳に基づいて行動するようになるなら、社会の秩序は安定し、すべての人々が幸せに暮らせるということになる。しかし徳を具えた統治者であっても、すべての人々を徳に基づいて行動させようとすることは、決して容易ではない。徳のような形のない人の心の内面に関わるものに基づいて行動させるということが容易でないことは、理解できるところである。この困難に対処するために礼を用いることになるのだが、礼についても金谷氏の解説（七七‐八四頁）に基づいて見てゆく。

「礼」はもともと祭祀の儀礼を意味することばであったが、『論語』においては宗教的・神秘的意味は薄れ、道徳性が強くなっているといえる。『論語』においては礼の形式とともに、礼を支える精神が重視されているのである。孔子は意味のない形式を尊重するのではないが、しかしその根本にある心を重視するゆえに形を尊重した。孔子は礼の形式はまごころから発した仁徳が具体的に現われたものとするのである。そしてこの礼のはたらきは孔子によれば個人の修養のためだけでなく、国家の政治にとっても重要となる。孔子の理想とする徳治は、忠恕に基づくという内面的な主観性を求めるとともに、外面的に礼の形にかなっていることも求めるのである。但しこれは忠恕に基づくこと、つまりまごころに基づいて行動する時、それが礼の形式に則っているという意味なのである。

ところが孔子と若干異なる礼の捉え方もある。やはりしばしば引かれる『荀子』・礼論篇によれば、人は本来欲をもつものであるので、その欲望ゆえに必ず争いが起きることから、礼を定めて、人々にそれを守らせることで、人々に欲を制禦させるという。荀子においては、礼は孔子のように仁の徳に基づいた行動の現われというよりは、人々の行動を規制するものとの意味が強くなっている。

このように孔子と荀子では、徳に基づいた行為の発現形式と徳に沿わせるための規制の方式という点で、礼の意味に違いが見られるが、徳とは異なり形をもつという点で一致している。

そこで形式化された「礼」であるが、例えば「服制」がある。「服制」とは親族の死に際し、どのような喪服を着け、どれだけの期間喪に服するか等につき、亡き人との親族関係の親疎に応じて細かく定めたものである。この服制に従って喪に服することで、例えば親を亡くした時の子としての悲しみを表わすことができる。礼の形式を守ることで、人は徳を身につけた人としての行動をとることができるのである。

人に道徳心或いは自立心を身につけさせることの難しさを身をもって知っている我々にとっても、礼のように形式を定め、それを守らせることによって徳を身につけさせようとする発想は十分理解できる。ところが実は形式をとることの落とし穴が存在する。形式にのみとらわれ、それゆえその形式が本来は徳に基づく行動をとるための便法であったことを人は忘れるということである。つまり一つの形式を定めると、如何に細かな形式を整え、如何にそれを守るかに人は血眼になり、本来目指すべき徳に基づく行動とは何かを考える心を失ってしまう恐れがある。本来の意図を忘れ、礼が定める形式を守るだけでは意味はないのだが、そのことに人は気づかないということが往々にして見られる。

この点については『論語』・八佾篇から孔子も、形式を必要以上に細かく定めそれを実行するのに懸命になるのではなく、本来の表わすべき心を大切にせよと、形式主義に走ることを戒めていることがわかる。礼はあくまで徳に基づく行動をとるための道しるべとして、形となった具体的方法を人々に示すために生み出されたものである。当然ながら重要なのは、外形的な礼がその先に据えている内面的な人の心なのである。

このように礼は人々を形式主義に走らせるという問題はもつのであるが、しかし人々が礼を守ることで社会秩序が維持されるという点は我々にとっては捨て難い。その一方で礼はそれを守らぬ者への対応ができない。そこで伝統中国における刑罰法典の律の制定に見られたように、外からの強制力を持つ法（刑）で補うことになった。つまり礼を逸脱したものに法（刑）を科すことで、礼に反する行為を恥じる心をもたせるのである。

儒家思想と法家思想の融合の産物と言われる律では、徳・礼と刑罰は補い合うものとされる。唐律疏議では、徳・礼を政治・教化の本とし、刑罰を政治・教化のために用い、徳礼と刑罰は補い合い一つとなるとしている。つまり徳・礼に基づいて政治を行ない、徳・礼に基づいて人々を教化していくが、さらにそのために刑罰を用いることが必要であるということになる。「法」がしばしば「刑」を意味することから、これは徳、礼、法（刑）の関係といえ、この三層構造が重要となる。刑はあくまで礼を補うもので、刑による過度の厳罰が望まれるわけではない。儒家は刑罰のみを強化しても根本的解決は図れないと考える。

儒家は、刑で人々に秩序を植え付けようとしても、人々は刑を免れることを考えるようになるだけで、徳を欠く行為を恥じる心は育たないと考えた。もし法（刑）に頼りすぎるなら、礼の部分は縮小し、徳はますます育ちにくくなる。この点に鑑みるなら、徳・礼の意義を顧みることなく制定法に頼るなら、結局は法で禁止されていないのだからこれはやってもよいとの発想を生むのではないか。つまり各人が自分の行動は徳に基づくかどうかなどとは判断せず、法で禁止しているかどうかのみに目を向けることになるのである。そして問題が起きた場合にその度に法を定めるなら、法で禁止されていないことだった、では禁止すべしが繰り返され、ついには膨大な量の法が定められることになる。

現代においても法の過剰の意味での「法化」の問題もまた指摘されて久しい。その点からすれば、社会の秩序を保つには制定法の量産ではなく、徳、礼、法の三層構造のもつ意味を考えることも多様な視点の一つと見て重視してよいのではないか。つまりまず各人が徳を具え、徳に基づいて行動する部分を重視する。この空間は個人の自由の最も大きい空間であるが、その分自主規制が最大限に求められる。次にその周りに徳を可視化した礼の働く空間を置く。これは徳の空間と同じく自主規制に任されるものの、参考にできる形式が存在する。最後に強制力を伴う法で規制する空間をもってくる。言葉で言うほど三層構造の実現は簡単ではないであろうが、個人の自由の空間を保つことにできるだけ配慮したうえで、極力自主規制に任せ、どうしても必要な場合に法により規制するという三層的な形への意識は常に持つべきではないか。この意識の下で制定法を捉えるのである。

終わりに

与謝野と平塚の母性保護論争から導き出せたのは、個人の自立を最大限に重視したうえで国家による援助をすべきではないかという観点である。

そしてこの観点は現代にも見られる観点、つまり「物語的主体」として「現実の人」を捉える立場に立ったうえで、周囲との関係性の中でなされるものが「自己決定」であると捉えたとしても、なお且つ本人自身が決定することを尊重する視点を忘れるべきでなく、周囲はあくまで本人が決定するに到るように「支援」すべきとの考え方に通ずる面をもつ。

ところでここで「現実の人」についてもう一言だけ述べると、従来の「物語的主体」と捉える発想においては、一人一人の人が如何に異なるかという点を意識したうえでの対応を求めるため、常に法的安定性との関係が指摘され、その点については個々の対応と法的安定性を繋ぐための「法の技法」が必要とされた。つまり現場での標準化の極めて難しい多様な具体的状況への対応と、法的なルールを繋ぐための「法の技法」である。

それに対して「人」を分析する新たな手法である行動経済学においては「人」について関数や数式で示されるような「一般的性癖」に注目するわけであるから、個別性を重視する「物語的主体」の発想とは正反対の側面を持つとも言える。今回挙げた投資家の陥穽という問題では、「人」のこの「一般的性癖」の悪用を防ぐための法のあり方が問われていた。

このように一人一人の人間の個別具体性に着目するものと、人間の共通的一般性に着目するものという正反対にも見える発想ではあるが、いずれも「現実の人」を問い、そこから法のあり方を考える点では共通するものが見られたのである。

こうして理性的でも合理的でもない「現実の人」という観点を持ちつつ、その人の自立という点も忘れることなく法のあり方を考えるなら、国家の定める制定法はどう捉えられるのか。この時に伝統中国で見られた徳、礼、法（刑）の三層構造で社会秩序を維持するとの発想、まず徳に基づいた人の自立的行動を最大限に重視し、その次に形式をもつ礼で自立的規制を図り、最後に法（刑）で強制的に規律するとの発想は一つの大きく参考になる発想だったのではないか。この点を指摘しておきたい。

筆者関連論文

「伝統中国の法と社会への一試論」（『名城法学』四七‐三、一九九七年）
「現代中国大陸民事裁判理論の課題と伝統中国法の視角」（『名城法学』四九‐一、一九九九年）
「『青鞜』論争から人と法へ」（阿部照哉先生喜寿記念論文集『現代社会における国家と法』成文堂、二〇〇七年）
「日本の法文化研究にみられる法意識と『近代』」（『名城法学』五七‐一・二、二〇〇七年）
「伝統中国の科刑原理と徳、礼、法についての予備考察――喜多・中村・川村報告を聞きて――」（『名城法学』五八‐四、二〇〇九年）
「蘇力論文と『馬上法廷』を結ぶ『人』」（『名城法学』六〇巻別冊、二〇一〇年）
「大正期の母性保護論争に見られる三つの論点」（『名城法学』六三‐四、二〇一四年）
「『慣習と〈近代〉』研究会についての一報告」（『名城法学』六五‐一・二、二〇一五年）

その他参照文献

シンポジウム報告、山本顯治「法主体のゆくえ」（『法社会学』六四、二〇〇六年）
山本顯治「投資行動の消費者心理と民法学〈覚書〉」（神戸大学法学研究科二一世紀COEプログラム『法動態学叢書・水平的秩序』第四巻、紛争と対話、法律文化社、二〇〇七年）
同右「投資行動の消費者心理と勧誘行為の違法性評価」（『新世代政策学研究』第五号、第二特集「法と行動経済学の出会い――投資行動における消費者の合理性」北海道大学グローバルCOEプログラム編集・発行、二〇一〇年）
若松良樹「行動経済学とパターナリズム」（平野仁彦・亀本洋・川濵昇編『現代法の変容』有斐閣、二〇一三年）
川濵昇「行動経済学の規範的意義」（同右書）
依田高典『「ココロ」の経済学――行動経済学から読み解く人間のふしぎ』ちくま新書、二〇一六年

第二章　伝統中国の法と社会への一試論

始めに

「法」とは何かという問題は、法を研究対象とする者にとって常に意識される問題であり、かつ明確な解答を与えることの最も難しい問題である。ただ近代以降、法は国家秩序の安定性維持の機能と、個人の「権利」をその侵害から保護する機能を担わされてきたことは確かである。しかし現代においては、「権利」とは何かという根本的な問題の問い直し、そして「法」による個人の権利保護ということの新たな位置づけが試みられようとしているのであり、その意味からも「法」とは何であるかという問題を検討せざるをえなくなっている。そしてこの問題は、直接の研究対象を現代の法におくものではない法制史研究者にとっても無関心ではいられない問題となりつつある。

本稿ではこの問題を検討するための一つの法制史的分析方法として、法は国家統治の安定にのみ資するものとされ、法によって権利を保護するという発想が存在しなかったと考えられている社会の特徴を追究する。法の新たなあり方を問うためには、むしろ現代の我々が当然の前提としていることを一旦離れて法というものを見る目が必要だと思われるからである。

さて、法によって権利を保護するという発想が存在しなかったと考えられる社会としては、東洋法制史研究者による実証的研究の積み重ねによって、成文法は個人の権利を保護するためのものではなかったことがほぼ明らかにされている帝制時代の中国社会がある。

東洋法制史研究者のこれまでの研究成果に基づいて、帝制中国の社会と法の特徴を要約して述べるなら以下のように言えると思われる。帝制中国では成文法は皇帝が人々を統治するための道具としてのみ位置づけられ、個人の権利を保護するという役割は担っておらず、そのため国家が成文法によって個人の権利を保護することはなく、自由な活動領域を国家から侵害されぬために、また個人間の権利主張の裁定をなすために設けられる実定私法の体系は発達しなかった。帝制中国において統治のための道具としての法の中心となるものであった律なる成文法典は、上下秩序を乱さぬことで社会の安定化を図るための「礼」の教えを体現した刑罰法典であった。つまり帝制中国の社会全体は礼によって秩序維持が図られているが、その礼を普及させる役割を律が担っていたのである。この律は本来帝制中国社会の統治のための秩序維持を実現する手段であるから、そこに生きる人々の日常生活のあらゆる活動に影響を及ぼす可能性もあるが、現実生活上直接には礼秩序を乱さぬものと考えられる行為については、必ずしも律による拘束力が強く及ぶわけではなかった。そのような行為とは日常生活において人々が生きてゆくうえで一定程度その欲求の実現を認めざるをえない行為であり、それが現代でいう私法に関連する分野における行為であった。そこにおいては人々は礼秩序維持の実現を具体化する内容を持つ律に縛られずかなり自由に活動し、またそれゆえに民間での人と人の間での秩序維持方法が様々な形で存在していた。そして礼による秩序維持と民間の秩序維持活動が調和を保ちつつ、社会における秩序が安定し、帝制中国が存続したのである。そしてその社会では、一定程度の「欲求」を唱えその実現を図る人々は存在したとしても、個人が自己の「権利」を主張し、その法による保護を要求するということがないため、権利主張という形の個人同士の衝突はみられず、人と人が調和の中に生きているかのように見える社会となる。しかしその調和とは権利主張をなし権利の法的保護を要求する個人の存在しないことが前提となって達成されているものであったため、権利概念を基礎とした個々人が調和の中で生きるという意味の調和とは本質的には異なるものであった。

本稿では、そのような本質的差異を認めたうえで、これまでの東洋法制史研究の成果を改めて辿りながら、帝制中国社会における法の特徴を個人の権利との関連から捉え直すという作業を行ないたい。なぜなら、帝制中国社会においては権利概念を有さずに人々が一定の調和の中に生きていたのは確かであろうし、一方で現代社会においては西欧近代的な個人の権利概念、そして権利と法の関係に対して改めて大きな問いかけがなされているのであるから、ここでこの作業を行なうならば、必ずしも西欧近代的観念に捉われるものではない新たな「権利」概念、或いはその「権利」と関わる「法」のあり方への有益な示唆が得られると思われるからである。

一　滋賀理論からみた帝制中国の法と社会

帝制中国社会における「法」とは何かという問題について、清代の裁判のあり方を実証的かつ丹念に追究することによりその問題を解明するという作業が滋賀秀三・中村茂夫両氏を中心としてなされ、一定の研究成果がもたらされた。このことに関しては、数年前に寺田浩明氏により、その研究の到達点の内容について簡潔かつ明確に整理されている(1)。

そこでまず本節では特に、滋賀秀三氏が清代の裁判のあり方を追究することによって導き出された、帝制時代の中国社会の法の特徴についてみたうえで(2)、滋賀説に検討を加えることとする。

清代の裁判は、現代の我々が思い浮かべるような民事裁判と刑事裁判という区別はなされていなかった。しかし事案によって扱いが異なる、つまり重い刑罰を科される事案と軽微な刑罰しか科されない事案では、裁判における処理方法が異なるものとなっていた。

清代中国での主たる刑罰のうち、笞・杖・枷号は軽い刑罰であり（笞が最も軽く順次重くなる、また笞・杖は体罰刑、枷号は晒し刑の一種）、これらが科される事案は細事として、重要性の低い案件とされていた。対して徒刑以上（徒から流・充軍・発遣の順に重くなり、最も重い刑罰は死刑となる）を科される事案は、重要性の高い事案と考えられていた。

清代においては特に独立した裁判機関というものはなく、ある事案がまず取り扱われるのは、当事者の居住地を管轄する行政機関ということになる。

軽い刑罰が科せられる事案については、最も末端の行政機関である州や県の段階で処理される（判決は州・県の長官である知州・知県が行なう）ことになり、このような事案を州県自理の案と呼んでいる。

これに対して徒以上の刑を科すべきだと州県の段階で判断された事案については、さらに上級の行政機関に送られることになる。この場合、科されるべきだと考えられた刑罰が重くなればなるほど、刑の最終決定機関は上級の行政機関になるのである。人の生命に対する侵害行為を行なった場合以外で徒刑（法的には労役刑が予定されているが、実用上で徒刑の内容には変化がみられる）を科すべき事案については、地方最上級の行政単位である省の執政最高責任者の総督・巡撫の裁可を得て徒刑が決定する。人の生命に対する侵害行為を行なったという事案と、それ以外の行為を行なった場合で流・充軍・発遣（いずれも追放刑）を科すべきだと考えられた事案は、さらに中央の行政機関である刑部の書面審査に回され、刑部が同意の回答をなすと刑が決定する。死刑を科すべきだと考えられた事案については、総督・巡撫から一定の書式に作製されて刑部に提出され、刑部の審査を経たのち、同じく中央行政機関である都察院・大理寺の同意を得たうえで皇帝にまで届けられ、皇帝の裁可を得ると死刑が決まるということになる。このように重い刑罰を科すべき事案であるほど何重もの審査を経ることとなり、上級の行政機関で刑を決定するということになっていた。

以上のような州県自理の案と徒以上を科すべき事案においては、裁判をなす官が判決を下すためによって立つ根拠に違いがみられた。

徒以上の刑を科す場合は、清朝の持つ成文法規に厳格に基づいて刑を決定することが担当官に要求された。つまり「大清律例」の条文に基づいて刑を定めなければならなかったのである。(3) ところで帝制中国での成文法である律の有する特徴として、あらゆる処罰の対象とされる行為が律中に書き記されているということが前提となっており、裁判をなす者は律中のどの条文を現在問題になっている事案に適用すべきかを決定することが要求されていたのであった。(4) そして適用条文を決定しさえすれば、刑罰は各々の条文中に定められているため、裁判をなす者が量刑に関して裁量を働かせる必要は全くないというものになっていた。

例えば、人に傷を負わせた場合でいえば、手足で殴って傷をつければ○○の刑を科し、殴ったために耳目から血が出たなら○○の刑を科し、歯一本・指一本を折ったなら○○の刑を科し、歯二本・指二本以上を折ったのなら○○の刑を科すというように、ありとあらゆる傷を負わせる行為及びその結果生じた傷の状態をあげ、その各々の結果を生じさせた行為に科すべき刑を定めているのが律のあり方である。このような定め方をするなら、当然起こりうるすべての事態を予測して書き記しておくことは不可能であるという問題が生じる。そのため律は、生じた事態に対して科すべき刑を決定するために、条文自体の定める条件とは完全に一致せずとも、最も適当な条文を捜し出して刑を定めるという方法を採ることを認めていた。これを比附というのだが、注意せねばならないのは、比附は本来刑を科すことを予定していない行為まで、適当な条文を根拠に刑を科すことを可能にするというような、裁判担当官の恣意的行為を認めるというものではないということである。あくまで処罰すべき行為であるにもかかわらず、たまたま問題となっている行為を直接書き表わしている条文が存在しないので、刑を科す根拠とするに最もふさわしい条文を挙げることを要求するという意味である。そこに求められるのは必ず法に基づいて刑を科すということなのであり、裁判をなす者の恣意を挟むことを認めることではない。比附によって、清代なら常に「大清律例」の条文に基づいて科すべき刑を定めることが可能になったということなのである。[5]

また徒刑以上の刑罰については、科すべき刑が重ければ重いほど最終決定は上級の機関でなされ、その際上級機関へ事案が移される度に、移送先の機関で法の適用が妥当であって科すべき刑が最もふさわしいものとなっているかを審査することになっているため、重い刑を科す場合であればあるほど厳格な幾重もの審査を経て刑が決定されるというしくみであったといえる。この時事案に適用すべき律の条文の選択を誤まれば、担当の官は一定の処罰を受けなければならないのである。こうして徒以上の刑を科すべき事案の裁判においては、厳格な法（清代でいえば大清律例）の適用に基づく裁判が行なわれることが保障されていたのである。

これに対して州県自理の事案においては、成文法を厳格に適用して裁判をなすということは要求されなかった。[6]州県自理の案として扱われた事件の中には「戸婚田土銭債」の案と呼ばれた、相続・婚姻・不動産・消費貸借に関する紛争である事案が含まれた。これらの事案は現代の我々の目から見れば民事事件と捉えられるようにも思われるが、帝制中国においては軽い刑を科すべき事案という意味で捉えられていたのであり、それゆえ最も末端の行政機関で扱われる州県自理の案に含まれたのである。

さて、このような我々の目から見れば民事事件と思われるような事案を含む州県自理の案については、裁判をする時に担当官は成文法に拘束されず、個々の事案について当事者双方が最も納得する解決策を提示することによって、双方の争いを収めるということが要求されたのであった。この場合、同様な事案の解決方法が積み重なってゆき判例法というようなものが生み出されてゆくわけではなく、ゆえに裁判担当の官は前例に拘束されるということはないのであって、あくまで眼前に現われている事案について最も妥当と考える解決策を提示すればよいのであった。その際担当官は、「情理」に基づくならかくかくしかじかの処理がなされるべきであるとの言い方を多くなした。この「情理」自体は概念化された言葉ではないが、「情理」と聞けば中国人であれば誰もが納得しうる平衡感覚が呼び起こされたというものである。但し、提示された解決策に当事者双方が一旦納得して引き下がったとしても、必ずしもこの事案の争いが収まったということは意味せず、後になって全く同じ事案を再び州や県に訴え出ることは可能であり、その際には前回の判決がいかに不当になされたかを訴え出て、州・県の長官にもう一度審理を行なう気にさせればよいのであった。

概述すれば以上のような清代中国における裁判の特徴（そしてそれは帝制中国全体を通じての特徴ともいいうる）を滋賀氏は明らかにし、そしてその清代の裁判のあり方の検討を通じて、以下のような帝制中国の社会における「法」の特徴を挙げた。

まず、官が徒以上の刑を科すべき判断をなすためには、厳格に成文法に依拠することが要求されたという点を挙げ、帝制中国では「法とは王者が世を治めるための道具であった(7)」ということを法の特徴として明確に指摘した。つまり皇帝は世を統治するために多くの官を使うのであり、官たちは皇帝の定めた成文法に忠実に従って働き、世を統治することを可能にするのである。そのため清代であれば官たちは「大清律例」を忠実に適用して、律例に反する行為をなす者を処罰するのであり、これは皇帝統治の安定を侵害する行為を処罰することを意味するのであるから、官を通じて「大清律例」を用いて治世の安定を図っているということになるのである。

また滋賀氏は、現代の我々が民事事件に相当すると考えるような紛争が「情理」に基づくならこのように処理すべしというような表現を用いたうえで、当事者双方の納得する解決策を提示するという方法で常に解決され、ついにルール性をもった規則に基づいて裁判がなされるという発想が生じなかったことを挙げ、帝制中国においては「法というものを、相争う二つの主体の間の権利と義務を画定するための厳しい準則として想念する考え方、そのような法を実定化して市民生活のあらゆる局面に対して紛争の決着を与え得るような完備した体系に造り上げるという発想、一言でいえば実定私法という着想そのものが、中国においてはそもそも起らなかった(8)」という特徴を指摘した[9]。

ところで滋賀氏は、清代の裁判において何が事案の解決根拠とされていたかということの検討を通じ、帝制中国では実定私法体系が生み出され裁判時に適用される根拠とされるようなことはなかったとの結論を導き出したが、このことは、その時代に生きる人々が実際の生活において何のルールにも基づかずに生きていたという意味ではなく、実生活においては人々はそれぞれ必要に応じて、様々な領域で一定の約束事に従って暮らしていたのであろうが、いざ民事的紛争が生じたとしても当地にはこのような規則がある、或いはこのような慣習があるという理由で、それらの規則や慣習に基づいて紛争を解決するということはなかったということである[10]。土地の取引に契約書を作成するということを人々が通常行なっていたとしても、二者間で争いが生じたとき、契約書にこのように書いてあるという理由で一方を勝ち或いは負けとするわけではなく、裁判担当官は当該事件に関わるすべての事情を考慮して、当事者双方の納得する解決策を提示するのだということである[11]。滋賀氏の言う実定私法体系の欠如とは、人々が生活するにあたって、なんらルール性をもつ行動基準を有さなかったという意味ではないのである[12]。

さて、では一つ問題となるのは体系的な実定私法は存在しなかったが、成文法の中には民事に関わる条項もわずかながら存在はしたのであるから、これらの条項と「情理」はいかなる関係にあるのかということである。そのことに関して滋賀氏は、「情理」の極一部が実定化して目に見える形となったものが成文法であるとの説明をしている。つまり、「国家の法律は情理を部分的に実定化したものであり、情理一般の働きに手がかりを与えるものという性格をもっていたのである[13]。」とする。しかしこの情理と成文法の関係については、次のような理由で筆者は納得することができない。

滋賀氏は、国法とは国家の制定法であり、清代でいえばほとんど『大清律例』なるただ一つの法典に限るとする[14]。

一方滋賀氏は「情理」については、民事的法源としての作用をなした「情理」の例を挙げるが、それらは、「情理」に照らせばかくかくの判断をなすのが適当であろうとする裁判担当官の言葉である。[15]そして滋賀氏は、「情理」は修辞であってはっきりと定義されるものではないとし、「情理」は個々の事案においてそれに関わるすべての要素を勘案したことを表わし、中国人であれば誰であっても有する平衡感覚に訴える言葉とみている。[16]

もし「情理」を筆者の言葉で例えていえば、現代のわれわれが「このように判断するのが人の道であろう。」と説得されるなら、「人の道」という言葉によってなるほどと同意したくなる平衡感覚を呼びさまされるに似ている。

以上のように述べるのであれば、国法としての民事関連規定は成文法である律の中のものであるから、本来は統治者が統治のために設けておくことが必要であると考えたものであり、本質的に統治のための道具という性格を有するものとなる。[17]しかし一方「情理」とは修辞として用いられており、紛争当事者の納得を得るために持ち出されるものであって、中国人全体の平衡感覚に触れるのであるから、皇帝による統治の道具という性格は含んでいないとみてよかろう。このような性格の異なるものを並べたとき、一方が他方の実定化したものであると果たして言えるのであろうか。その点でこの考え方に大いに疑問を感ずるのである。

国法となって現われる民事関連規定とは、統治者からみたときに統治のために必要とされる内容を持つものであったが、これらの規定は内容を変更させたとしても王朝の統治を揺るがす危険性が極めて低かったために、統治者に「情理」による裁きを優先させたとしても問題はないと捉えられた結果、法と情理の補い合う関係が生まれた、さらには法は情理に基づいたものと解されていったのではないだろうか。

法と情理は本来的には別物であって、法の影響つまり律の影響力の弱い分野では情理が争う当事者を納得させるために登場したと理解し、双方を一本化する必要はないのではないか。むしろ一方が他方を実定化したものと結論づけてしまう方が、法と情理の持っていた根本的性格の違いを見失うことになるのではないかと思われる。

成文法と情理の関係についての滋賀説に対する疑問は以上のようであるが、最後に、帝制中国の法と裁判の特徴を生み出す根本問題は何であるかについて、滋賀氏がどのように考察しているかをみてゆく。

帝制中国においては、皇帝が世を治めるための道具としたのが法であり、その道具は官僚を媒介として使用されたのである。このように法を解釈・適用する行為は天下を治めるためになされた行為であるのだから、これは行政の一環としてなされたものというしかない。そのような状況下では、法は罪の重さに対応して、刑罰を軽重の均衡を保ちながら科すための準則となっており、公権力と被告人の間の緊張関係の線引き的要素を持たぬものとなり、またそこでは民事的紛争は情理に基づいて両当事者を納得させることにより解決を図るという形をとり、争う当事者の権利・義務を画定するための実定私法の体系が生まれることはなかったのである。

こうして滋賀氏は、司法は行政に独立して存在するのではなく、行政の一環であったということ、そしてこのことに基づいた訴訟・裁判の基本的性格が、公権力と個人あるいは個人と個人の間の権利・義務を確定するような法を生み出すことなくさせたとするのである。

そして滋賀氏は、中国における「行政の一環としての司法」という訴訟構造を、野田良之氏のいう「アゴン的訴訟」と対置する。アゴン的訴訟とは、訴訟当事者が一定のルールに従って闘争を行い、裁判人はそこに介入せず、ルールに則って闘争が行なわれることを見守り、最後にどちらの側に「正しさ」があるかを判定するというものであるから、判定という性格になじまない帝制中国の訴訟構造と著しい違いがあるとするのである(18)。

このようにみてくると滋賀説は、現在我々が「法」という言葉、或いは「裁判」という言葉を聞いて思い浮かべる「法は個人の権利を保護するためにある」または「裁判はルール性をもつ法規範に基づいて当事者双方の権利を確定するものであり、一方が勝訴し一方が敗訴するという結果をもたらす」というような理解が必ずしもあてはまらぬ世界が存在することを、実証研究に基づいて明らかにするものであるといえる。

そして滋賀説は、前述の如き理解がなぜ我々の念頭にまず浮かぶのであるかというと、我々は常に西欧近代の法と裁判のあり方を前提として「法」と「裁判」という言葉を聞くためではないかと指摘するものである。

中村茂夫氏の論文「伝統中国法＝雛型説に対する一試論」（注（3）参照）によってその根拠の薄弱さを露呈させられた、旧中国社会においては法は適用されることがなかった、或いは民事的紛争は裁判によって処理されるのではなく民間で処理されたのだとの理解は、その根底を探るなら、西欧近代の法と裁判を前提とする固定観念で旧中国をながめたために引き起こされたものといえるのではなかろうか。

それに対して、滋賀秀三氏そして中村茂夫氏は固定観念に捉われることなく、虚心に史料を検討することにより、帝制中国の法と裁判とは如何なるものであるかを描き出したといえる。

時代・状況に応じた法のあるべき姿を常に我々は考えねばならぬが、その際固定化された法の捉え方ではなく、柔軟な目が要求されるはずであることからも、滋賀説は有益な示唆を与えるものである。

そしてその滋賀説を踏まえたうえで帝制中国の法と社会の特徴を個人の権利という視点より述べるなら、帝制中国の社会とは、およそ個人が国家に対して権利主張をなす、または個人同士が権利の主張を衝突させあうことを想定して、そのような権利を保護するための成文法を設けるということがなされていない社会であったということになる。

しかしこのことから、帝制中国の社会とは西欧的近代法の発展のみられぬ社会であったという一言で済ませられてはならない。その社会には高度に発達した成文法の体系が存在し、その成文法の実効性は確たるものであったのであるが、ただその成文法は個人の権利を保護する役割を負ってはいなかったということであり、西欧近代法とは異なる法を持つ社会が存在したのだと理解すべきなのである。

そしてもし、「権利」とは何か、「法」による権利の保護とは何かという問いを念頭に置くのであれば、高度に発達した成文法の体系を持ちかつ権利概念の存在しない社会が長期にわたり安定感を持って存続したことの理由こそが問われなければならなくなる。

この点について滋賀氏は、「行政の一環としての司法」という訴訟構造を野田良之氏の「アゴン的訴訟」と対置したうえで、中国でこの訴訟構造が不動の伝統となったことの理由を問う必要性を指摘するが、その理由についてはそのまま野田氏の説に拠り、農耕民的メンタリティにその原因があるのではないかとの述べるに留めている[19]。そこでやはりこの点については、さらなる考察が必要であると思われる。

二　滋賀理論以降の研究動向

次に本節では、寺田浩明氏が滋賀・中村両説を中心に旧中国社会の法に関する研究の現段階について整理を行なった時点より後、いくつかの帝制中国社会の法の捉え方に関わる論稿が発表されているので、これらについて順次検討してゆくものとする。

まず佐立治人「『清明集』の〈法意〉と〈人情〉——訴訟当事者による法律解釈の痕跡——」を挙げる[20]。この論稿は、民事的裁判の裁判基準に関する滋賀説、つまり帝制中国の時代には民事的裁判は、法に準拠して二者択一的に判断を下すというものではなく、「情理」に基づくことを根拠として、当事者双方が納得する解決策を裁判担当の官が提示するものであるという説への異論を提起するものである。

佐立氏は、南宋の地方官による裁判判決集である『名公書判清明集』の丹念なる検討の結果、南宋時には「民事的裁判は、法律に依據して当事者の主張の是非を二者擇一的に判定する裁判[21]」であったと結論づける。そしてもし清代の民事的裁判が二者択一的ではなく、双方当事者の納得を図る教諭的調停という性格のものであるとするなら、南宋以降清代までの間に、民事的裁判の性格に質的な変化が生じたのではないかと指摘するのである。

佐立氏は、南宋では民事的裁判をなす際、担当の裁判官は当事者の主張の是非を法律に基づいて二者択一的に判断するという共通意識を持っており、また和解と法律に基づく裁判とを区別する意識も持っていたことを示すものだとする史料を挙げる。

また佐立氏は裁判官が判断基準として「人情」に言及している史料を検討することによって、「人情」或いは「法意に非ざるも」との表現が使われたとしても、それは法律に基づかずに裁判するということではなかったということを明らかにする。そして「人情」をどう解するかについては、人情は法律の中に含まれていると裁判官に捉えられていたのであり、それゆえ言及もされるが、あくまで裁判は法律に依拠して判決を下すものと考えられていたとする。

さらに佐立氏は、訴訟を起こす当事者たちが制定法を援用していたこと、また制定法の解釈を行なっていたと考えられること、そして法律知識の豊富な第三者にその知識を借りていたことを示す史料を挙げるのである。これらから佐立氏は南宋の『清明集』にみられる民事的裁判については、裁判官は制定法を根拠として当事者の主張の是非を二者択一的に判断すべきだと考えており、それゆえ訴訟の当事者も自らの主張を有利にするために法律の援用をし、また法律の解釈をも行なっていたのだと結論づけたのであった。

この佐立氏の挙げる史料によれば、確かに南宋の地方官は民事的事件の裁判の際に多く「法」という言葉を口にしたことは知られるが、ただ地方官が二者択一的判定をなすことにこだわったということは必ずしもいえぬように思われる。佐立氏が南宋での民事的裁判は二者択一的判定であるとする根拠は、まず、裁判をなす官に当事者の主張の是非を法律に準拠して二者択一的決着をつけるべきだとの共通意識がみられたことだとするのだが、佐立氏の挙げる地方官たちの言葉から読みとれることは、二者択一的決着をつけることを地方官が意識していたというより、地方官は法律に準拠しないと当事者が納得しない、つまり法律に準拠して裁定しないとこの争いごとの決着はつかないという点を意識していたのではないかと思われるからである。佐立氏の挙げる地方官の言葉とは、例えば、「戸婚の法、斷ぜざれば則ち詞絶えず。」、「湖湘の民、率ね好訟多く、邵陽僻且つ陋なりと雖も、珥筆の風亦た少なからず。然るに當職の官に到りてより以來、事ごとに理を以て開曉し、法を以て處斷すれば、凡そ素より險健と稱する者、率ね皆屈服して退聽し、未だ嘗て再訟するに至る者有らず」、「今、李四二欠する所の黄公才の錢は正に〝質庫利息〟に係る。知縣は乃ち〝私債〟を以て定奪す。是れ又た條法に依りて以て曲直を剖判せざるなり。然れば則ち何を以て訟を息めんや[22]」というように、法を用いねば訴訟が収まらないとするものである。実は佐立氏自身、「當時の裁判官は、法律に依據して裁定しなければ當事者の納得が得られない、という意識を持っていた[23]」と、これらの史料に基づいて述べているのである。

また佐立氏は、紛争が官に持ち込まれた時和解でうまくゆかないなら、法律を基準にして処理すべきだと官が述べる史料を挙げるが、これにおいても佐立氏の挙げる真西山の言葉「當職昨ごろ在任の日、親戚骨肉の訟に遇えば、多く是れ面のあたり開諭を加うるに、往往にして幡然として改め、おのおの和會に從いて去る。如し卑幼〝分產不平〟を訴うれば、固より法を以て斷ずべきも、亦た須らく先に尊長を諭し、自ら公に從いて均分を行わしむべし。堅執して從わざる或れば、然る後に當官にて監析せん[24]。」のように、官が論して解決がはかられなければ、法に基づいて裁くようにと述べるものだが、二者択一的判断を命ずるものではない。

以上より、佐立氏の研究からは、宋代の地方官は民事的裁判の判決の際に当事者の納得を求めるために「法」を持ち出したのであると解釈することができるため、なお、滋賀氏のいわれる帝制中国の民事的裁判の特徴は当事者双方の納得を得ることを目的としていた、という理論は揺るがないと思われる。そしてこの点については滋賀氏も民事的事件の裁判については、「宋と清の時代差は確かに大きく、その間の歴史過程を跡附けることが今後の學界の重要課題」であるが、「アゴン的訴訟でなく父母官型訴訟という體質は宋も清も變わらない」のであり、「宋でもやはり納得なのである」[25]と述べている。

次に、清代の民事事件は成文法に基づいて判決が下されたとするフィリップ・ホアン氏の説を挙げる[26]。

ホアン氏は、一八世紀後半から二〇世紀初頭にかけての清朝の三つの行政単位での地方官の扱った民事事件六二八例のうち、地方官が判決を下すにまで到った二二一件の事件の大部分が当事者の一方を勝訴させ、また成文法に基づいて判決がなされていたとして、清代の民事事件は成文法に基づいて当事者の一方を勝訴させその権利を守るという形で解決されていたとするのである。

ホアン氏は、土地をめぐる争い、金銭貸借をめぐる争い、婚姻をめぐる争い、相続をめぐる争いという四つに民事事件を分類し、その分類ごとにいかなる成文法の条文のその条文中に含まれる原理に沿って判決が導き出されたのかを推論し、その集積をもって大部分の民事事件は成文法に基づいて判決が下されたとするのである。ゆえに各々の事件において地方官がある条文に基づいてこのように判決をなすと述べている例を挙げることによって、成文法に基づく判決がなされたというわけではない。

例えば土地をめぐる争いについては、清律の盗売田宅条を挙げ、条文自体は不動産の所有権を保護するというような表現はしていないものの、この条文は不動産の合法的所有権を侵害から保護するという原理を記したものにほかならないとし、三つの行政単位で三十一の一方勝訴の事件が判決の中で条文は引かれないものの、この原理に基づき合法的所有権を保護することを意味する判決が下されていたとするのである。

このホアン氏の民事事件は法に基づいて判決が下されていたとする根拠を検討すると、ホアン説は滋賀説への決定的な批判と位置づけることはできないと思われる。

なぜなら、滋賀秀三氏が当事者双方の納得する解決をはかると言うのは、一方の当事者のみを勝訴させることを避けるという意味ではなく、言を偽って他人の所有物を自己のものと主張するような、明らかに一方の当事者に非がある場合、その非を認めさせて非のない他方を勝訴させることはやはり当事者双方を納得させる裁決なのであるとしており、[27] また滋賀氏は、徒刑以上が非常に厳格に成文法の条文を適用することによって刑が決定されることに比して、州県自理の案については必ずしも厳格な成文法の適用はなく、一つの事件についてそのすべての事情を考慮したうえで、当事者双方の納得を得ることに最大限の力を注いだことを論証するのであり、裁判担当官の脳裏に国法である大清律例の条文が浮かぶことは否定しないのである。[28] よって一方勝訴の事件が多数であること、或いは成文法の含む原理に従って事件が解決されているという解釈をなすことのみでは、滋賀説への根本的批判とはなりえない。

むしろホアン氏の研究は、滋賀氏が判決文に現れる「情」「理」というような文字に着目する分析方法だけでなく事案類型別の分析的研究を行ない、事案ごとの判断の性向を導き出して初めて、中国的な情理の構造が明らかとなるであろうと指摘していたことの[29] 具体的実践と捉えられるべきであろう。

しかし問題となるのは、ホアン氏が清代の民事事件は成文法に従って判決を下されその法は権利を守るためのものであったとすることであり、この主張は帝制中国においては成文法は権利を保護するためのものではなかったという日本における東洋法制史研究者の認識とは大きく対立するものとなっている。

この点については、ホアン氏が現代においてであれば民事に関連するものと考えられるような清代の成文法が人々の権利を守るためのものであったとするのは、先程例を挙げたように具体的な成文法条文の中に権利保護機能を読み込むという作業に基づく主張であるため、我国において滋賀・中村両氏を中心とする実証研究に基づいて導き出された研究成果の一つである、帝制中国の成文法は国家統治のための道具としての機能を有するものであって、権利保護を目的とするためのものではないが、ただその反射的効果として人々の権利を保護する作用をなしうるとする結論を覆すだけの根拠は挙げられていないと思われる。[30]

それゆえホアン氏の研究は、現代において民事事件と考えられるような事件の、清代における裁判の判断根拠の具体的内容を探るという研究の必要性を唱えたという意義は大きいものの、滋賀理論の訂正を迫るものとまではいえないと考えられる。

次に、「明清法秩序における〈約〉の性格」「明清法制史学の研究対象について」において論じられた寺田浩明氏の説を挙げる。[31]

帝制中国においては、徒刑以上を科すべき事案に関しては厳格な成文法の適用が要求されたが、州県自理の案については個々の事案ごとに具体的解決策を裁判担当官が提示して事件の落着を図ることが第一義的に要求され、その解決策についてはルール性がみられないということがいえた。

そこでこの一見対照的に見える世界、徒刑以上を科すべき事案にみられる厳格な成文法への依拠と、州県自理の案にみられる成文法に基づかない個々具体的な事件処理という二つの方向性を統合する理論の構築の必要性を唱えたのが寺田氏なのである。[32]寺田氏はそうすることによって、帝制中国社会全体を蔽う秩序とは何であったかが明らかになるというのである。

寺田氏は前記二論文において、さらにこの点を具体化させて、皇帝統治のための道具という「法」のもたらす秩序と、民間の実生活上の必要から人々が結ぶ「契約・合約」のもたらす秩序、つまり統治のための道具としての「法」が機能してもたらす垂直方向の秩序と、民間での日常生活上人々がさまざまな形で取りかわす契約文書がもたらす水平方向の秩序を統合する理論構築の必要性を訴え、「約」の性格付を行なうことによって、その理論構築の糸口を見つけようとする。寺田氏は「約」という言葉自体が、国家官憲の禁令から、民と民の間で日常的活動の中で相互に取りかわす約定などまで、様々の意味を含んでおり、まさにこのことが「約」の有する特性を表わしているとする。そして寺田氏は「約」の中でも、この特定主体からの命令という垂直方向性と、対等者同士の相互合意という水平方向性という二つの方向性を兼ね備えていることが顕著に現れる例として「郷禁約」を挙げるのである。

郷禁約とは、国家の行政単位よりも規模が小さい社会空間であり、民と民という対等者間の関係に比べるなら一定の広がりを有する空間である郷村において、そこの有力者と郷村の構成員との間に結ばれるものであるという。例えば、もし盗匪に襲われるようなことが起きるなら郷村民は団結してこれに対抗せよということを郷村の有力者が唱え、これに郷村構成員が相互に合意する形で郷禁約が成立するのである。そしてこのように、郷禁約は特定主体の提唱にはかかるのだが、その成立には構成員各自の合意が必要だということになる。そこで郷禁約は垂直方向と水平方向という二方向性を持つものといえると寺田氏はいうのである。

寺田氏は「〈法〉とは、自明の権威を与えられた上位主体・皇帝が一方的に宣示し、またその持つ刑罰力を以って強行する命令・罰則である（そこには被治者の同意といった要素は一切含まれない）」のに対し、「〈契約・合約〉とは、元より対等と考えられた者同士が、相互的な交渉を通じて共有行動基準を作り出す仕方であり、そこでは自発性がすべての基礎をなす(33)」といい、「法」と「契約・合約」は一見対照的なものと捉えられるとする。そして郷禁約に代表されるものとしての「約」は、今述べた二つの方向性を合わせ持つものといえるとする。つまり「約」には、特定主体が一方的な規範・罰則を提示するという側面と、その特定主体のもとに集まった人々が相互に共有行動基準を認めあうという側面が同時的に存在するとするのである。

そしてさらに、この「法」と「契約・合約」の双方の要素を併せもつ「約」にかかわる人々の持つ秩序は、「主唱と唱和」という表現で表しうると寺田氏は主張する。つまり特定主体がある規範・罰則を提唱し、それに対してその下に集まった人々が提唱内容を相互に認めあって合意するという形で関係者全員の行動基準が決定するのである。これは一方的宣示とも、相互的合意とも一義的には論ぜられないものであるという。

結局このような「約」にみられる二方向性によって保たれる秩序というものが、中国社会の日常的秩序全体の理論的説明を可能にすると寺田氏はいうのである。

寺田氏は中国社会の社会秩序はすべてこの一方的規範・罰則の宣示という垂直方向の秩序と、相互的交渉によって得られる共有行動基準の形成という水平方向の秩序の絡み合いから成り立つとし、垂直方向性の比重が最も大きくなっているものが「法」であり、水平方向性の比重が最も大きくなっているのが「契約・合約」であるとする。つまり帝王統治のための「法」も、民間秩序を形成するところの「契約・合約」も、いずれも「約」の持つ二方向性によって説明がつくとするのである。

但し寺田氏は、「約」のもたらす秩序は決して安定したものではないとしている。なぜなら「約」されている人々はあくまで「主唱」に「唱和」しているだけの人々なのであって、「唱和」することをいつでも拒絶しうるのであるから、常に「約」された状態は解消されうる危険性を有しているのであった。

このように「約」の形成する秩序は極めて不安定なものであるのだが、そうなると二千年以上にわたり帝制が存続したという、中国社会のいうなれば「安定」性との関係が問題になる。この点について寺田氏は、不安定さを前提とした秩序が「安定」を達していたということが、中国社会の特徴であると説明するのであるが、不安定から安定が生み出されることの理論付はなされておらず、今後この点を寺田氏がどう説明されるかが注目される。

最後に、「清代に於ける民事法秩序の構造」において述べられた森田成満氏の説を挙げる(34)。

清代の私法秩序を「官法」という概念で説明しようとするのが森田氏である。森田氏は、裁判規範として成文法化されたものを官法と考えると、清代に民事秩序に関する官法はほとんど存在しないことになってしまうが、裁判における官の意思＝「官法」と考えるならば、「官法」は民事秩序に関する裁判規範としての役割を担いえたのだとする。森田氏は、民事的事案の裁判は「情理」に基づいてなされるということを次のように捉えていると思われる。官は民事的事案を「情理」に基づいて裁判をするということを了解しており、また官は「情理」に基づいて実際に民事的事案を処理していたのである。つまりそのように事案を処理しようという官の意思がみられるのであるから、「情理」による裁判とは「官法」による裁判に他ならないこととなる。そしてこのように考えるなら、私法秩序の形成にも清朝権力は影響力を及ぼしていたことになるというのである。

ところで、帝制中国においては私法秩序に関わる成文法はほとんど存在しないが、私法に関わるような分野での人々の活動は現実には存在し、その分野では人々が一定の秩序を保って行動していたのである。では森田氏のいう「官法」と、私法分野に関わる民間での秩序はどのような関係になるのか。特に森田氏は「官の意思」という成文化されていないものまでを「官法」と捉えるというのであるが、このような目に見えぬ部分を持つ「官法」と、実際に人々が生活してゆくために生み出され、それに沿って人々が生活している民間の秩序とはどのような関係になるのかが問題になる。

この説明のために森田氏は「権利」という用語を用いたと思われる。森田氏は、人民の得る利益で官が保護することを約束している利益を「権利」とし、官が保護することを約束していない、つまり「権利」を認めていない分野では「官法」と次元を異にして民間秩序が存在するのだという。この「権利」を害する行為については「官法」に違反した行為ということになり、また「官法」と次元を異にして存在する民間秩序が万一乱れて紛争が生じた場合には、事前に「権利」について定めていた分野ではないために、官は当事者の同意を得ることによって紛争を終結させようとするのであるとの説明がなされるのである。

以上のような森田説については、「官の意思」＝「官法」という定義づけが可能であるのか、また人民の得る利益で官が保護することを約束しているものを「権利」とするというが、このような定義が成り立ちうるのかという点で疑問を感じる。

以上のように見てくると、滋賀説以降の研究の方向性としては、現代でいう民事事件が多く含まれる州県自理の案が成文法に基づいて裁かれていたという形で滋賀説に反論を試みようとするものと、逆に州県自理の案の判決根拠については滋賀説を踏襲するが、さらに徒以上を科すべき事案と州県自理の案の裁判の判断根拠について統一性のある説明をなすための理論付を試みるものであった。そしてそれらの研究は帝制中国社会の法の特徴を検討するための分析方法としては、いずれも滋賀説同様に裁判或いは成文法という視点からみるというものであった。

ところで本稿の目的は、個人の権利という観点から帝制中国社会における法の特徴を捉え直すことはできないかというものである。そしてこの点と最も関係することは、滋賀説にいう帝制中国社会においては、個人の自由な活動領域を国家による侵害から守り、また個人間の権利主張の裁定をなすためにある実定私法が体系的に発展しなかったということであり、そして今必要であるのはそのような個人の権利を保護する役割を持つ法の存在しない社会の存続原因の追究であると思われるのだが、先程から見てきたように、この実定私法体系の未発展という問題は、滋賀説以降の研究において特に追究されることはなかったのである。

そこでこの点の追究の必要性が一層感じられるのであるが、しかし研究対象とすべき問題としてはかなり大きなものであるため、本稿ですべての要素を論じ尽くすことは到底できない。そのため、次節では滋賀説と全く異なる中国社会の分析手法を採る溝口雄三氏の説に依拠することによって、この問題解決への手がかりを探り、その後に筆者自身の中国社会の分析を行ない、今後いかなる研究が必要となるかを指摘することによって、現時点でのできうる限りの解答に迫りたいと思う。

三　帝制中国社会の「個」と私法

1　治世観との関わりから

滋賀説以降の帝制中国社会の法の特徴を検討するための分析方法はいずれも裁判或いは成文法との関わりからみるというものであった。しかし法のあり方への他の分析方法としては一国の中にみられる政治哲学の側面からの追究方法もあると思われる。この分析方法をとることによって帝制中国社会での法のあり方を問うために有益な示唆を与えるものが、治世観より中国社会を見る溝口雄三氏の説である。溝口氏は治世観に見られる中国の公・私の概念を追究するのだが、溝口説によれば中国での私あるいは個の概念とは常に調和の中でのみ存在するものであって、自立主体として権利を主張する個人は登場しなかったという。これは個人が権利主張をなし、その個人の権利を保護するための法が必要とされなかったという、成文法という観点から見た帝制中国の社会の特徴とまさしく整合性を有するものとなっている。

そこでここで溝口説を紹介することによって帝制中国社会における個の概念を明らかにし、それとの関連から帝制中国の法の特徴に言及するものとする。

溝口氏によれば、知識階層の治世観に現われる中国の公・私の概念は時代的な変遷がみられるという。そこで溝口氏に従って公・私概念の変遷をみてゆく(35)。

まず治世観との関連では、戦国末から後漢にかけての時代の公・私概念が問題となる。この時代には、公についていえば、それは共同する、通じるさらには平分の意というものと、共同の場及びその共同の場を支配する者を指す意（この意はさらには国家の支配機構に関する概念となる）という二つの意義を有するものであったが、私については、自らによる囲い込み、或いは姦邪という否定的な意義が込められていたのである。この二義的な公とそして私の概念はその後の時代も維持されるが、公については後者の意が君主の徳性へと収斂される傾向が表われ、結果として後者の公の意が政治的に優位に立つものとなる。しかし、前者の公の意も君主の倫理的正当性を支えるものとしてなお健在であった。

ところが宋代に入って、今述べた公・私概念に変化が生ずることになる。公・私概念が君主一人の政治的特性を示すものから、さらに広い範囲を蔽う倫理規範として捉えられるようになるのである。つまり公は天理概念と結びつき、私は人欲概念と結びつき、天理の公・人欲の私という万人普遍の命題と捉えられるようになるのである。そうなると社会のあるべき姿＝天理自然が公であるが、それに背反するものが人欲＝私となり、なお私は否定的な評価を得るのであって、個人の個別的意思は認められないことになる。

しかし明末清初期には、私の否定的評価に変化がみられることになる。当時の商工業の発展に伴い人の欲望を視野に入れざるをえなくなったため、そこで人の欲望のうち社会的欲ともいうべき物質・所有欲は肯定されるべきものと捉えられるようになったのである。このため社会的欲という物質・所有欲を私が主張することは認められることになるのである。このように私が肯定的に解されるようになると、私は公に反するものであるとの二律背反的な公・私の概念も変更を迫られることになる。公は私の存在を認めたうえで、それらを含んで調和をはかるという状態を指すものとなる。当時の現実の地主富民層による経済的な支配を認めざるをえない状態での君主専制下において、皇帝を私とし、富民をも私とし、それらの私をすべて含めた公という概念が登場したのである。

この場合の公は、本来の二義的公より導き出される公＝皇帝とする公より、一層高い次元の公ということになる。ところでここで公の中で調和を保ちつつ存在する社会的欲を認められている私に含まれているのは富民層であり、貧民層ではない。

さらに清代中期になると地主と佃戸の間の階級矛盾が顕在化したため、そこで貧民層の生への欲についてもその存在を肯定し、この貧民層の生きるためへの欲求と富民層の社会的欲をもあわせた、いわば生存欲をも認める考えがでてくるのである。そこでこの生存欲をもつ「個」の調和を保つものが公ということになる。一方清代中期には天理概念についても捉え方に変化がみられ、自然なる欲は中正なるものであり、その自然なる欲を十分に満たす状態が天理とされるようになったのである。そのため、天理と公はやはり結びつくことが可能となったのである。

さらに清代も後期に入ると太平天国の乱が生ずるが、太平天国の思想の中にはキリスト教的平等観がみられたのである。このキリスト教的平等観は、既に存在した仏教的平等観、そして儒教の均・平という大同志向と結びついて受け入れられていた。ただ、儒教の大同思想は支配者層が展開させてきたものであったが、太平天国の平等観は民間思想をも体現していることに特徴があった。しかしそのことゆえに、太平天国の思想は長らえることができなかったのである。

また太平天国の登場と同じ頃、アヘン戦争を契機に欧米列強による侵略が激化し、国家存亡の危機感の中で、知識階層により国内体制の変革が論じられるようになるのだが、この中で西欧的な自由・平等観の流入がみられるようになる。しかし中国においては、個人の権利としての自由・平等という考え方はなされなかった。この時中国では、自由・平等は公の概念と結びついたのである。自由・平等を有するという「民権」の主張が専制権力に対立しうるには、皇帝を私とみなし、より一層高次にあって私の調和をはかるものという公概念と結びつかねばならなかったのである。そのためすべての個を包摂したうえで唱えられるものが「民権」の主張でなければならなかったのであり、ゆえに「民権」は個々人の権利ではなく、人々全体の権利となった。このようにして中国的高次の公概念と結びついた「民権」概念は、皇帝の政治的専制に対立しうるものと位置付けられ、「民権」によるなら皇帝支配を排除しうるのだという帝制排除の正当化の根拠が与えられることになる。そしてその結果、ついには二千年以上に及ぶ皇帝の専制体制が打倒されることになるのである。

　以上が溝口教授によって明らかにされた、知識階層の治世観としての公・私概念の変遷であるが、このことから知られるように、中国においては知識階層によって、「私人」或いは「個」は一定の欲を持つことは認められるものとはなったが、あくまで公の調和の中に生きるものとしかなされなかったのである。そして、西欧近代法思想の影響の及んだ清末でさえ、独立した主体として国家に対して自己の権利の保護を主張する「個」というものが想定されることはなく、「民権」とは人々全体が有するものであった。つまり「個」は物質・所有欲に基づいて経済的取引をなすこと等は認められるが、それ以外に「個」として自己の有すべき権利だという主張をなし、その保護を求めることは認められていないのである。

　結局帝制中国の時代、知識階層によっては自己の有する権利を主張する「個」というものの存在が意識されることはなく、そのためにそのような「個」の権利主張を保護するために成文法を設けておく必要性が感ぜられることはなかったと思われる。

　ではそこで問題となるのは、なぜ知識階層において自己の有する権利を主張する「個」の存在が意識されることはなかったのであろうか、そしてさらに知識階層以外の人々から「個」の主張する権利を法によって保護することを求められることはなかったのであろうかということである。この点について次に考察することとする。

2　律との関わりから

　帝制中国では成文法は統治の道具として設けられるものであり、その最も基本となるものは律である。この律による統治下に人々があるということから、その人々が個人として権利の主張をなし、その法的保護を求めることが起こりえるかどうかということを検討するには律の性格を改めて問うてみる必要を感ずる。

中国においては、皇帝の支配下に生きる人々がなしてはならない行為をなした場合に、その人物に刑罰を科すものとし、いかなる違反行為にいかなる刑罰を科すものとするかについて成文化しておくということが、非常に早い時期から行なわれていた。この成文化されたものを「律」と呼び、律に基づいて国家統治の安定化を図るという方法が、帝制時代の幕あけの頃には形を整え始めており、王朝を経るに従って完成されてゆくのだが、律という成文刑罰法典の内容的な完成は、七世紀の唐の時代といえる。[36] 唐律において完成された律の基本的性格は、中国最後の王朝の清の倒壊まで維持されていたとみてよく、そのため以下律の基本的性格を検討する必要がある場合には、唐律に言及することが多くなろう。律は皇帝の支配下にある人々がなすべきではない行為をなした場合の科すべき刑罰を定めるのだが、すべての行為に一様な刑罰を科しているわけではない。なすべきではない行為、つまりこれは皇帝からみて国家統治の安定性を乱すものと考えられた行為と言いかえてよいが、国家統治の安定性に対する侵害の程度が重いほど科される刑罰は重く、侵害の程度が軽いほど科される刑罰は軽くなるというように定められているのである。科される刑罰は唐律でいえば、笞・杖（以上体罰刑）・徒（労役刑）・流（追放刑）・死（生命刑）の五刑となっており、笞が最も軽く、順次重くなってゆき、死刑が最も重い刑である。何が国家統治の安定性を侵害する行為であったのかということについては、律が最も罪の重い十の犯罪として挙げている十悪の条を見ればわかりやすいと思われる。十悪とは、謀反、謀大逆、謀叛、悪逆、不道、大不敬、不孝、不睦、不義、内乱であるが、各々の内容を唐律に基づいて簡単に説明すると以下の通りである。[37]

謀反とは、皇帝に対する侵害行為を行なうことを謀ることである。皇帝への侵害行為を実際に行なった場合はもちろん、計画を立てたということだけでこの犯罪は成立する。

謀大逆とは、皇帝の権威を象徴する重要な営造物に対する破壊行為を行なうことを謀ることである。この場合も実際の破壊行為のみならず、そのような行為をなすことを計画した時点で罪に問われる。

謀叛とは、現王朝に背いて他国或いは正統ではない政権に寝返ることを謀ることである。この場合もこのような行為をなすことを計画しただけで犯罪が成立する。

悪逆とは、直系尊属への侵害行為を謀ることや、その他の近親の尊長親や夫を殺害する行為をいう。

不道とは、一家で死罪でない三人を殺した、肢体を切断するような残虐な殺し方をした、人を害するために秘伝の邪法によって毒を作り或いはそのような毒を所持していた、魔術によって人の生命・健康を害しようとしたというような行為である。

大不敬とは、皇帝が使用・所有する特定の物を盗むこと、皇帝の薬・食事・船を準備するうえでの技術的誤りや、皇帝への誹謗、皇帝の使者の命に従わない等の行為をいう。

不孝とは、直系尊属を官憲に訴えることや面罵すること、直系尊属の喪に服する時に守るべきことを守らない行為等をいう。

不睦とは、一般の親族の殺害を謀ることや親族を売ること、また夫や尊長親を殴ることや官憲に訴えるような行為をいう。

不義とは、州県の長官の殺害や上官にあたる高級官僚を殺すこと、公的施設での師にあたる人物を殺す等の行為や、妻が夫の喪に服する時に守るべきことを守らなかったという行為をいう。

内乱とは、一定親族間や父祖の妾との姦通行為をいう。

この十悪からわかるように、国家統治の安定性への重大な侵害行為と考えられていたものは、皇帝や王朝への侵害行為、親族間での上下秩序及びそれ以外の関係者の間での上下秩序（上官と部下、師弟）への侵害行為、そして他人の生命への侵害といえる。さらに大きくまとめるなら、皇帝を頂点とした統治体制の中で、実生活の上で存在する人の間のすべての上下秩序への侵害行為と、上下関係のない人と人の間では、他人の生命への侵害行為が特に重大な犯罪と考えられていたといえる。皇帝の統治のための道具である律において統治者たる皇帝への侵害行為が重罪と考えられるのは当然であり、生命への侵害行為が重罪と考えられるのは古今東西を問わず見られることである。しかしこれ以外に、人の間の上下秩序への侵害行為を非常な重罪とみなし詳細な規定を設けていたということが律の特徴といえる。

そもそも律は、法家思想と儒家思想の融合の産物といわれる(38)。一国の統治をなすためには、統治者に反抗する行為には刑罰を科すものとし、そしてそのために基準とすべき規則を成文化しておき、それに基づいて違反行為には一律に科刑すべきだとするのが法家である。それゆえ統治のために成文法である律を定めるということは法家思想に基づくものということになる。一方儒家は人と人の間の守るべき秩序関係をすべての人々が守ることで安定した国家の状態が保たれると考え、そのために礼を用いる。その儒家の思想が律に入り込んでいるため、現代の我々の目からすれば皇帝統治への侵害行為と直接には関係しないかのように思われる親族間の上下秩序への侵害行為も律においては科刑の対象とされる。律は、礼によってもたらされる秩序を乱す者に刑罰を科すとすることで礼による秩序の維持をはかろうとしているのである。

このような意味で、律は法家と儒家の思想の融合物とされる。そして内容的には、礼による秩序の維持こそが、律の中の最も根本要素となるものと位置づけられていた。それがいかに重要視されていたかは、清末の礼法の争いによって知ることができる(39)。

つまり清末に、日本人法学者の起草にかかる大清刑律草案に対して、律において礼による秩序を維持するために設けられていた条文がこの草案では削除されているとして、強硬な大清刑律草案反対論が唱えられたのである。礼法の争いにみられる論争の内容についてここで詳しく述べる余裕はないが、一例を挙げることによってその論争の本質を知ることはできよう。礼法の争いとは、礼による秩序維持のために重大な意味を持つ条文を大清刑律の条文中に入れるかどうかの争いであったのだが、刑律草案に対して、最後の最後まで加えることが主張されたのは、尊長に対しては正当防衛を主張してはならないと定める条文と、夫のいない女性が合意のうえで男性と情交関係を結んだ場合も処罰するという条文であった。礼による秩序の維持という観点からすれば、たとえ正当防衛という理由であっても、尊長に対して侵害行為をなすことは許されるべきではなく、また夫婦という秩序関係を公けに承認されている男女以外の情交関係はあるべき礼による秩序を乱すものでしかなかったのである。そのような行為を禁止する条項は、必ず律には入れられるべきものであったのであり、そのため律に替えて作られた刑律草案においてこの条文が存在しないことは許しがたいと、律の世界に生きてきた清朝の官僚たちは反対したのである。

そしてさらに注意すべきは、この礼による秩序維持のための条文を刑律草案に入れるかどうかという争いは、条文を刑律草案に入れるか、或いは刑律草案には入れず別に刑罰法規を設ける形にするか、という論争であったということである。礼による秩序を乱す行為に対して成文化した禁止条項を設けるべきだと考える点においては、すべての清朝の官僚は一致していたのである。つまりこれほどまでに礼による秩序の維持に関わる条文は国家統治の観点からすれば捨ててはならぬものであったということになる。

以上から礼による秩序の維持ということが律の持つ重大任務であったということが知られよう。

そしてこのように人の間の上下秩序の維持が重要視される律においては、自己の権利を主張するという「個」の存在が意識されることはない。いかなる理由であろうと上下秩序関係の中にある下の者が上の者を侵害することは許されないとするのが律であることは、正当防衛の議論からもわかるのであるが、さらに律が自己の権利主張をなす「個」の存在を全く無視するものであるという例として最もわかりやすいものに「縁坐」を挙げることができる。

縁坐とは、ある人物が特定の犯罪を犯した場合、その犯罪の発生になんら関わりをもたなくとも、一定範囲の親族が犯罪者の親族であるという理由だけで処罰されるというものである。縁坐が適用される場合にはそこには

「個」に対する配慮は全くみられない。例えば唐律において縁坐が適用される行為は多く十悪に含まれるものであるが、もし謀反を犯した者ということになれば、その人物の父と十六歳以上の息子は謀反者の行動に全く無関係であっても死刑ということになっている[40]。この時謀反者の父や息子が、自己に責任のない行為を理由に生命を奪われるのであるなら、これは生きる権利を侵害するものであるというような主張をなすことは全く律制定者の念頭に置かれていない。

このような自己の権利主張をなす「個」の存在が無視される縁坐は、唐より時代が下った清律の時代においても、内容の変遷はあるが条文上存在し、適用面でも形骸化することはなかったことが明らかにされている[41]。つまり縁坐の持つ意義は常に有用とされていたのである。

以上から、律は国家統治の安定化に資するための礼による秩序維持に必要な規律を具体化しており、そこでは自己の権利を主張しその法的保護を求める「個」の存在が前提とはされていないことがわかる。

このような律によって統治されている世界においては、人々は上下秩序の中でのみ生きることが強制されており、自己の権利を主張し、その法的保護を求める独立的な「個」となるための芽が摘み取られていると思われるのである。ゆえに律による統治下に生きる人々においては、独立した「個」として自己の権利を主張するという意識が育つことはなく、その結果権利を保護するための法の制定を要求するということもなくなってしまうのではないだろうか。ただ、科すべき刑罰が軽く、その処理が行政の最も末端の官に任されていた州県自理の案には現代であるなら私法が関係する事件が多く含まれ、そこでは官は律に拘束されずに事件を処理していたのであるから、私法関連分野については律の影響力が弱いということになる。ではこのような律の影響力の弱い分野において、法による権利保護の要求は生じなかったのであろうかということが問題になる。

州県自理の案では、多く土地取引の争い、金銭貸借の争い、婚姻や養子縁組、相続に関わる問題等が扱われるのであるが、ここにおいては確かに個々人の主張というものが登場してくる。しかしそこにみられるものは、治世観の中で認められていた物質・所有欲を個人が唱えるということである。つまり、生活を維持し、さらにはよりよい生活を送るための活動の中で、これは自己の所有に属すると自ら唱えるということだけなのである。そしてこのような統治者によって唱えることが容認されている私人の物質・所有欲に絡む紛争が生じた場合には、その紛争を官が鎮静化することに努めていた。その際官は争う双方の合意形成に努めるのだが、そこでは合意形成こそが第一に要求されるものとなっており、何に基づいて合意を得るべきかということは重視されず、合意を得るための根拠をルール化することもしないのである。この分野に関係する事柄については、日常的に人々は自分たちの慣行に基づいて行動しておればよく、いざ争いが生じたときにのみ官に馳け込むということになる。日常的には契約文書を取りかわして取引きを行い、取引が円滑に行われている場合は問題はないが、一旦紛争が生じたとなれば官に訴えることができ、その時官は当事者の双方が納得する解決策を提示してくれるのである。

このように、個々人は日常的にかなり自由に、生きるために必要な活動をすることが許されており、もし万一紛争が生ずるなら行政機関に持ち込めば裁判担当官が解決を図ってくれるという状況下にある。そのような状況下にある人々が官に紛争解決のルール作りを求めたり、自分たちの手で紛争を解決するためのルール作りをする必要を感じなかったということは有り得ることであろう。なぜなら紛争の解決は行政機関が負ってくれることがわかっているのであり、またそこでの解決策は一方に不利になるものではなく当事者双方の合意の成立を導こうとするものであり、さらに万一提示された解決策に当事者が満足できないならば、再び同じ事件を争うことは禁じられておらず、あくまで当事者の納得を得る解決を求め得ることを保障していたからである。

こうなると、律の拘束力の弱い私法関連分野があるとしても、そこにおいては治世観の中で許される物質・所有欲を満たすことに官も協力してくれるということで人々は満足感を得、それ以上に「個」の「権利」保護を要求するということは起こらなくなってしまったのではなかろうか。

以上から、律によって統治されている世界に生きる人々の中にあっては、自立した「個」の権利を法的に保護せよとの要求が生ずる可能性が奪われてしまい、そのことが帝制中国の時代には、個人の権利が侵害されることを防ぎ、個人間の権利の裁定をなす実定私法の体系がついには整備されることがなくなってしまったことの大きな要因となったと思われるのである。

終わりに

これまでみてきたように、帝制中国の社会とは、礼による秩序維持に必要な規定を具体化するという内容を持つ律によって人々が統治されて安定化している社会であった。但し、これは律のみによって礼による秩序が人々に植えつけられているという意味ではなく、社会での秩序維持規範としての礼がどのように浸透させられたのかという点については、改めて検討されねばならない問題であり、今後の課題ともなる。さてこの律による統治下にある人々は、礼による秩序に拘束されて生きる人々であった。そしてまたその人々は日常生活上の一定の物質・所有欲の実現を認められているという満足感を持つ人々でもあった。そのためにその人々の間では自己の権利を主張し、それを法によって保護することを統治者に求めるという発想が育つ契機が大きく阻害されることとなり、そしてそのことが実定私法が体系的に発展することがなくなるということの大きな要因となったと思われるのである。

ところで、帝制中国の社会は一見個が対立せず調和の中に存在する社会という表現で表わせうるように思われるが、それはあくまで権利を主張し、その法的保護を求める個人の存在が認められていないということに支えられたものであった。つまり帝制中国の社会においては、人々は一定の物質・所有欲を持つこと、そしてその欲求が原因で生じた紛争を官が解決することは認められてはいるものの、統治者に対し個人が権利主張をなすことや個人間の権利主張の裁定を統治者がなすことは予定されていないのであって、その反面縁坐の例にみられるように、統治者が一方的に個人を抹殺することは承認されている社会であったのである。よって帝制中国社会での個の調和的状態というものは、権利概念が前提となっている現代社会が参考とするには本質的な差異が存在することを考慮しなければならない[42]。

しかし律によって拘束されることの少ない分野での活動に関しては、人々の間での実際の必要に応じた多様な秩序維持方法が存在し、権利概念を抜きにした調和の下で生きる人々が存在したことも確かである。だがそこにおける秩序維持方法の根底を探る作業は、法制史の分野においてはまだ十分にはなされていないというのが実情である。ただ、そのような民間での秩序の安定のための工夫に対しては統治者は寛大であったが、万一律による統治の安定を乱す事態が生じたなら、統治者による介入が始まるということは明らかにされている。例えば宗族内部での秩序維持活動はかなり宗族の自由に任されていたが、一たび宗族内部で私刑が行なわれたとなると、官は決して黙認することはなかったのであり、私刑を行なった者は官により処罰されたのである[43]。常に統治者の側から皇帝統治の安定を乱す行為に対して監視の目は光ってはいるが、民の側での秩序維持活動も平行して存在することが認められていたということである。

そこで今後は、これまで行なわれてきた裁判或いは成文法という、いうなれば官と民という観点からの探究の他に、民と民がどのような方法によって相互の関係を調和の下に保っていたのかという点についての探究が必要となろう。なぜなら、帝制中国社会の法の特徴については、これまでの研究により、統治のために礼というようなものを支える一つの価値観で人々を拘束したうえで、人々の一定程度の欲望を満たすための措置をとっているなら、支配する側からすれば非常に安定した状態が生み出されることは明らかとなってきている。しかし現在は人々を一つの価値観で縛りつけることはもはや不可能な社会となりつつあり、また権利主張という形で様々な主張がなされる一方で、それらの間での衝突が生じてきているのである。そこでその中で自立的主体としての個人の「権利」主張を認めつつ、かつそれらの調和を図るための方法を模索する時、もし東洋法制史研究の視点からその模索をなすのであるなら、当時の民と民の間での秩序維持活動を追究し、民と民の調和的な関係維持の方法を学ぶことが一つの課題となるのである。そしてまた個人の権利主張の無視につながりうる礼による秩序ではあるが、社会全体の安定をもたらす作用を否定できぬことを考えると、秩序維持規範としての礼の持つ意味も検討されなければならないであろう。

このように考えたとき改めて想起されるのは、中国の知識人の治世の観念としての公と私の持つ意味を明らかにせんとする溝口氏が、現在の中国の知識人にとっては、「つながり（傍点原文、以下同じ）の分担者である〈人人〉の自立的な主体あるいは関係性をどのように民主化するか、という問題が、いまは課題となる[44]」と指摘していることである。この言葉は、中国の独自性を認識し、それに基づいたうえで、さらに西欧的な個の観念をいかに導入するかという意味であり、伝統的な中国の公・私の枠組を全く揺がせることなく、つまり西欧近代的観念におよそ束縛されることなく、新たな人と人のあり方を問う言葉である。しかしこの言葉は西欧近代的な個の観念を前提としたとしても、「個」というものはつながりの分担者として位置付けることはできないのかという、逆方向からの問いを発せさせることをも可能とする。ならば、一見全く対照的ともいえる私或いは個の観念に基づいて二つの問いが発せられることになるが、そこにおいて検討されるべきものとなる課題は、結局は和の中の「個」という一つの方向に収斂してゆくことが見てとれるのである。但し、もはや紙幅も尽きたため、この点を含めたさらなる考察は後稿に譲るものとする。

（1）寺田浩明「清代司法制度研究における〈法〉の位置付けについて」（『思想』一九九〇年六月号）

（2）この節については滋賀秀三『清代中国の法と裁判』（創文社、一九八四年）に依るが、必要に応じて時には具体的な参照頁を記した。

（3）伝統中国の法は雛型にすぎず必ずしも適用されたわけではないとの説に対し、この従来説の根拠がいかに薄弱であるかを論破したものとして、中村茂夫「伝統中国法＝雛形説に対する一試論」（新潟大学『法政理論』第一二巻第一号、一九七九年）がある。なお中村論文は、民事的紛争の解決は民間の処理に任され、国家の関与によって解決されることは極力避けられたとの従来説についても、その説が成り立ちえないことを史料に基づき論証する。

（4）律を補充・修正する機能を有する成文法が存在し、また律以外の法典が具体的な事件処理の根拠とされる時代もあるのだが、帝制期の基本にあった法典として律を中心として以後論を進める。

（5）比附の適用例の実証的検証に基づき、比附の機能・その有する意味について詳論するものとして、中村茂夫『清代刑法研究』（東京大学出版会、一九七三年）第二章、比附の機能。
また比附と同様の機能を持つが、比附が適用される犯罪より科すべき刑が軽い犯罪に用いられる不応為条について、その存在意味を追究したものとして、中村茂夫「不応為考――〈罪刑法定主義〉の存否をも巡って――」（『金沢法学』第二六巻第一号、一九八三年）。

（6）事案の処理につき、重要性が低いとみられた細案と重要性の高い重案とでは、具体的にどのような処理の差が生ずるか、また細案の場合には具体的にいかなる要素が判決の決定の際に加味されるかについて、中村茂夫「清代の判語に見られる法の適用――特に誣告、威逼人致死をめぐって――」（新潟大学『法政理論』第九巻第一号、一九七六年）に詳しい。

（7）前掲注（2）滋賀著『清代中国の法と裁判』七九頁

（8）前掲注（2）滋賀著『清代中国の法と裁判』三六七頁

（9）奥村郁三氏は、唐代には、強力な中央集権的権力の存在の下で、国家権力が責任を追求する必要があると考える全ての行為に対して刑罰が設けられており、その結果私法的領域が生まれなかった、私益というものはあったに違いないが、私益の保護ということは思考の外に置かれていたとする。

奥村郁三「戸婚田土の案」（関西大学『法学論集』第一七巻第五号、一九六八年）

(10) この点については慣習法の存在の有無と関わる問題であり、一つの重要な論点であることが小口彦太氏によって確認されている。小口彦太・木間正道・田中信行・國谷知史著『中国法入門』（三省堂、一九九一年）第一部、伝統中国の法制度（小口担当部分）二九－三〇頁。

(11) 例えば、甲が乙より家屋を買い取ることとし、代価はまだ交付していないものの既に売買証文を作成し甲がその証文を有しているにもかかわらず、乙がその後より高い買い値をつけた丙に家屋を売ってしまったという事案において、乙の貧窮の程度を考慮して、丙への売買を認めるという判断がなされた例を滋賀氏が、また、借用証文上は甲のみが債務者であるにもかかわらず、甲の弟であり経済力のある乙に対して、兄の窮状を救うためであるとの理由で、債務の支払いを乙に実際上負わせることになる方策が提示された例を小口氏が挙げている。
前掲注（2）滋賀著『清代中国の法と裁判』三〇三頁、補遺三
小口彦太「清代地方官の判決録を通して見たる民事的紛争の諸相」（『中国――社会と文化――』第三号、一九八八年）四五頁

(12) 特に明清時代の土地取引をめぐる慣行についての研究状況、及びその慣行の存在を裏付ける「契約文書」の保存・整理状況と研究史を知るうえで簡便であり、かつ契約文書一般の存在から当時の社会における、成文法にとらわれない人々の経済活動についての民間秩序のあり方を問うための視点を提供しうるものとして、岸本美緒「明清契約文書」（滋賀秀三編『中国法制史――基本資料の研究――』東京大学出版会、一九九三年）。

(13) 前掲注（2）滋賀著『清代中国の法と裁判』二九〇頁

(14) 同右二七〇－二七一頁

(15) 同右二七七－二八二頁

（16）同右二八三－二八五頁

（17）民事関連規定であるものとして清律中より、「違禁取利」条を取り上げてみると、そこにおいては金銭貸借、不動産取引の場合の利息の制限及びその違反についての処罰、返済の遅滞についての処罰、違法な方法で負債の返済をなさしめた場合の処罰を定める。また「典売田宅」条では、不動産取引に必要な手続きを怠った場合、二重取引をなした場合、典が満期となった際に典主が請け戻しに応じない場合の処罰について定める。

いずれも、金銭の貸借や不動産の取引が原因で社会の秩序が乱れることを防ぐ目的で設けられている規定であり、結果として個人の権利を保護する効果があるとしても、規定自体の設けられた根拠はやはり皇帝統治の安定維持という点にある。

（18）「行政の一環としての司法」という点及びそれと「アゴン的訴訟」との対置については、特に前掲注（2）滋賀著『清代中国の法と裁判』七八－八〇頁、三六七－三七一頁を参照。

司法は行政の一環であったということにつき、滋賀氏は清代の裁判には判決の確定という概念が存在しなかったこともその例証とする。つまり、判決に羈束力を認めるのは行政と対比される司法理念に基づくものであり、裁判所のなす行為であっても行政理念に基づく行為には羈束力が伴わないという現代の司法・行政対置の理念から検討すると、判決が羈束力を有さない清代の裁判は行政作用の一環と考えざるをえないというのである。この点については、前掲注（2）滋賀著『清代中国の法と裁判』第三、判決の確定力観念の不存在――とくに民事裁判の実態――に詳しい。

（19）前掲注（2）滋賀著『清代中国の法と裁判』三七〇頁

（20）佐立治人「『清明集』の〈法意〉と〈人情〉――訴訟当事者による法律解釋の痕跡――」（梅原郁編『中國近世の法制と社會』京都大学人文科学研究所、一九九三年）

（21）同右佐立論文、三二六頁

（22）以上、同右佐立論文、三〇〇頁掲載史料

（23）同右佐立論文、三〇〇頁

(24) 同右佐立論文、三〇一頁
(25) これらは同右佐立論文に対する滋賀秀三氏の書評による。
滋賀秀三（書評）梅原郁編『中國近世の法制と社會』（『東洋史研究』第五二巻第四号、一九九四年）一五七頁
(26) Philip C.C. Huang "Codified Law and Magisterial Adjudication in the Qing" (Kathryn Bernhardt and Philip C.C. Huang〔*Civil Law in Qing and Republican China*〕, Stanford University Press 1994)
そもそもホアン氏は清代の民事事件の解決については、当事者同士或いは当事者の属する共同体の調停者によって事件が解決される非公式な解決（もし官に訴状を提出していたとしても、召喚が決定されるまではこの解決の段階とする）と、裁判所において解決される公式解決、さらに召喚の後裁判所の解決に到るまでの間にみられ、地方官への訴や反訴に対する官による回答が影響を与え解決に到るという非公式と公式の中間に位置する第三の領域における解決を想定している。そのため非公式解決と第三領域での解決では調停が決定的な役割を果たすということと、裁判所における解決は成文法に基づく裁判が大部分であるということが対置されている側面もある。

なお、本文においては次に寺田論文に言及するが、その寺田論文の視点に立ったうえでの本論文の詳細な書評ともいうべき、寺田浩明「清代民事司法論における〈裁判〉と〈調停〉――フィリップ・ホアン（Philip C.C. Huang）氏の近業に寄せて――」（『中国史学』第五巻、一九九五年）がある。
(27) 例えば前掲注（2）滋賀著『清代中国の法と裁判』二七七‐二八一頁で挙げる判決例の⑥⑨⑫など。
(28) 同右、二七六頁
(29) 同右、二九二頁
(30) この点についての滋賀説に関しては先述の通りであるが、また、西欧近代の法思想として登場する「罪刑法定主義」という概念を取り上げ、それとの対比から不応為条の持つ意味を追究する中村茂夫氏の論文が、律は個人の権利を保護するという趣旨のものではないという特徴を描き出している。

前掲注（5）中村論文「不応為考――〈罪刑法定主義〉の存否をも巡って――」

（31）寺田浩明「明清法秩序における〈約〉の性格」（溝口雄三・浜下武志・平石直昭・宮嶋博史編『アジアから考える〔4〕――社会と国家』東京大学出版会、一九九四年）

（32）寺田浩明「明清法制史学の研究対象について」（『法学』第五八巻第三号、一九九四年）

（33）前掲注（1）寺田論文「清代司法制度研究における〈法〉の位置付けについて」

（34）以上、前掲注（31）寺田論文「明清法制史学の研究対象について」三〇－三一頁

（35）森田成満「清代に於ける民事法秩序の構造」（『星薬科大学一般教育論集』第十二輯、一九九五年）

（36）溝口雄三「中国における公・私概念の展開」、同氏「中国の〈公・私〉」（いずれも溝口著『中国の公と私』研文出版、一九九五年所収）を参照。

（37）帝制中国各王朝の法典編纂の状況、及び帝制期を通じての法の特徴に関する研究状況を簡潔かつ平易に叙述するものとして、前掲注（10）書『中国法入門』の小口担当部分。

（38）以下十悪の説明については、律令研究会編『譯註日本律令五・唐律疏議譯註篇一』名例（滋賀秀三担当）の十悪条の解説による。

（39）この点について論究するものとして、瞿同祖『中國法律与中國社會』（上海、一九四七年）、同氏の英文著作（*Law and Society in Traditional China*）. Mouton. The Hague. 1961が有名であり、英文著作については滋賀秀三氏によって紹介されている。滋賀秀三（紹介）「瞿同祖『旧中国の法と社会』」（『国家学会雑誌』第七六巻第九・十号、一九六三年）

その他、律中の縁坐規定を取り上げ、そこに法家と儒家の思想の折衷を読み取るものとして、中村茂夫「縁坐考」（『金沢法学』第三十巻第二号、一九八八年）一四八－一五二頁。

また同じく律中の縁坐規定を取り上げ中村氏とは若干異なる視点から法家と儒家の思想の折衷について述べたものとして、拙稿「縁坐を通じてみた日本・中国の法比較（一）」（『法学論叢』第一二七巻第二号、一九九〇年）四二－四八頁。なお同上拙稿

（二・完）は『法学論叢』第一二七巻第六号、一九九〇年掲載。
(39) 礼法の争いについてより詳しくは、拙稿「清末礼法争議小考」（『法学論叢』第一三七巻第二号・同第五号、一九九五年）。
(40) 唐律で縁坐が適用される場合は、賊盗律の謀反大逆条、謀叛条、殺一家三人条、造畜蠱毒条、及び擅興律の征討告賊消息条で定められている。
これらの条文の詳しい内容については、律令研究会編『譯註日本律令七・唐律疏議譯註篇三』の擅興（島田正郎担当）と賊盗（中村茂夫担当）の当該部分を参照。

なお前掲注(38)拙稿は、女性に縁坐が及ぶ唐律と及ばない日本律の規定の違いは、日中の婚姻形態の違いが影響したのではないかとする。
(41) 前掲注(38)中村論文「縁坐考」
(42) 今井弘道氏は、「〈個に明確な固有権を承認しない秩序構想〉を近代主義を越えた新たな世界史的視野の中で位置づけ直す」ことの重要性を提唱されるが、今井氏の念頭に置かれている帝制中国の社会では、本稿で述べたように自立主体として権利主張をなす「個」の存在が想定されていないのであるから、この点十分な注意が払われなければならない。
今井弘道「アジア法哲学の課題と展望――〈第一回アジア法哲学シンポジウム〉を終えて――」（『ジュリスト』一九九七年三月号）七八頁
(43) 前掲注(2)滋賀著『清代中国の法と裁判』第二、刑案に現われた宗族の私的制裁としての殺害――国法のそれへの対処――また奥村郁三氏は、村落・宗族・ギルド内での紛争処理と中央集権国家の握る裁判権の関係について論じ、裁判権自体はあくまで国家のものであったことを強調する。
奥村郁三「中国における官僚制と自治の接点――裁判権を中心として――」（『法制史研究』19、一九六九年）
(44) 前掲注(35)溝口論文「中国の〈公・私〉」八六頁

第三章　現代中国大陸民事裁判理論の課題と伝統中国法の視角

始めに

本稿の目的は現代中国大陸民事裁判理論の課題の析出にある。そこで、伝統中国法研究との関連で、なぜその作業を行なう必要があるのかについて述べたいと思う。

前稿では、[1] 現代社会において「法」とは何かを問うために多くの検討が試みられており、その問いは法制史学者にとっても無関心ではいられないものであることを指摘し、その問題を問うための足がかりの一つとして課題となるのが、伝統中国社会における「和の中の『個』」を追究することであるとして結びとした。そしてこの課題と通底する溝口雄三氏による提言とは、中国の独自性を認識し、その独自性に基づきつつ、西欧近代的観念に束縛されることなく、新たな人と人とのあり方を探ることを求めるものであると指摘した。

ところで現代中国大陸の法理論研究においては、伝統中国から現代にまで到る中国社会の特性とは、人間関係の相互性から生まれる秩序の中に人が生きていることであるとし、その特性を活かした法制度・法理論を構築すべきだとの主張がみられる。この主張を溝口氏の提言を法理論の分野で実践しようとするものと捉えることは容易であろう。そしてこの主張は、民事裁判の理論研究における二つの方向性の一つとして現われるものである。

その中国大陸の民事裁判に関する理論研究とは、基本的には西欧近代型の法制度の確立を目指そうとする方向性と、「近代法」を当然視せず独自の法制度を打ち出すことに努めようとする方向性という、二つの方向性の中で揺れつつ模索をなしている状態にある。

さて、近時わが国においては、「近代法」の下での「理性的、合理的な人」の概念に対する疑問が呈される中で、「現実の人」についての考察をなし、「現実の人」のもつ不確定性・多面性・複雑性を描き出すことが試みられている。そしてそのうえで「現実の人」を基点に据えた法理論の構築が図られており、その結果、紛争というものをめぐって新しい視座が展開されている。このような理論においては、紛争の当事者とは一つの要求をなす際にも、或いは一つの決定をなす際にも周囲との関係の中で揺れ動き、また内面には様々の葛藤を抱えるものであることが指摘され、そのような当事者が主体となって紛争交渉を行ない得る裁判のあり方、裁判官の役割、裁判における実体法規範の位置付けについて論じられている。

実は、このようなわが国での法理論研究が、現代中国大陸の法理論研究に大きな影響を与えており、その影響の下で中国大陸の法理論研究者が先述した二方向性の中での模索の過程にいるのである。しかし中国大陸の法理論研究者においては、なお日本の理論研究を十分に活かし切っていない点がみられ、そのために現代中国大陸の法理論研究の課題が見えにくくなっていると思われる。

このようなことから、溝口氏の提言の法理論分野での実践と捉えられる現代中国大陸の民事裁判理論研究を検討するためにも、その中にみられる日本の最近の法理論研究の成果を整理する必要がでてくる。そこでその作業を行なったところ、中国大陸の法理論研究の課題の一つは、人間関係の相互性から生ずる秩序の中に人が生きていることが中国社会の特性であると指摘するだけでなく、その相互性の中にある「人」とは何かを分析し、その「人」に必要とされる法制度・法理論の形成を図ることではないかとの結論に到った。

これはまさしく、現代中国大陸社会における「和の中の『個』」を追究するという分析視角をもつことの必要性を意味しよう。

ならば前稿で掲げた伝統中国社会における「和の中の『個』」の追究とは、過去の現象を解明するためだけのものではなく、現代中国大陸社会における法理論研究の課題に通ずるものであることが明確化することになる。つまり、伝統中国法の視角から、過去だけでなく現在に到るまでの空間を射程に据えて導き出したものが、前稿で示した課題であったことが一層明瞭となったのである。

以上から前稿で指摘した課題が現代社会の法理論研究へと連続するものであることを明らかにするために、本稿において現代中国大陸の法理論研究の課題を探る作業が必要となったということが知りえたと思う。そこで以下、その課題の析出に移りたいと思う。

一　現代中国大陸の裁判制度と民事裁判理論

本章においてはまず予備知識とするために、中国大陸の裁判機構について極簡単にみたうえで、その後に中国大陸の民事裁判をめぐる法理論研究をみてゆくことにする。

1　裁判制度

現代中国大陸の裁判所については、最高人民法院の下に、軍事法院、鉄道運輸法院、海事法院というような専門人民法院と地方各級の人民法院が存在するが、民事事件は地方各級の人民法院・最高人民法院において扱われることになる。地方各級人民法院は、高級人民法院、中級人民法院、基層人民法院の三級からなり、これらと最高人民法院をあわせた四級の裁判所組織の中で二審制がとられている。

この他地域ごとに人民調解委員会が存在し、民事紛争は裁判所に持ち込まれる前にこの委員会の解決に委ねられることになり、この人民調解委員会は民事紛争の解決に大きく関与するものとなっている。そこでここで、人民調解、そしてそれに連なる裁判所の調解についてもう少し詳しくみてゆくことにする。(2)

人民調解委員会は人々にとって最も身近な紛争解決制度として存在するものであり、これは都市においては一定戸数ごとに設けられる住民自治組織である居民委員会の下に属し、農村においては原則として自然村ごとに設けられる住民自治組織である村民委員会の下に属する委員会である。

人民調解委員会では民事紛争と軽微な刑事事件の解決を担当し、人民調解手続については厳密な規定はないようであるが、次のような順序で行なわれることが一般的であるという。

人民調解委員会の活動の開始には、紛争の当事者が人民調解委員会に申請した時に人民調解委員会による紛争処理が始まる場合と、当事者の申請がなくとも人民調解委員会が紛争が生じていることを発見し、紛争処理を始める場合がある。いずれの場合であろうと、紛争処理が開始されたとなると人民調解委員会の委員はまず事件の事情を調査し、事件の事実関係の把握に努める。そのうえで当事者双方・関係者を集め、各々に意見を述べさせ十分その意見を聞いた後に調解委員会が解決策を提示する。その解決策にもし当事者が同意できないのであれば、人民法院に訴えることや基層人民政府に処理を求めることができる。もし当事者双方が同意すれば調解が成立したということになり、調解書が作られることになる。但しこの調解書の内容は法的な効力を有するものではないので、もし当事者の一方が後になってこの解決策に同意できないと考えるならば、人民法院に訴えを起こしたり、基層人民政府に処理を願い出ることができるのである。

この人民調解委員会の委員については、人民調解委員会組織条例（第四条）では、公正で、大衆と連携し、調解活動に熱心であり、一定の法律知識を持ち、政策に対する理解をなしうる成年としており、また委員は日常的にその地域の事情を十分に飲み込んでいることが前提となっているともいえる。人民調解委員会組織条例の規定からすると、調解委員は一定の法律知識を備え、政策にも通じているはずであるが、現実問題としてはそのような調解委員を確保することは困難なことが多く、その結果、必ずしも法令や政策に則った調解が行なわれるわけではないという問題があるという。つまり、法令等に従うのではなく、その地域の習俗などに応じた解決をしてしまうことがあるというのである。

次に調解委員会で問題が解決されず、人民法院に民事紛争が持ち込まれた場合の紛争の処理については、次のように説明されている。

中国大陸では、人民法院に持ち込まれた訴えは人民法院の調解で解決するという意識が強いため、民事訴訟法上（第九条）は人民法院の調解は当事者が自ら望んだ時に行なわれるものと定められているが、まず調解が試みられるのが一般である。この人民法院における調解については、調解をなすのは裁判官であるが、ここでも当事者双方が同意しうる解決策を提示し、双方が納得して紛争が終結することが目指される。人民調解委員会の調解と大きく異なる点は、当事者が同意した解決策を調解書に作成し、調解書の送達がなされた後はその内容に法的な効力が認められることである。問題点としては、調解で解決することが解決方法として優れているという意識が強いため、民事訴訟法上は当事者の自由な意思に基づくことが定められているにもかかわらず、裁判官が調解を強制することがあること、調解書の内容が法的効力を有することになる送達の前に当事者が同意を翻えした等の理由のために延々と調解が続くという事態がみられること、また調解書の内容には法的効力があるにもかかわらず、実際にその内容を執行しようとすると、不利益を受ける当事者が様々な方法で執行を妨害するということが多く生じていること等である。

また、人民法院の調解も成立するに到らない場合は次のような問題が生ずるという。

もし人民法院の調解が成立しない時には、裁判によって判決が下されることになる。ところが現代中国大陸においては今のところ、裁判による判決と調解による同意形成とは必ずしも明確に区分されたものとはいい難く、判決であってもやはり、当事者双方が納得する内容であることが重視されているのである。そのために人民調解委員会の調解、人民法院の調解、人民法院の裁判はいずれも解決策を第三者が示し、それに当事者双方が同意して終結するということが予定されている点で連続したものとなっているといえる。ところがそのために、強制力を有するはずの裁判における判決までも人民法院の調解同様に、執行に困難を伴うという事態が生じているのである。

このような、判決に到った場合の問題点については、中国大陸の民事裁判の特徴として後ほど王亜新氏の論文を扱う際に触れることになるので、詳細はそちらに譲ることにする。

さて、では以上のような裁判制度の下での中国大陸の民事裁判をめぐって、わが国では如何なる理論的検討がなされているのかということについて、以下みてゆくことにする。

2　高見澤説

まず掲げるのは、伝統中国の紛争の捉え方とその処理方法が現代中国大陸に連続性を有している点を指摘し、必ずしも「近代法」を当然視せずに中国大陸の裁判制度のあり方を問うという方向性への示唆的提示をなしたものといえる高見澤論文である(3)。

高見澤氏は、現代の中国大陸で人と人の間に生ずる紛争や事件のうち、我々日本人の目からみて民事紛争と軽微な刑事事件と見做しうるものを「民事的紛争」と呼び、軽微なものを除いた刑事事件を「刑事的事件」と呼ぶこととし、この「民事的紛争」と「刑事的事件」をあわせて「もめごと」と呼び、この「もめごと」の処理を「裁き」と呼ぶとする。高見澤氏は、現代の中国大陸においては人と人との争いごとはすべて「もめごと」であり、その処理は「裁き」であると認識されていると捉える方が、現代中国大陸の裁判制度を理解しやすいとし、そしてまたこの認識は伝統中国から連続したものであるとみる。

ところで清朝を中心として伝統中国の裁判のあり方をみると、伝統中国では刑事事件と民事事件という区別をなして裁判所という独立機関で裁判を行なうということはせず、その地域の統治機関がその地域で発生した事件をまず取り扱うことになっていた。そして民事事件と刑事事件という区別ではないが、軽い刑罰ですましうる事件と重い刑罰を科すべき事件で、その処理方法に違いがみられた。その場合、現代の我々の目からみるなら民事事件と軽微な刑事事件（高見澤氏のいう「民事的紛争」）と思われるものが軽い刑罰を科せられる事件として扱われ、軽微でない刑事事件（高見澤氏のいう「刑事的事件」）は重い刑罰を科す事件として扱われていたといえるのである。そして重い刑罰を科す事件は国家の成文法に基づいて刑罰が決定されたが、軽い刑罰を科す事件については成文法に囚われず、事件当事者が納得する解決策を裁判の担当官が提示し、それに当事者双方が同意するということで解決が図られたのであった。

このことを念頭において現代の中国大陸の裁判をみてみると、現代の中国大陸においては、刑事罰を科すならそれ以外に損害賠償などの民事責任は問わず、民事責任を負うたことについてはこれ以上刑事罰を科さないという事例がみられる。そこで、人と人の間に生ずる紛争や事件をすべて「もめごと」という一つのまとまりで捉え、民事と刑事という区別認識がそれほど明確化していないとみる方が、この現象を理解しやすいと高見澤氏は考える。そしてこのような捉え方は伝統中国から連続しているものだとするのである。

また「もめごと」に対する「裁き」についても、高見澤氏は伝統中国からの連続性を指摘する。伝統中国においても現代の中国大陸においても「もめごと」に対する「裁き」とは、第三者が理を説く役を演じ、当事者がその理に心から服する役を演ずること、つまり「説理‐心服」の劇というべきものであると高見澤氏はいう。

このことは「民事的紛争」については、よりわかりやすいと思われる。伝統中国では「民事的紛争」の解決方法は、官が当事者双方の納得しうるような解決案を提示し、当事者がそれに納得するなら一件落着するというものであり、万一当事者が本心はその案に納得していないということであるなら、再びその紛争を蒸し返して官に訴えることが可能であった。このことを高見澤氏は「説理－心服」の劇を演ずることと表現するのである。そして現代の中国大陸においても、人民調解、法院の調解において調解委員や裁判官は「説理」者の役割を求められるとする。つまり調解委員や裁判官は当事者の言い分を十分聞き、自らその実態の把握に努め、できるだけ当事者に真実を語らせるように努力し、最後に当事者が心から納得しうる解決策を示すことが求められているのである。そしてこの解決策に当事者が承服すれば調解は成立し、ここに高見澤氏は「説理－心服」の構造があるとみる。

一方「刑事的事件」についてもその処理方法は「説理－心服」の劇であると高見澤氏はいうが、この場合の「説理－心服」は「民事的紛争」の場合とその現われ方が異なっているとしている。

伝統中国では、ある人物を「刑事的事件」で有罪とするには本人の自白が必要であったが、この自白は本人が自ら犯罪を認める以外に、官による拷問によって得られることもあれば、官の奇略によって思わず犯人が白状するという形で得られることもあった。このような自白を官の説く理に犯人が恐れ入って服したことと捉え、高見澤氏はやはり「説理－心服」の現われであったとみる。但し、この点の現代への連続性については、現代中国大陸は依然自白主義を採っているために伝統中国との連続性がみられると高見澤氏はいうのではない。

伝統中国では成文法典において、如何なる行為をなした者には如何なる刑を科すべきかということを非常に詳細に定めているため、裁判を行なう官は今回の事件について、どの成文法上の条文を適用するかを決定しさえすれば、科すべき刑はその条文で定められているものとなるので、量刑の必要がなかった。一方現代の中国大陸の刑法典においては情状とそれに対応する刑副をかなり細分化した定め方をして、裁判官の裁量の余地を狭いものとしている。そしてそれは、一つの処罰されるべき行為がその行為の社会危害性の程度に応じて、民事責任のみを負うもの、行政罰ですませるもの、刑事罰を科すべきものという目盛りによって振り分けられたうえで、刑事罰を科すことが相当と判断された行為については、刑法典や特別法等によってさらに細分化、客観化された目盛りに当てはめられて処罰されるということである。そしてこのことを捉えて高見澤氏は、行為に応じた最も適当な制裁を科すことを成文法に基づいてなすことが事件の当事者を納得させることであり、この点は伝統中国の「刑事的事件」においても、また現代の中国大陸の「刑事的事件」においても一貫しているといえ、ここにもやはり「説理－心服」がみられる、ただ伝統中国においては「心服」することが自白という形で表わされていたのだとするのである。

以上のように高見澤氏は、伝統中国と現代中国大陸のいずれにおいても、人と人の間の紛争や事件そしてその処理を「もめごと」と「裁き」という概念で捉えるのだが、その意義は一体どこにあるのであろうか。

高見澤氏は伝統中国の法から現代中国大陸の法というものを連続したものと捉え、その中に中国法文化を見い出そうとするのだが、興味深いことは高見澤氏が、刑事事件と民事事件という認識は「近代法」の発想に基づくものであり、法解釈学的観点から紛争や事件をみるための技術的な捉え方であるとし、それに対して「もめごと」と「裁き」という認識は、中国法文化の中での「庶民感覚的」に見た紛争や事件の捉え方であるとしている点である。そしてまた高見澤氏が、中国法文化においては「近代法」の下での法解釈学的に正しい紛争解決が目指されるのではないとして、法解釈学的に正しいというようなやり方では必ずしも「もめごと」を解決しうるとは限らないことから、当事者や周囲の納得を得ることによって「もめごと」を解決しようとするのだとしている点も興味深い。このような高見澤氏の指摘の中には、社会の中での調和というものは必ずしも国家法を基準にすれば強制的に実現しうるものだというわけではないとの視点がある。(4)

3　王亜新説

次に掲げるのは、現代中国大陸における民事訴訟の特徴を踏まえたうえで、日本の民事裁判理論に依拠することによって、中国大陸の民事裁判の将来の方向性を実体法規範の持つ意味との関連から探ろうとする王亜新氏の研究である。ここでは王亜新氏の論文に基づいて中国大陸の民事裁判の特徴を述べ、次いで王亜新氏がどのような日本の民事裁判に関わる理論を意識しつつ、最終的にどの理論を参考にすることによって、中国大陸の民事裁判モデルを想定するのかをみてゆく(5)。

王亜新氏によれば、現代の中国大陸の民事裁判の実態に着目するなら、判決は当事者双方の同意を得ることのできる内容であることが重要であり、判決の正当性を保障するための法的理由付けはそれほど重要ではなく、そのため実体法規範は民事裁判において必ずしも拘束力を持つものとしては存在しないことになるという(6)。

王亜新氏は、現代の中国大陸においては、民事紛争の解決では当事者の同意を得るような解決策を見い出すことが目指され、それは和解や調停では同意を得られず判決を下すに到ったとしても同様であり、そこで下される判決は紛争当事者の同意を取り付けるための内容となっているとする。そこにおいては裁判官は実体法規範に基づいて判決を下したとしても必ずしも双方の同意を得られることにはならないため、実体法規範だけでなく、「生活規範」（ある一定の広がりの中の人々が共有している規範であって、社会規範に比べ普遍性という意味では制限があるものと王亜新氏はいう）に基づいて判断することが必要になる(7)。そのため民事裁判において、実体法規範の持つ意味はかなり相対化されてしまうとする。

このような民事裁判の特徴とそこでの実体法規範の位置付けについて、より詳しくは以下のように王亜新氏は述べる。

まず訴えの受理については次のようにいう。

訴えの受理は、必ずしも実体法に基づいてなされねばならないと考えられているわけではない。それは一つには民事関係の制定法が整わないために、とにかく裁判所が訴えを受理することが多かったのが原因である。後にその分野に関連する法律が制定されたことによって受理範囲に実体法的根拠が与えられることになるが、まだ実体法的根拠の存在しない時点での訴え受理のための根拠となるものは、党の政策や「生活規範」に基づく裁判所の判断である。ところが逆に実体法規範による根拠が存在するにもかかわらず、その実体法の規定通りに裁判所が訴えを受理しないこともままみられ、裁判所の判断で行政機関など他の機関に事件を回したり、または不受理扱いにするということがある。そしてまた、訴えの不受理がみられる一方で、今度は裁判所の方が企業に紛争の有無を聞き出して、訴えをなすことを促すことがあったりもする。以上のことから王亜新氏は、訴えの受理において実体法規範は拘束力をもたないとするのである。

訴えの受理以後の審理過程について王亜新氏は次のようにいう。

紛争当事者双方が受け入れることのできる判決を下すためには、裁判官は紛争に関わる事柄をすべて把握していることが必要になってくる。もし裁判官が紛争に関係するすべての事実を把握していないと、当事者双方が納得する解決策を導き出すことなど到底できず、またその解決策に当事者双方が従うように説得することも不可能であるからである。そして裁判官が紛争に関連するすべての事実を把握するために当事者双方から十分な情報が提供されることが望まれるのであり、そのために原告の訴状、被告の答弁書、両当事者の陳述・弁論が存在するのである。つまり両当事者の訴訟行為一般は裁判官への情報提供のために存在するのであって、そこにおいては請求の特定、争点の形成という観念はみられないことになる。また裁判官は紛争の事実関係を正確に把握するために積極的な活動をなすことが望まれることになる。裁判官は訴状の受理以降公判廷を開くまでの間に当事者を交互に呼び出し事情聴取を行ない、時には裁判官が直接紛争発生地に赴き、当事者や関係者を尋問することによって客観的な事実を調べる。(8) このように裁判官が能動的に事実関係の把握に努めるとなると、当事者による主張の内容や提出される証拠については、当事者が主張しなかった、或いは提出しなかったということで不利益な事実認定がなされることにはならず、その反面当事者の主張や提出証拠は裁判官による事実調査のための一つの判断材料という意味でしかなくなる。(9)

以上のような審理過程において、実体法規範はどのように位置付けられるかということについて、王亜新氏は次のようにいう。

まず、できうる限りの情報を提供することが求められている当事者は、自己に有利だと思うあらゆる主張をなすことになり、そこにおいては主張内容が必ずしも実体法規範の存在によって制限されることはなくなる。そして判決の目的が当事者双方の同意を取りつけることであるために、裁判官は個々の紛争の事実関係や当事者の事情を考慮し、将来に生ずるかもしれない紛争を防ぐことも視野に入れ、当事者双方の共有する「生活規範」に基づいて個別具体的に解決策を導き出し、それを受け入れるように当事者双方を説得することに努める。このようにしてなされる判決において、裁判官は実体法規範に拘束されることはなく、たとえ実体法規範を持ち出したとしても、それは当事者を説得したり、圧力をかけるための一つの道具にすぎないものである。(10)

そこでこのような中国大陸の裁判のあり方、実体法規範の位置付けをどう評価するかということが問題となるが、それについて王亜新氏は次のようにいう。

権利義務概念で紛争を捉え、実体法規範に沿って判決を下すというやり方では、実体法規範の枠にあてはまらない要素は切り落とされ、紛争の真の原因や意味を見失うことにもつながり、裁判所が正義であると考えたにもかかわらず、当事者や社会の目からすれば必ずしも正義とは感じることのできない判決を下すことにもなりかねない。対して実体法規範に囚われず、個々具体的な事件に応じて柔軟な対応をなしうる中国大陸の裁判のあり方は当事者や社会の要求に答えうるものといえる。しかしこのような長所があるとはいえ、問題点が多いことも確かである。まず先述したように、訴えが不当に受理されないことがある。また判決の内容が裁判官の質に大きく左右されるという問題がある。つまり裁判官の能力の問題により、裁判官が十分な調査を行なわない、十分な調査を行なったとしても事実関係を適確に把握できない、妥当な解決策を導きえない、裁判官が当事者の力関係や自分自身の人間関係に引きずられて中立的な立場をとることができないなどの弊害が生ずるのである。さらに、「生活規範」に基づいて個別具体的に裁判官が当事者の同意を得ることによって紛争を解決してゆくというやり方は、「生活規範」を共有する地域共同体の存在と、その共同体に密着する裁判官というものが前提となっていた。ところが八〇年代以降の改革開放政策に伴い人的物的流動が加速され、紛争は必ずしも地域共同体内部のものではなくなりつつあり、人々の間で緊密な人間関係を前提とした共通の規範意識が得にくく、「生活規範」に基づいた個別的同意形成が困難となってきた。さらにまた、同意の形成が困難になるとともに、判決の執行が困難になるという事態が深刻化する。同意の形成が困難なため、必ずしも当事者の同意形成がなされたとはいえない判決を裁判所が下すようになり、その結果、その判決に不満である当事者が判決の執行について裁判所と対立抗争を犯してまでも抵抗しようとする例が登場する。例えば、裁判所の執行要員を殴打して執行を阻止しようとした事件、暴力によって相手方の財産を取り押えようとした事件等が生じている。その他にも、地元企業と地方政府が結びつき、そこに地方の裁判所までもが加わって、他の地方からやってきた企業からの訴えの受理を渋ったり、地元企業に不利な判決の執行に非協力的であったりする事態が生じている。

以上のように中国大陸の裁判のあり方、実体法の位置付けについて王亜新氏は、長所を認めながらも、多くの問題を抱えているとする。そしてこのような問題が生じている原因を、紛争の個別了解的な解決が裁判官個人に委ねられ、実体法規範が拘束力あるものと位置付けられていないことにあるとする。そのうえで王亜新氏は日本における民事裁判理論を参考にすることによって、従来の民事裁判のあり方とは異なる新たな民事裁判モデルの提唱をなそうと試みる。

王亜新氏はまず、現在の中国大陸の民事裁判のあり方からすれば、裁判の具体的妥当性・正当性を当事者の水平的な相互作用に求める日本の民事裁判理論(11)が一面では理論的根拠となりうるとする。

王亜新氏によれば、このような日本の裁判理論においては、裁判とは実体法に定める要件に従って紛争の事実関係を再構成し、その認定に基づいて所与の法的効果が賦与される場ではなく、訴訟当事者が主体的・自律的に対等・公正に対論・交渉を行なう場であるとされているという。そしてこのように裁判を捉えるならそこにおける実体法規範の持つ役割とは、訴訟当事者間の交渉を促進するためのものと位置付けるのが最も明快な説明となるだろうとする(12)。このような裁判や実体法規範の捉え方の下では、民事裁判が実体法規範の適用を正当化の条件として判決が下される場とはならず、個々具体的な紛争ごとにその中に含まれる様々な要素をできる限り配慮し、当事者双方が受け入れることのできる解決策を追求する場となるとして、王亜新氏は現段階での中国大陸の民事裁判のあり方との共通性を見い出すのである。

しかしながら王亜新氏は、このような考え方を今後の中国大陸の民事裁判モデル構築のための理論的根拠とすることについては否定的である。なぜなら王亜新氏は、このような考え方は当事者の主体性に立脚した理論といえ、そのため現段階の中国大陸のように裁判官による上からの説得と当事者の同意という構造が前提となっている場合にはそのままの適用が躊躇われるとし、また実体法規範の適用を裁判の正当性の条件とすることに否定的であるということに大きな不安を感じるとする。もし当事者双方の交渉を強調するなら、解決策を導き出すまでに当事者同士の力関係や当事者の交渉に関与する裁判官の個人的資質が影響を及ぼさざるをえず、この点から現在の中国大陸にこの理論を持ち込むことは無理であると見做すのである。

そこで王亜新氏は、裁判では法律家を中心とした議論によって能動的に再定式化される実体法規範の適用が、結果を含めた紛争処理全体の正当性を保障するという理論[13]を用いることにより、現代中国大陸の民事裁判モデルを構築しようとする。王亜新氏は、このような法的議論の過程を重視する理論に基づくなら、実体法規範の解釈の際に、実体法体系以外の原理、政策、社会規範等も重要な役割が認められ、さらにその紛争に関連する様々な要素を組み込んでゆくこととなるため、個々の事件についてよりその当事者たちの納得しうる合理的根拠が実体法規範に与えられることが可能となるといい、また解釈が法律家の共同体の中での共通推論様式に基づいてなされる議論を経るために、そこから導かれるものは一裁判官の資質に左右されることがかなり減じられるというのである。

結論としていえば、王亜新氏は、当事者間の主体的相互交渉を重視し、そのために実体法規範を交渉促進規範として捉え直す理論については重要性を認めはするが、今後の中国大陸の民事裁判モデル形成のために参考とすべき日本の理論は、裁判での法律家間の法的な議論の過程を重視する理論であるとしている。そしてこの理論を適用し民事裁判モデルを形成するために中国大陸に必要な具体的な条件は、判決を目指す手続と和解を目指す手続を分離すること、また裁判における法解釈・法適用の過程を成立させるために法解釈学を発達させ、法律家集団を形成することであるとする。これより王亜新氏は、基本的には西欧近代型の裁判制度をまず確立すべきことを重視していると結論づけてよかろう。

4　季衛東説

最後に掲げるのは、中国大陸社会の特性に着目し、そこから裁判制度を含めた法制度全体のあり方を説き起こそうとする季衛東氏の論文である[14]。

季衛東氏によれば、伝統的に中国社会は「関係主義的社会」であるという。それは社会における秩序の根源が

「人間関係の相互性」にあることを意味するという。

季衛東氏は、現代においても民商法に関わる秩序はこの人間関係の相互性から生まれているとし、それは例えば契約であれば次のような形で現われるという。現代中国大陸の社会では取引のために契約を締結したとしても、締結時に契約当事者の権利義務を厳格に定めるのではなく、契約締結の後も交渉による契約当事者の権利義務の変動の余地が認められているのだという。契約当事者の権利義務は、社会関係、国家政策、個人的な相互関係等との関連の中で定まり、契約書の文言に必ずしも囚われる必要はなくなっているというのである。

また季衛東氏は、中国大陸の法律と権利について次のようにいう。

現代の中国大陸では、例えば契約に関連する法律を取り上げても、経済契約法、渉外経済契約法、技術契約法等が並存し[15]、法律が複雑に重なり合った形で制定されている。そしてさらに各々の法律の下にある条例や実施細則等を含めると一つの分野に様々の法規が入り交じり、どのような権利義務関係をも基礎づける根拠を与えうるという様相を呈している。また、各法律が様々な名称の権利を定めていることから、一つの対象物にはいくつもの権利が存在することとなる。例えば、土地については伝統的に「田面権」と「田底権」という二重の権利構造の下にあったが、現代中国大陸においてもやはり土地は国や集団の所有権の下にありながら、その上に個人の使用権・経営権が重畳的に存在することになっている。

このような状況を指して季衛東氏は、現代中国大陸において権利とは、法律と人間関係を相互に取り込んだ中に位置付けられるものとなっているとする。こうして季衛東氏は、権利がすぐには確定されぬような流動的な状況の下では個人的な権利主張の根拠を明示し難いことから、紛争解決方法については交渉を促進し当事者の合意を得ることが中心となり、裁判よりも調停・仲裁が多用されると捉えるのだと思われる。

そして季衛東氏は裁判制度について次のように述べる。

私人間の利害衝突をその当事者の力関係を排除しつつ解決する時に求められる国家権力の中立性が、中国大陸では十分機能していない。その現状に鑑み中国大陸では共同体内で紛争解決を行なうというような、人間関係の相互性の下での紛争解決方法を国家の制度として取り込んだ形で裁判制度が実現されている。そのため民間調停と国家の裁判、非公式の和解契約と公式の強制判決という区分が成り立ちにくい形で国家の裁判制度が存在する。

つまり季衛東氏は、いわば当事者同士の和解や民間調停から国家機関たる裁判所で下される判決に到るまで、すべてが一連なりになることで国家の裁判制度を構成し、そこでは当事者間の媒介役を務めつつ解決策を決定する第三者がおり、それが人民調解委員であることもあれば、裁判官であることもあるというのであろう。ところで季衛東氏は、このような裁判制度について、当事者の納得と承認が重視される点については伝統的な中国の裁判と連続するものであるとも述べている。

さて、このような現代中国大陸の裁判制度の理解を助けるための手がかりとして、季衛東氏は日本の民事訴訟法学にみられる理論を持ち出す。季衛東氏によればこの理論においては、当事者による対話・議論のためのルールづくりが手続保障の中身となり、裁判官は当事者間のコミュニケーションの仲介役として位置付けられるとしている。そしてこの理論の持つ方向性を追究することは、中国大陸の裁判手続の本質理解にもつながるというのである[16]。この理論にこれ以上詳しく季衛東氏は言及するものではないが、季衛東氏はこの理論を、当事者対抗主義手続における裁判官の判定を相対化させるものと捉えている。

次に季衛東氏は、中国の法文化においては紛争解決の目的は社会関係の調整にあるのであり、その調整の役割を紛争解決のための第三者を設けて負わせるという形をとるために、現代においては裁判官が職権的に調整を行なうという形でそれが現われているという。このことを捉えて中国大陸の民事裁判手続を職権主義の範疇に含めることが一般的であるが、民事裁判の実態を見るならば紛争の大部分が交渉、和解、調停によって解決され、その中で裁判官が当事者相互の媒体として相対化する傾向があることが見てとれることからすれば、中国大陸の民事裁判手続は、当事者対抗主義を追究する方向性のもたらす結果と、結局は通底する内容をもつことになるのではないかと季衛東氏はいう。そしてもはや中国大陸の裁判手続を職権主義と当事者対抗主義の二分法の範疇で捉えるべきではなく、その二つを超えた考察をなすべきなのだと主張する。

しかし、季衛東氏は現在の中国大陸では、中国が伝統的に採ってきた当事者の納得と承認を重視する手法を用いるところから判決の「執行難」等の問題が生じているため、このことへの対応として国家的強制による判決の実現の重要性も主張されているとする。

だが季衛東氏自身は、国家的強制による判決の実現ではない別の対応策を提唱する。季衛東氏は、目指すべきは、人間関係の相互性による自己執行力を国家制度の中に組み込んでいるという紛争解決原理に、手続的合理性や手続的正義という要素を組み込んでゆくことだと説くのである。そのような伝統中国と西欧近代を融合するともいうべき新しい手続原理を創出し、その原理から導かれたものこそが強制可能な法となるとするのである。

この方向性を目指すための具体的な方法として季衛東氏は、裁判と調停というような制度的区別をなし裁判に特権的地位を与えるのではなく、裁判と調停を新たな手続原理の下で新しい意味付けをなし連続性をもつものとして捉えたうえで、一種の選択可能な代替方式とすべきことを挙げている。この方法によれば西欧近代型の裁判や権利というものを中国大陸の人々が身につけるとともに、これまで有してきた人と人の間の相互行為の場も確保することが可能になるというのである。

以上より季衛東氏は、「人間関係の相互性」の中で秩序を生み出すという中国の特性、それは裁判についていえば、人間関係の相互性による自力性を国家制度の中に組み入れるという形で現われているのだが、この特性を否定的に捉えるのではなく、その中にどのように西欧近代型の裁判や権利の概念を活かしうるかという発想で、中国大陸において必要とされる新たな法制度を模索しようとしているといえる。

以上、三者の論文を概観してきたが、各々の特徴を要約すると、西欧近代法の概念を当然視せずに現代中国大陸の裁判を考えてゆくべきだとの視点を与えるものが高見澤氏の論文、中国大陸の民事裁判の特性を意識しながらも基本的には西欧近代型の裁判・法制度の導入を図るべきだとするものが王亜新氏の論文、中国大陸社会の特性を積極的に評価し西欧近代型の法制度との融合を図る新たな法制度の構築を模索するものが季衛東氏の論文ということになろう。

そこで次節ではこれらの論文を基に、現代中国大陸の目指すべき民事裁判制度、それを支えるための理論構築に向けて、どのような点を課題としてゆくべきかについて検討してみたいと思う。但し次節では、王亜新氏と季衛東氏の論文を対比的に検討することによって、中国大陸の民事裁判のあり方及びそれを支える理論の方向性を探るための考察をなしたいと思う。なぜなら、西欧近代型の法制度を当然視しないという視点は高見澤氏、季衛東氏に共通しているといえるが、高見澤論文は中国法文化を論ずるものであり裁判制度の今後の方向性については言及していないため、今後の方向性を論ずる王亜新氏と季衛東氏の論文に検討対象を絞る必要があるからである。また王亜新氏・季衛東氏が意識する日本の裁判に関わる法理論研究は、「法」を考えるための重要な論点を極めて多く含んでおり、課題の析出のために、次節ではこのような法理論研究にも目を配ることになる。

二　日本の法理論よりみた現代中国大陸の民事裁判理論の課題

前節でみたように、王亜新氏、季衛東氏はいずれも日本における民事裁判に関する法理論研究を意識しつつ、中国大陸の民事裁判理論、さらに法理論を構築しようとしている。しかし両氏の目指す方向性は、一方は基本的には西欧近代型の法制度の導入を図ろうとするものであるが、他方は西欧近代型の法制度を当然視するのではなく中国大陸社会の特性を活かした法制度を模索しようとするものとなっており、その方向性はかなり異なっている。それゆえ本節では両氏の視点の相違を意識しつつ、両氏にみられる日本の法理論研究の影響を整理することによって、中国大陸の民事裁判の法理論的課題がどこにあるのかという点を明確にしたいと思う(17)。

王亜新氏は現代中国大陸においては、当事者の主体性に立脚した裁判理論を導入するよりも、法律家間の議論の過程で政策や社会規範或いは個々の事件の種々の要素等を汲み上げつつ実体法規範の解釈がなされ、それによって当事者が納得する合理的根拠を与えられた実体法規範に基づいて裁判官が判決を下すという裁判のあり方を確立するための理論の導入こそが重要であると説く。これに対し、季衛東氏は人間関係の相互性から秩序が生まれており、裁判制度もそのような相互性の中で捉えられるという中国社会の特性を活かすことに力点を置き、そのために、調停と裁判というものに各々新しい意味付けをなして二つを連続したものと捉える裁判理論を新たに作り上げねばならないとする。

以下、より詳しく両氏の見解の相違を検討しつつ、課題となるべき点を抽出する作業を行なうこととするが、その際次の三点を中心として検討を行なうものとする。まず、民事裁判において裁判官とはどのような役割を果たすものとみるのかという点、次に、民事裁判における当事者とは如何なる意味で捉えられるのかという点、そして、民事裁判において実体法規範とはどのような位置付けが与えられるのかという点の三点である。これらの三点は裁判に関係する最も重要な要素であり、もし新たな裁判理論を構築するのであれば必ず問題にしなければならない点であると思われ、またこの三点に絞って考えるなら、王亜新氏と季衛東氏の考え方の相違がより鮮明になると思われるからである。ただ、この三点については一応順次挙げる形で検討するつもりであるが、各点は相互に関連し合っているため、三点の検討が入り交じる形になることは避けられない。

1　裁判官の役割

まず裁判官の役割であるが、現代中国大陸の実態としては、裁判官は積極的に情報収集を行ない事実関係を把握し、そのうえで実体法規範に囚われず当事者双方が納得する判決を下すという役割を負うものとなっている。ところがその判決が強制力をもって執行されないことが問題となってきているのである。

そこでこの問題に対する対応として王亜新氏は、法律家間でなされる解釈により独自の合理的根拠が与えられた実体法規範に基づいて裁判官が判決をなすことを提唱する。法律家間で実体法規範の解釈がなされることから、そこでの解釈は一裁判官の資質に左右されることが減じられており、また法律家間の議論の過程で政策や社会規範或いは個々の事件の種々の要素等が考慮されるため、当事者を含めた幅広い範囲の人々の納得が得られる合理的根拠が与えられることになり、それによって判決の執行が可能になるというのである。

このような王亜新氏の考え方は、法システム全体を「議論・交渉フォーラム」と捉える日本の論者の説に大きく影響を受けている。つまり、訴訟においては、当事者双方により意見・利害を調整して妥協案を見い出すためになされる交渉について配慮をなすことは必要であるが、しかし訴訟では法的に正しいものを決定する規範的活動を核とする法的議論があくまで優先されるとする説である。この説においては、訴訟では当事者間の交渉を視野に入れることも重要であるとされるが、それは議論にふくらみをもたせるとの意味であり、訴訟は法律家による法的議論の過程を経て、実体法的基準に基づいて裁判官により決定がなされる場とされている(18)。

このように王亜新氏は法律家間の法的議論を経る際に様々な要素を組み込むことで、より多くの人々の納得を得る判決がなされる裁判というものを目指そうとする。そしてその裁判で紛争解決のための解決策を決定するのは裁判官であるとしている。

これに対して季衛東氏は、やはり現代の中国大陸では民事裁判の判決が執行されないことを問題とするのだが、この問題の解決のために中国社会の特性を活かせないかとする。季衛東氏は、中国の法文化の下では紛争解決については当事者の納得・承認を重視してきたのであるが、この伝統を突き詰めてゆくならば裁判官は当事者相互の媒体として相対化する側面もあるといえ、そこでこの側面を追究する方向性も必要なのではないかとする。

これ以上詳しい裁判官像についてまだ季衛東氏は示していない。しかし、季衛東氏の意図は、訴訟を当事者同士が論争をなす中で何が解決策かを見い出す場と考え、裁判官の役割は、解決に到るまでの間当事者が対等な関係で相互に規律し合いながら論争をなしているかどうか、即ち「相互疎通規範」に沿って論争をしているかどうかを見守る「仲介役」であるとする理論[19]の方向性を目指しているともとれる。

もし季衛東氏がこの理論の方向性を追究しようとしているのであれば、裁判官の役割は、王亜新氏のいう裁判官の役割とは大きく異なることになる。王亜新氏は裁判官が解決策を決定するとしているのに対して、季衛東氏においては解決策を見い出すのは当事者であり、裁判官は当事者が解決策を見い出すに到る過程での「仲介役」になるからである。

ただ王亜新氏も季衛東氏のいう方向性の追究について、その重要性は認めていたのである。しかし王亜新氏は、このような当事者同士が論争を行なうことによって解決策を見い出し、裁判官は「仲介役」として存在するという考え方においては、当事者が紛争解決の主体であることが最も重視されていることから、現段階で中国大陸において当事者に裁判で主体的に活動することを求めることは無理であると見做すために、裁判官が紛争解決策を決定するとの説を採ったのであった。こうなると裁判官の役割をどう考えるかということについては、「当事者」とはどのようなものと捉えられるかという問題が絡んできていることになる。

もし裁判官の役割は当事者が解決策を見い出すに到るまでの「仲介役」だとすると、当事者は一方的に言いたいことを言えばよいというのではなく、訴訟の場では相互に規律し合いながら論争を進めてゆくことが要求されることになり、これは王亜新氏が描いた中国大陸での当事者のあり方とは大きく異なる。一節で述べたように、王亜新氏によれば、中国大陸では当事者は裁判官が正確な事件の事実関係を把握するためにできるだけ情報を提供することに努めるのであり、その際自己の主張内容については法的な制限を受けず、また他方当事者からの抑制が働くことも少ない。双方当事者の主張の中から客観的事実を読み取ってゆく作業は裁判官のなすべきことなのである。このような中国大陸の当事者の現状を念頭において王亜新氏は、当事者を紛争解決のための主体とする裁判理論の導入を困難と見做したのである。

ところが同じく当事者の現状を踏まえながらも、季衛東氏は、異なる視点を打ち出している。季衛東氏は、現代の中国大陸社会においては、人は社会関係や国家政策或いは個人的な人間関係に左右されながら活動を行なっている面が非常に強く、そのために法律や規則に則って行動しないという結果が生み出されていると考える。しかしこのことを法律や規則を守らないという短所と捉えるのではなく、人々が人間関係の相互性から生まれる秩序の中で活動しているという中国社会の特性と捉え、この特性を活かして何か新たな裁判のあり方、新たな裁判理論を作ることはできないかというのである。ここでは当事者の現実の行動を基に、そこにみられる特性を利点として、それを助長する方向で裁判というものを考えることはできないかという視点がみられる。

確かに現実の当事者とは、非常に多くの側面を持つと思われる。そこでこのような現実の当事者の多様な側面に注目し、そこから当事者の主体的活動を読み取り、そのうえで裁判のあり方や裁判官の役割を考えようとする視座が、王亜新氏の掲げた日本の論者によって展開されている。

例えば、現実の当事者は、訴訟に到らずとも自主交渉・調停・和解等の行動を試みており、また訴訟に到ったとしてもそこでの論争を基に裁判外の交渉にもう一度立ち戻るというように、紛争処理のために様々な行動をとっているのであるから、そのような様々な紛争処理の試みの一環として当事者は訴訟も行なっているといえるのではないかとし、訴訟を訴訟以外の紛争処理手続との相互連携の中で捉える論者がいる。ここでは法や権利を所与のものとするのではなく、法や権利とは当事者間の紛争行動の中から形成されてくるのであるとの動態としての訴訟観が示されており、その訴訟観の下で当事者の主体的活動が見直されることになる。それゆえ、訴訟においても当事者が十分に対話・論争を行なうことにより当事者自身が解決策を導き出すことが目指されるべきであり、そのためには裁判官は、当事者が解決策を見い出すに到るまで、当事者が対等な関係で論争しているか、各々が負うべき責任を負って自己の主張をなしているかというように、論争の進展を見守る「仲介役」として存在することになると主張される[20]。

つまり、現実の当事者の行動に注目し、本来当事者自体がもっていた紛争解決のために使いうる能力をさらに発揮させる場として訴訟を捉えるために、訴訟での裁判官の役割を当事者自身が紛争解決に到るまでの過程を見守る「仲介役」とするのである。

また、紛争交渉行動を行なう当事者の心理的欲求に注目して、紛争交渉過程を考えようとする論者もある。この論者においては紛争の主体は当事者であることが強調される。そして当事者間交渉と調停や裁判のような第三者的機関の関与がなされる過程、さらに第三者的機関の関与終了後をも含めてすべてを「紛争交渉」として連続したものと捉える立場から、当事者の紛争交渉行動を分析し、裁判官というような第三者関与者の意味を、「当事者の視線」から明らかにすることが試みられている[21]。

ここではまず当事者の自主交渉という交渉行動について、当事者の心理的欲求という観点から分析がなされる。当事者間交渉では、当事者個人の認知する事実、それに基づいてなされる決定内容等が決して一義的確定的なものではないという意味で当事者は不確定性の中にあるのであって、この不確定性の中で当事者は自己の利害欲求の侵害感を中核として要求形成を行なうとする。そしてこの要求形成過程では、当事者は規範を自己の利害欲求実現に有利に利用することもあれば、逆に規範の存在によって利害欲求が抑制されることもあり、また相手方のもつ交渉力をどう捉えるか等の状況的要因との関連で要求内容を変化させつつ相手に対する要求を形成してゆくとしている。このように紛争の当事者は決して確固たる根拠に基づいて断固たる要求を主張するというのではなく、むしろ様々な不確定要因の中で、相手の出方に応じて自己の欲求も変化させてゆくという動的な要求形成過程が指摘されている。そして紛争当事者相互の交渉の中で、当事者が規範的根拠づけをなしつつ要求主張をなすことで、必ずしも明確ではなかった当事者双方の論点や要求水準が明確化してくると、今度はその一方で当事者双方の間で一致点の模索が始まることになるという。これが合意のための模索ということになるが、この合意形成とは、当事者ができうる限り自己の要求を実現しようとの意識に支えられて、規範ないしはその解釈の適用をなすことによって主張を行なう中で根拠規範の影響力を相互に受容しながら、状況要因の影響力も受けつつ達成されるものといえ、こうなると合意形成過程というものも、当事者、規範要因、状況要因の絡まった動的状況の中から生み出されるものとなるというのである(22)。

以上のように当事者間の自主交渉という紛争交渉の過程を動態として捉えるなら、次に当事者間交渉が破綻し、第三者的関与機関の下での紛争交渉へと到った場合、当事者と第三者との関係はどのように捉えられることになるのであろうか。

この場合も当事者は不動の状況認知の下にあるわけではなく、やはり複合的要素の中で極めて流動的な形で状況認知がなされるとされ、そのために当事者は明確に紛争の問題を掴みとれないことから自己の主体性を失うのではないかとの危機感を募らせ、その危機感から第三者に依存するとの指摘がなされる。この依存性は、第三者が当事者に共感してくれることを望む「共感」欲求としての依存と、第三者より専門的情報・知識を得ようという依存との二側面を持つのであるが、この二面は分離した形で存在するのではなく、当事者にとって二面の調和が重要となるという。紛争当事者は紛争状況に直面し自己の主体性に危機を感じているのであるから、ここで第三者による自己への共感がなされることは、当事者は自分自身の抱える紛争問題に自分が立ち向かってゆこうとする気力が回復させられるという意味で当事者の主体性回復に寄与することになるのだが、その一方で専門情報を得るという依存は依存傾向が強まるなら、当事者にとって自分が当事者であることを軽視されているとの意識が生じ、そのために主体性が喪失させられると感ずる危険がでてくることになる。そこで依存性の二つの側面が調和された形で充足されねば当事者は自己の主体性発現欲求を阻害されたと感じ、第三者の関与に不満を持つことになるというのである。そしてこのような当事者の立場から考えるなら、裁判官の関与のあり方とは、当事者の主体性を回復させること、つまり当事者自身の紛争交渉を促進するというものであることが望ましいとする。これはさらに突き詰めて言えば、裁判官は当事者による紛争交渉促進のために「利用される第三者関与者」であることを意味するというのである。(23)

このように、不確定性の中にあり、主体であることを希求する紛争の当事者から望ましい裁判官とは、「利用される第三者関与者」とされている。

ところで以上より一層明らかになったことは、裁判も含む紛争交渉の過程とは動態として捉えられるものであること、紛争交渉行動において当事者は多くの不確定性の中にあること、そして紛争交渉の主体は当事者であり、この点からみれば日常的になされる当事者間交渉から裁判に到るまで、これらはすべて連続したものとして捉えられることである。

さてこの他にも、動態としての裁判過程、紛争交渉行動での人の不確定性、裁判の主体としての当事者、日常的紛争交渉行動と裁判の連続性をやはり主張し、さらに日常生活世界において人のなす実戦的な議論や解釈というものに注目し、裁判での法的解釈や法的議論も日常生活世界の議論や解釈から分離独立したものではなく、連続したものと捉えられるべきではないかと指摘する論者もいる。(24)

この論者においては、裁判が人と人が自主的に紛争解決を行なっている日常生活世界からあまりにも分離独立したものとなることによって、当事者自身のもつ自治的活動が等閑視されることが危惧されており、また裁判の場での実体的規範の解釈・適用も決して裁判官の専権事項ではないということが重視されている。そのことから裁判とは、裁判官を交えた場で当事者双方が実体的規範を論拠としつつ対話と議論を十分尽くすことによって、双方合意しうる解決策を当事者自身が見い出す場とされ、また論拠となる実体的規範は、裁判官を交えた場での当事者間の対話・議論の中から当事者自身が「解釈」によって獲得するものとされている。そして対話・議論の中での解釈によって実体的規範が生み出され、それに基づいてさらに対話・議論が尽くされるというように、裁判の過程は動態として捉えられているのである。

ところで当事者自身の解釈によって実体的規範が獲得されるとすると、当事者のもつ個人的価値観や一般的特殊的言語使用に対する理解、またこれまで身につけた一般的知識・職業的知識や社会的伝統などに基づく先入見・前理解をどうみるかということが問題になる。この問題については、そのような先入見・前理解に規定されるとしても、裁判官を交えた場での当事者間の対話・議論の中で、法教義学的な整合性や、社会一般の価値観念、常識、意識状況の変化を考慮することによって先入見・前理解に修正が加えられるとされている。

そしてこの論者においては、このような裁判官を交えた場で当事者間の対話・議論が十分なされ、双方合意して獲得されたということが実体的規範に正当性を与えるとされる。そしてさらにこの場合実体法とは、当事者間の対話・議論の適切な進行を保障するとの意味での規律をなすとともに、対話・議論での「交渉材料」ともなることによって当事者の交渉を促進してゆくという「交渉促進規範」としての役割を負うとされるのである(25)。

このように、日常生活世界の議論や解釈と裁判における法的議論・法的解釈は隔絶したものではないとの考えに基づき、日常生活世界において人が紛争解決のためにみせる自治的解決能力が裁判の場でも奪われるべきではないと考えるなら、裁判においては裁判官が実体的規範の解釈・適用を専権的に行ない判決を下すのではなく、当事者が紛争解決に向けて対話・議論を尽くして解決策を見い出すことになり、それゆえに裁判とは、当事者が主体となって「関係再構築」のための調整案を創り出すことを「支援」する場であると指摘される(26)。

こうして日常的交渉活動と裁判の連続性が一層明らかとなったのだが、この論者において裁判官とは「支援」者とされている。

以上のように、日常生活世界にある現実の当事者の多面的な側面に注目して紛争交渉行動を分析する論者たちはいずれも、裁判においては当事者が主体であるとしており、また裁判官については、「仲介役」、「利用される第三者関与者」、「支援者」というように論者によって、主体としての当事者にとっての裁判官の役割に期待する意味の違いにより表現が異なっているが、「断を下す者(27)」との役割を負わせないとする点では一致している。

これに対して、これらの論者と同一の方向性を目指す可能性はあるとはいえ、季衛東氏においては先に述べたように、裁判官像は明確ではない。また、これらの論者の視座の根底にある現実の当事者の多面的側面への分析も、それほどなされているわけではない。現時点で季衛東氏がなしているのは、中国社会では人間関係の相互性から生み出される秩序の中で人が活動を行なっていることが特性であるから、人間関係の相互性を重視して裁判・裁判官のあり方を考えるべきだとの提言である。

しかしここで考えねばならないのは、これまでみてきた裁判の主体は当事者であるとする論者たちは、当事者を周囲から隔絶した存在と捉えているのではなく、むしろ当事者が周囲との様々な関係の中にあることについて非常な注意を払っていることである。

既述の如く、紛争交渉行動の中での当事者の要求形成や合意形成というものは、当事者間や当事者と裁判官の間というような人と人の相互影響の下でなされるものであった。

その他これらの論者においては、当事者は自己の属する社会や共同体或いは組織というものに影響を受けつつ行動しているということが指摘されており、また、当事者は相手方とのかかわりあいの中で徐々に主体性を確立してゆくとの指摘もなされている(28)。

つまり、周囲との様々の関係の中で揺れつつ主体性を確立してゆく当事者こそが裁判の主体なのであり、その当事者が解決策を見い出すのであって、裁判官が決定するのではないとされている。

ところが、同じく当事者とは人と人との関係の中にあるということを前提として裁判のあり方を考えるにしても、そこでの裁判官の役割を全く異なったものとする論者もいるのである。つまり裁判官の役割とは、当事者双方に積極的に問いかけをなし、当事者が共有する規範に共感することによって当事者双方が「納得」する解決を導くことにあるとするものである。ここでは当事者が規範を共有しているというように人と人の関係を問題にしているが、紛争の解決策を最終的に導き出すのは当事者ではなく裁判官となっている(29)。

また訴訟について次のように論ずるものもある。対論とは、当事者が自己の要求を主張し合う中で双方による規範的了解が得られ、それを踏まえてさらに相互の主張がなされ、最終的解決規範に辿り着く過程であるとし、このような自由な対論から生まれる規範は法規範が前提とはなるが、個別的に妥当性を有することが重要とする。そして、このような対論を経て、当事者の「負託」により、裁判官が当事者双方の規範的了解に基づいて判決をなすのが訴訟であるとする。この論者においては、できるだけ自己に有利な主張をなそうとする当事者の「党派性」と、当事者双方が共同認識をもつという「共同性」の相互作用が分析され、また、例えば、当事者が裁判官に自己の主張を認めさせようとする力をさす「強制」と、裁判官に解決を預けるという「負託」の緊張関係にみられるような当事者と裁判官の相互作用が分析される。このように当事者間、また裁判官と当事者間の相互作用が非常に重視されているのだが、最終的な紛争解決策の決定をなすのは「負託」を受けた裁判官となっている(30)。

こうしてみるなら、人と人との関係というものに着目し、その分析に基づいて裁判のあり方を考える論者において、必ずしも裁判官像は一致しないことになる。それならば季衛東氏のように人間関係の相互性を重視して裁判のあり方を考えるべきだとの主張をなすとしても、そこから導かれる裁判官像とは、実はどのようなものなのか全く予想がつかない。確かに季衛東氏は裁判官を「仲介役」とする方向性を目指しているともとれたのであるが、季衛東氏の現段階の提言だけからは、結局どのような裁判官像が描かれるのかは不明といわざるをえない。

では何をなすべきかが問題になるが、この点を考えるために、ここでもう一度王亜新氏と季衛東氏の方向性の違いというものに立ち戻ってみることにする。王亜新氏と季衛東氏の方向性の違いは、王亜新氏と異なり季衛東氏には、「近代法」を当然視せずに法制度・法理論を構築しようとの発想があることに起因するといえる。ところが実はこの「近代法」概念が、当事者を主体とした裁判を唱える論者たちの大きな関鍵となっているのである。

2　当事者の意味

これまでみてきたように、裁判の主体は当事者であるとする論者においては、現実の当事者についての分析が極めて重要であった。現実の当事者とは、人としてこの世に生き行動しているものなのであるから、当然「人」がみせる多様な側面をそのまま抱え込んでいるはずである。そこでこのような「人」としての当事者の分析を重視するのである。そしてこの点に注目した時、王亜新氏の「当事者」の理解について一つ問題があることに気づかされる。

それは、王亜新氏が現代中国大陸においては、当事者に対して手続に則って理性的に議論をなし、自らの手で紛争の解決策を導き出すに到りうるような主体性を求めることは現段階では不可能であるとする時、当事者が裁判の主体であるとする理論においては、当事者とは「理性的、合理的」な存在であることが前提とされていると王亜新氏が見做している点である。

この王亜新氏の認識に対して確認しておかねばならないことは、当事者を裁判の主体とする理論においては、確かに紛争解決の主体は当事者であることが重視されているといえるが、さらに重要であるのはこれらの理論では、いわゆる「近代法」の下での「理性的、合理的な人」の概念に疑問を抱き、「現実の人」とは何かを問題としていることである。つまりこれらの理論では、「生身の人」、「等身大の人」としての当事者がどうすれば主体的に紛争を解決しうるのか、またそのためには裁判や裁判官はどのようなものであるべきかを問題としているのである(31)。裁判官の役割のところでも述べたように、当事者とは自分の属する社会や共同体或いは組織の中にあってそこから様々な影響を受けつつ行動しており、また交渉の場でのかかわりあいの中でも様々な影響を受けて行動するものなのである。つまり当事者とは、周囲から独立して瞬時に合理的な判断を下し、自己の判断には必ず責任を負うというような理性的な存在なのではなく、周囲との関係に悩みつつようやく一つの判断をなすような「人」なのである。そしてこのような周囲との関係の中で、内面に様々な葛藤を抱え、揺れ悩みながら生きている現実の人を見据え、そのような人のもつ現実をすべて汲み上げることのできる裁判や法制度とはどのようなものであるべきかが問題とされている(32)。

よって王亜新氏はこの点を踏まえたうえで、日本の理論を検討するという視点も必要であったのではないかと思われる。しかしながら、これは王亜新氏が西欧近代型の法制度の導入を基本に据えようとしていることを考えるなら、「近代法」の下での「理性的、合理的な人」の概念に拘束されて生じた「人」に対する誤解ともいえよう。そしてこのように考えた時、またさらに季衛東氏の問題点が浮かび上がってくることにもなる。

つまり季衛東氏が「近代法」の下での法制度を当然視せず、中国大陸独自の法制度を構築したいとしながら、日本の先行研究にみられる、「近代法」の下での「理性的、合理的な人」の存在に対する疑問を根底としてなされる「人」の分析に目を向けていないことである。

季衛東氏においては、「人間関係の相互性」を特性とすべきことが強調される。ところで日本の議論においても人のもつ「関係」が問題となるが、それは「近代法」の下で理念化された「人」のもつ矛盾を指摘し、現実の人の姿を描き出すことによって法制度を捉え直すために、論点の一つとして登場している。これに対して季衛東氏においては、このような「近代法」の下で生ずる矛盾を特に指摘することなく、「人間関係」が強調されている。そのために「関係」を持ち出す意味、またそこを特性として法制度を構築する必然性が不明確となり、その点から季衛東氏の主張の根拠が非常に脆弱なものとなっているのではないかと思うのである。

例えば季衛東氏は「関係主義的社会」である現代中国大陸社会の特性を活かした法制度の構築を主張するが、「近代法」概念がもたらす矛盾を意識した検討が加えられていないため、なぜ西欧近代型の法制度を確立することは適当でないのか、または、実体法規範が拘束力を持たないのなら早急に西欧近代型の法制度を確立したらどうかとの問いを発せさせてしまい、そしてその疑問に対する解答も見えてこないのである。

以上が「当事者」の意味と、その意味を問うところから生じた、王亜新氏、季衛東氏の問題点である。

3　実体法規範の位置付け

さて、最後に裁判における実体法規範の位置付けについて触れねばならないが、この点についても当事者である「人」をどう捉えるかという問題が大きく関わってきている。

実体法規範の位置付けについては、一節で述べたように王亜新氏は、紛争解決の主体が当事者であることを強調するなら、日常的な言語的コミュニケイションと法的議論の接合に着目するところから裁判における実体法規範の役割は当事者の交渉を促進するものと捉え直す説が、もっとも適合的であるとする(33)。

当事者を紛争解決を導き出す主体とする立場からは、当事者は各自負うべき責任を負いながら自己の主張をなすことになり、その時の論争のために必要な「相互疎通規範」は実体法規範の解釈理論として導き出せるものであることが望ましいとされている(34)。そこでこの点を突き詰めてゆくと、実体法規範は当事者の交渉を促進する規範として再構成されることになるというのである。

より詳しく言えば、既述の如く、紛争解決の主体を当事者とする理論では、当事者は裁判官を交えた場での当事者間の対話・議論の中で、様々な社会的規範や当事者間の個別的関係等も取り込む形で自己の主張の拠り所となる実体的規範を明確化し、当事者双方の合意を得ることでその実体的規範を正当化しつつ、それに基づいてさらに対話・議論を重ねて最終的な紛争解決のための合意に辿り着くとされている。その場合実体法はこのような合意に到る過程を規律するとともに、また対話・議論を促進させる機能を持つものとして捉え直される。そこでこれが、紛争解決の主体を当事者とした、実体法の最も徹底した位置付けだということである。

但し一節でみたように、王亜新氏は現在個人に合理的、理性的活動の望めない中国大陸においては、現段階で裁判において当事者を紛争解決の主体とすることは想定できないとして、今述べたような実体法規範の位置付けには賛同しないのである。現段階で王亜新氏の目指すことは、判決をなすために、実体法規範について法律家間の解釈を経て、幅広い納得の得られる合理的根拠を与えることであって、実体法規範を当事者間の対話・議論を促進するものとして捉え直すことではない。しかしこれに対しては先程と同様、実体法規範を「交渉促進規範」として捉え直す論者においては、当事者は決して王亜新氏が前提とするような合理的で理性的なものとは見做されていないことを指摘せねばならない。

一方季衛東氏においては、裁判における実体法規範の位置付けについては明確に述べられてはいない。現時点で季衛東氏は、中国大陸社会の特性を活かした実体法規範、そのための法理論を構築すべきだと主張するものの、それ以上の具体的視点は明示していない。

ところで、実体法規範とは何か、そのための法理論は何かということの追究のためにも、わが国においてはしばしば当事者たる「人」とは何かが問題となり、そのために「人」の持つ様々な側面を明らかにする試みがなされている。裁判の主体は当事者であるとして、現実の当事者の姿を描き出し、そこから裁判・裁判官のあり方を導き出す論者においても、最終的には、当事者を基点に据えるなら、実体法規範はどのように位置付けられるのかという問題が論じられている。ここにおいては、日常生活の中での人の姿が直視され、日常生活の中で悩み迷いつつ生きてゆく人にとっての「主体性」が問われている。現実の日常生活において必ずしも合理的、理性的とはいえない「人」が、当事者として主体的に紛争解決をなすために、さらにはそのような当事者が「主体性」を保ちつつ生きてゆくためには、実体法規範はどうあるべきかが問われているのであり、そして当事者の「主体性」の活性化のためには実体法規範のもつ制度的拘束性を相対化すべきだとの主張がなされているといえる。ただ、これらの論者においては、「主体性」の捉え方の違いにより実体法規範の位置付けが異なってきている。

まず、人は自己が主体であることに常に敏感であるとして、この人の「主体性」の回復願望に力点を置いて実体法規範の位置付けを図ろうとするなら、実体法規範は紛争交渉過程にある当事者にとっての「戦略的武器」とまで相対化されると論ずるものがある(35)。

しかしまた「主体性」の揺らぎを別の視点から捉えようとする論者もいる。つまり、人の「主体性」とは法制度と日常性の合い間に垣間見える浮動的で不確定なものではないかとしたうえで、そのような「主体性」こそを活性化しようとの観点から実体法規範を位置付けるのである。この論者においては、実体法規範には当事者間の権力関係を抑制するための「規律」の側面と、当事者の創造的な「交渉」を促進する側面という二面があり、その二つの緊張関係を如何に折衷し調整するかという極めて微妙な問題が大きな課題とされている。そしてこの調整を図ることによって、実体法規範は「交渉のたたき台」として他の様々な手がかりとの協働の下に当事者がよりよき調整案を見い出すために機能する「交渉促進規範」として再構成され、浮動・不確定な当事者の「主体性」を「支援」するとされる(36)。

このように同じく人の「主体性」を問題としながらも、実体法規範の位置付けについては、人の心理的欲求を「主体性」の核として強調するか、人の浮動・不確定な「主体性」に内在する創発力に信頼を置くかによって、「戦略的武器」か、「支援」のための「交渉促進規範」かという違いが生じている。

こうして実体法規範の位置付けについても「人」の分析が重要となっているといえ、そしてこの重要性を認めた時に、当事者の内面の葛藤に対する注意を喚起せんとする指摘の意味が理解されるのである。ただこの点は極めて大きな問題であるので、ここでは我々に課された課題と受けとめ、その意義を確認するに止め(37)、この他の実体法規範をどう位置付けるかという問題と関わる「人」についての分析に目を向けるものとする。

その他の分析としては、紛争行動において相手との関係の中で自己の主張を実現しようとする時に要求される、一切ルールというものに規定されないあくまで相対的な人の負うべき負担というものが指摘されていること(38)、また、日常的実践との相互形成の中にある法の拘束性の支配下に無意識のうちに置かれ、一方でそれに対して無意識に抵抗しながら日常生活を営む人の姿が描かれていること(39)等が知られるのである。

以上のように、裁判のあり方、実体法規範の位置付けについての諸説からわかるように、「近代法」を当然視せず法制度・法理論の新たな構築をなすために、「人」についての分析が多様な角度からなされている(40)。

そして季衛東氏がこの分析視角を欠いていることは、やはりその主張に対して疑問を呈させることになる。そもそも「生身の」当事者を基点として実体法規範を位置付け、かつ当事者による私的自治の活性化を重視しようとする立場からは、この私的自治の活性化こそが「法化」に対する防波堤という作用をなすものであると語られるため[41]、未だ「法化」の不十分な社会においてはこのような「法化」に対抗することを前提とした法理論の導入は不適当だとの批判が生ずることが予想される。つまり「近代法」を当然視しない論者にとっては、「法化」の問題に絡めた批判が加えられる可能性があるのだが、果たして季衛東氏についても、同様の状況がみられる。「法化」がなされていない社会に、ある程度「法化」の進んだ社会の理論を持ち込むことがよいのかとの批判が提起されているのである[42]。

この批判に対しては次のように反論することができる。

「人」を基点に据えて法理論を構築することは、「近代法」の下での法制度の矛盾を意識し、新しい法制度を作り上げるための試みであるから、それは「近代法」の概念を当然視しないことを意図している。今まさに法制度の形成を図る中国大陸において、「近代法」の概念を当然視せず法制度を構築しようとの努力がなされることは、そこから新しい法理論が生まれるのではないかとの期待を寄せさせ、その意味で評価されてよいのではないだろうか。むしろこのような批判をなすことによって新しい理論が生ずる可能性の芽を摘み、暗黙のうちに「法化」現象の前提となっている「近代法」の体系をまず確立すべきだとの固定観念を強制する危険性にこそ留意すべきであろう。

ただ季衛東氏の場合なぜこのような批判が生じてしまうかということを考えるなら、それは季衛東氏が「近代法」概念のもたらした矛盾を正面から取り上げることをせずに、「近代法」を当然視しない新たな法制度の構築を主張したためだといえよう。そこで季衛東氏が、人間関係の相互性より生ずる秩序の中に人が生きていることが中国社会の特性であるとして、その特性を活かして法制度・法理論を構築することを主張するのであれば、少くともそこでいう「人」とはどのようなものであるかを明らかとし、その「人」を基点に据えた時、法理論はどうあるべきかの提言をなすべきであろう。そうするなら、まさしく中国大陸の「人」にとって必要とされる法制度の構築を意図するものであることが明確化し、季衛東氏の主張の根拠が強固なものとなると思うのである。[43]そしてもう一つ、「人」を基点とする法理論との関係で指摘せねばならない視点がある。それは「人」と「過程」及び「日常的活動」の関係である。

既述の如く、紛争交渉の主体を当事者とする論者たちはいずれも、紛争交渉過程の動態を重視している。その動態としての「過程」或いは「プロセス」とは、「かかわり合い」のプロセスであり、その「かかわり合い」のプロセスの中で、人は一つ一つの決断をなして行動しているのである。それゆえ、動態としての「過程」の基礎にあるのは「人」である。「近代法」の下での「理性的、合理的な人」の概念を疑う論者によって、「人」とは多様な周囲との関係の中で、内面にも様々な葛藤を抱えて生きていることが指摘された。ならばそのような「人」のなす行為の「結果」のみを見ていては、決して「人」は理解できないということになる。そこで「人」が結論を出すに到った「過程」にこそ目を向けることが必要になるのである。これが「過程」を問題とする時の一つの重要な意味であろう。

また、紛争交渉の主体を当事者とする論者たちは、人の日常的活動と法的議論や法的解釈というような行動を連続したものとして捉えている。これは、法制度の生成を人の日常的活動と切り離さずに捉える視角である。そしてさらにそれは、法制度とは、人々の日常的実践活動と法制度との相互作用の中で、なおかつ日常的実践活動を基盤として循環的に形成されつつ存在するものであるとの視座に立つことを意味するのである。[44]よって「人」を分析するのであれば、これらの点にも注意せねばならないであろう。

以上、日本の紛争をめぐる理論研究を整理しつつ、中国大陸の民事裁判理論の問題点を指摘してきた。結論として言えば、もし「近代法」を当然視せず新たな法理論の構築を図ろうとするのであれば、中国大陸社会の「人」にとって必要な法制度・法理論とは何かを追究することを目的とすること、そしてそのために多様な方向から「人」の分析をなし、それによって人のもつ多面性を描き出し、その「人」を根底に据えて理論を立ち上げることが、一つの課題となるのではなかろうか。これをなすことが、現代中国大陸の法理論研究の展開に大きな意味を有するのではないかと思うのである。(45)

終わりに

以上、現代中国大陸の民事裁判の理論研究にみられる二つの方向性、つまり、基本的には西欧近代型の法制度を確立すべきだという方向性と、もう一つの「近代法」を当然視せず、中国大陸社会の特性を活かした新たな法制度を構築しようとする方向性を対比させ、日本における法理論研究の成果を整理しつつ、中国大陸の法理論研究の課題を検討した。そこから得られた課題の一つとは、人間関係の相互性から生ずる秩序の中に生きている「人」とは何かを分析し、その分析によって把握された「人」を基点として、その「人」に必要となる法制度・法理論の構築を図ることではないかと思われる。

現在わが国において「近代法」及びその下にある「理性的、合理的な人」の概念に対して、多くの疑問が投げかけられていることは周知の通りである。このことからすれば、近時「人」とは如何なるものであるかが改めて分析され、その「人」を基点に据えた法制度とは如何なるものか、その法制度を支える法理論とはどのようなものかが問われていることの必然性が理解できる。しかし、この問いを追究することが容易でないことも確かである。

本稿で掲げた先行研究からわかるように、紛争解決のための法制度との関わりで「人」に対する考察をなす場合ですら、相手に対する要求形成や合意形成にみられる不確定性、内面的葛藤、「主体性」の意味する浮動性というように、一義的・確定的に捉えきれない「人」のもつ揺らぎの中にある多面性が問題となっている。そしてこれらに止まらないさらなる複雑さ、多様さ、曖昧さをもつものが「人」であろう。そのように考えるなら、これらの要素をすべて含み込み総合的に「人」を分析し、さらにそれに基づいてその「人」に求められている法制度・法理論を形成することは如何に困難なことであるかが予想される。しかしこのような「人」こそが現実の人であることを受け止め、「近代法」に基づく法制度の下で、「人」の複雑性、多様性、曖昧さの対立・衝突が吹き出し、核となるべき規範の存在の有無さえ見失われつつある現状を重ねあわせるなら、我々が「人」を見据えて法理論の構築を図る努力をなすことは、避けることのできない段階に来ていると感じざるをえない(46)。

この困難に立ち向かうには、我々がどれだけ「人」の多面性を明らかにし、それらを統合したうえで、そこから理論を立ち上げることができるかにかかっている(47)。その課題は大きく、またそれをなすための明確な方法論が準備されているというものでもない。

しかしながら、極めて多くの側面をもつ「人」に対しては、種々多様な視角からの分析が必要とされることは確かだと思われる。もはや分野に拘われるのではなく、幅広く自由な議論をなすことが多様な視角の提供を可能とし、その議論に基づいて新たなものを生み出すための模索を繰り返すことが、よりよき方向を見つけるための一つの方法となるのではなかろうか(48)。またその際忘れてはならないのは、「現実の人」の姿であろう。つまり、法学者は法制度・法理論が「庶民感覚」や「日常性」から隔絶したものとなるべきではないと認識し、「人」が不満を抱き、或いは悲しみ傷ついているということに対して鋭敏な感覚を有すべきではないかということである。そしてさらに述べたいのは、現代において求められている新たな法理論の構築のために必要となる分野を越えた議論について、法制史学者も決して無縁であってはならないということであり、そのためには今何をなすべきかを真剣に考えねばならないということである。

本稿においては現代中国大陸の民事裁判理論の課題を指摘するに止まり、それに対する筆者自身の具体的な解答は未だ示しえていない。それは、それだけこの課題が大きいということでもあるのだが、また、学際的な自由な議論を経る過程で、一層多面的な見方が可能となり、相互作用の中で新しいものが生まれ、目指すべき解答に一歩でも迫ることができるのではないかと思うからでもある。

（1）松田恵美子「伝統中国の法と社会への一試論」（『名城法学』四七巻三号、一九九七年）
（2）中国大陸の裁判所の体系については以下の文献を参照（ここに掲げるのは一九九〇年代の制度である）。小口彦太・木間正道・田中信行・國谷知史『中国法入門』（三省堂、一九九一年）、田中信行「中国の司法制度㊤㊦」（ＮＢＬ六二〇号、六二二号、一九九七年）、木間正道・鈴木賢・高見澤磨『現代中国法入門』（有斐閣、一九九八年）関係法令については、宮坂宏『現代中国法令集〈増補改訂〉』（専修大学出版局、一九九七年）参照。
（3）調解については、中国大陸の紛争解決制度に関する最近の詳細な研究である次の論文の特に㈢、㈣による。高見澤磨「中華人民共和国における紛争と紛争解決㈠～（八・結）」（『立命館国際研究』八巻一～四号、九巻一～四号、一九九五年～一九九七年）
なお右論文に加筆・補正を行なったものとして同氏『現代中国の紛争と法』（東京大学出版会、一九九八年）がある。
（4）「もめごと」と「裁き」という捉え方の意義については特に、同右高見澤論文三〇三～三〇四頁、三〇八頁、三二五～三二七頁参照。
（5）高見澤磨「罪観念と制裁――中国におけるもめごとと裁きとから――」（『シリーズ世界史への問い5、規範と統合』岩波書店、一九九〇年）
（6）王亜新『中国民事裁判研究』（日本評論社、一九九五年）の特に第二編「中国の民事裁判における実体法規範の役割」による。学界・実務界の共通認識としては裁判における実体法規範の拘束性は強いものとされるにもかかわらず、実態においてはこの認識とのくい違いがみられる点に注意すべきことが度々指摘される。例えば同右王亜新著一三四頁。

（7）「生活規範」については、同右王亜新著一〇八頁注（11）参照。また王亜新氏は、滋賀秀三氏が伝統中国の裁判基準として掲げる「情理」が、「生活規範」に当たるのではないかとする。同右王亜新著一〇五頁参照。

（8）王亜新氏は裁判官が現地に赴く例を挙げ、また、裁判官が事件の把握のために当事者を各々個別に呼び出し、事情聴取を行なう慣行が存在することを指摘する。同右王亜新著一三～一五頁、一五一～一五二頁注（3）参照。

（9）裁判官が紛争の事実関係を正確に把握するために積極的に資料を調査・収集することの意義については、同右王亜新著の第一編「中国の民事裁判手続の特徴――職権探知方式とその変化」に詳しい。

第一編において王亜新氏は、中華人民共和国の民事裁判は判決が当事者の同意を獲得することを中心としたものとなる「同意中心型裁判」であるとする。そして当事者の同意獲得のために不可欠であるものが、裁判所が紛争の事実関係を徹底的に調査し把握することと、調査とともになされる当事者への説得・教育であるとし、またこの「同意中心型裁判」は伝統中国の裁判とも通ずるところがあるとする。しかし一方王亜新氏は、中華人民共和国では一九七〇年代末から始まる経済改革の下、一九八二年の民事訴訟法（試行）の時代に、強制的判断を重視する「判決中心型裁判」への移行の萌芽がみられるとする。そして王亜新氏は、従来の「同意中心型裁判」の下での裁判制度との関係で生ずる問題の存在も十分意識しながらも、将来の中国大陸の民事訴訟のモデルとして目指すべきは、基本的に西欧近代型の「判決中心型裁判」モデルであると主張する。

（10）例えば王亜新氏の挙げる事例では、一カ月以内に返済するとの口頭の約束で甲が乙に金を貸したところ、乙が借金を返さず借金のことは甲のでっち上げだと主張した事件がみられる。この事例では裁判所員の現地調査によって乙による借金の事実があったことを認定し、そのうえで領収書も要求しなかった甲の落度等を勘案して、結局甲が要求した元金・利息を併せた借金返済額の三五三六元（元本一七〇〇元）のうち、二五四五元の支払いを乙に命ずる判決がなされている。王亜新氏は、本件の処理は実体法規範の適用に基づくものとはいえないだろうが、一般人の常識や衡平感には合致するものとなっているのではないかとして、ここに「生活規範」の導入・援用を読み取っているのである。同右王亜新著一三九～一四〇頁参照。

(11)　この理論の論者として王亜新氏は、民事訴訟法学の「第三の波」理論派と呼ばれる井上治典氏、井上正三氏、佐上善和氏、水谷暢氏と、法社会学分野の棚瀬孝雄氏、和田仁孝氏を掲げる。但し王亜新氏は棚瀬氏については、具体的な点は明らかではないが、後掲注（13）の論者たちに近い面があるとして、留保を付ける形でここに掲げる。同右王亜新著九八〜九九頁注（5）参照。

(12)　実体法規範を「交渉促進規範」として捉える論者として王亜新氏は、山本顯治氏を掲げる。同右王亜新著九九頁注（9）参照。

(13)　このような理論の論者として王亜新氏は、田中成明氏と平井宜雄氏を掲げる。同右王亜新著九八頁注（4）

(14)　季衛東氏の説については、中国大陸社会の特性を重視し、中国大陸独自の法制度確立の可能性を問うという問題意識で書かれた論文の中でも、論点が比較的わかりやすい次の論文に基づいて述べることにする。

季衛東「相互性による法とその執行――中国の民商事制度整備の理論問題――」（『神戸法学雑誌』四六巻四号、一九九七年）その他、季衛東「中国の市場秩序における関係と法律」（『比較法学』三〇巻二号、一九九七年）、同氏「中国の裁判における基準と意思」（『神戸法学雑誌』四八巻一号、一九九八年）参照。

(15)　三法律の重複、不整合を解消するために統一契約法典の立法作業が進められている。この契約法草案の単なる条文紹介ではなく、その内容を検討したものとしては、王晨「中国における契約法典の立法」（『比較法学』三〇巻二号、一九九七年）がある。なおこの論文は王晨『社会主義市場経済と中国契約法』（有斐閣、一九九九年）においては、「社会主義市場経済における契約――中国における法典編纂――」として収められている。

(16)　民事訴訟法学の「第三の波」理論である。前掲注（14）季衛東論文六五三頁参照。

なお季衛東氏はこれまでにも、「第三の波」理論に中国大陸の裁判実践との類似性を見い出すことに努めている。

季衛東「調停制度の法発展メカニズム――中国法制化のアンビバレンスを手掛りとして――（三・完）」（『民商法雑誌』一〇三巻二号、一九九〇年）四一〜四三頁

(17)　本節では王亜新氏と季衛東氏が言及する日本の論者の諸説を参考としつつ、王、季論文を検討するという形式をとっている。日本のこれらの論者の説は多くの問題点を含み、それらの問題点に関わる論文も既に多く発表されている。しかしそれらすべて

の論文に言及することは筆者の現在の力量を超えるものであり、またその一方で王、季論文の掲げる論者の説によるだけでも、王、季両氏の問題点を十分整理し得、民事裁判理論の課題の抽出も可能となると思われる。本節では言及する論文が限られたものとなっているのはそのためである。

(18) 田中成明「法的空間――強制と合意の狭間で――」（東京大学出版会、一九九三年）、同氏『現代社会と裁判――民事訴訟の位置と役割』（弘文堂、一九九六年）参照。

(19) これは王亜新氏、季衛東氏のいずれもが言及する日本の民事訴訟法学における「第三の波」理論の方向性である。「第三の波」理論の中核メンバーは、井上正三氏、井上治典氏、佐上善和氏、水谷暢氏、佐藤彰一氏とされているが、ただ諸氏各々見解に相違がみられるともいわれる。しかしこの理論の要点を知るためには井上治典氏の見解が最も明確と思われたため、本稿では井上治典氏の説によるものとした。

井上治典氏は、訴訟では、具体的局面ごとに当事者が何をなすべきかを相手方当事者との関係で相互に決定しつつ論争を進めてゆくことによって、紛争解決のための端緒が切り開かれるとする。そして、紛争当事者が発展的な論争をなすために当事者が相互に連鎖的になすことを求められる行動の積み重ねを、行動規範または行為規範或いは対論（相互疎通）規範に基づく行動とする。これらの行動規範等の言葉は当事者の活動を拘束する意味を含めているのではなく、当事者による手続過程を進展させるために必要な責任の分配という意味で使われている。そこでこのような意味を最もよく表わすのは「相互疎通規範」ではないかと思われるので、ここではそれを掲げた。また井上氏は、裁判官には「断を下す者」としての役割を期待するより、「当事者相互間の弁論を中心としたコミュニケーションのよき仲介役」として位置付けられるとし、その他裁判官の役割については「監視役」、「案内役」との表現もとっている。

井上治典氏の説については、次の論文に基づいている。

井上治典「手続保障の第三の波（一）（二・完）」（『法学教室』二八号、二九号、一九八三年）、以下、井上「手続保障」と略称。その他、井上治典「民事訴訟の役割」（岩波講座『基本法学8・紛争』一九八三年）、同氏「民事訴訟――対論手続としての観

点から」（『現代法哲学3・実定法の基礎理論』東京大学出版会、一九八三年）参照。

ところで本注で述べた井上氏の主張については、井上「手続保障」（一）四四頁・同（二）二七～二八頁、「民事訴訟の役割」一六七・一七五～一七七頁、「民事訴訟」二三五・二四二～二四六頁参照。

(20) 同右井上「手続保障」（一）四二～四四頁、四六～四七頁

(21) 和田仁孝『民事紛争交渉過程論』（信山社、一九九一年）、以下、和田『交渉過程論』と略称。

(22) 同右和田『交渉過程論』第一章「交渉行動と規範の役割――裁判外交渉過程の構造と制御――」参照。

(23) 同右和田『交渉過程論』第二章「第三者関与過程の構造」参照。

和田氏は、第三者関与者について「利用される第三者関与者」とするほか、「戦略的武器としての第三者」との表現もとっている。和田『交渉過程論』一〇四頁、一六九頁

(24) 山本顯治「契約規範の獲得とその正当化」（『谷口知平先生追悼論文集2』信山社、一九九三年）、以下、山本「契約規範の獲得」と略称。

季衛東氏は、山本氏の研究は契約法の分野で関係、交渉について論ずるものとしている。前掲注（14）季論文六七〇頁注(58)

山本氏は契約交渉というものを、契約締結前の当事者の関係から始まり、契約締結、契約の履行、そして履行をめぐって紛争が生じ裁判に到った場合等にはその紛争が解決されるまでというような、契約の履行後も含めた契約に関わる全過程にみられるものとして捉えているため、裁判も契約交渉過程の一環と見做されることになる。そのために契約交渉過程の一環である裁判において、実体法規範はどのように捉えられるべきかということが検討される。このことから本稿では山本氏の論文を契約法の分野に限ったものと見做さず、交渉過程の一環として裁判を論じた部分に着目したいと思う。

(25) 以上山本「契約規範の獲得」の特に、序、二「契約規範の獲得」、「終わりに」を参照。また「交渉促進規範」としての実体法については本論文に加え次の論文を参照。

山本顯治「契約交渉関係の法的構造についての一考察――私的自治の再生に向けて――（一）（二）（三・完）」（『民商法雑誌』一〇〇巻二号、三号、五号、一九八九年）、以下、山本「契約交渉関係」と略称。

（26）山本顯治「再交渉義務論について（一）――交渉理論と契約法理論の交錯――」（『法政研究』六三巻一号、一九九六年）八二～八九頁参照。以下、山本「再交渉義務論」と略称。

山本氏のいう「関係再構築」とは、将来を含めた当事者関係の再構築であるので、「交渉関係」にとって裁判とは終了点ではなく、終了後も含むことを意味する。

また例えば山本氏は「『当事者自身による』調整案の相互的構築の支援をなすものが裁判という場であると理解される」とする。同右山本論文八八頁

（27）前掲注（19）参照。

三つの表現がなされる裁判官の役割については、その差がかなり大きいというわけではなく、「利用される第三者関与者」は道具的意味を込める点で他の二つと若干の隔たりがみられるが、「仲介役」と「支援者」の差はそこに込める心情的な意味の違いに思われる。

（28）山本顯治「契約と交渉」（田中成明編『現代理論法学入門』第三章、法律文化社、一九九三年）五四～五八頁参照。以下、山本「契約と交渉」と略称。

山本論文では契約当事者像としてこれらの指摘がなされているが、山本氏においては裁判も契約交渉過程の一環として捉えられているので、これらは紛争当事者像についての指摘でもある。

（29）内田貴「現代契約法の新たな展開と一般条項(1)――（5・完）」（NBL五一四～五一八号、一九九三年）、同氏「契約プロセスと法」（『岩波講座・社会科学の方法Ⅵ・社会変動のなかの法』一九九三年）参照。

季衛東氏は、山本氏と同様に内田氏の研究についても、契約法の分野で関係、交渉について論ずるものとして掲げる。前掲注（14）季論文六七〇頁注（58）

内田氏は、契約締結前の段階から履行完了後に到るまでの一連の動態の過程として契約を捉える。そしてその過程の中の内在的な規範が吸い上げられて、新たな規範が裁判において生み出されているとすることから、裁判についても論じている。そこで本稿ではこの点に着目したいと思う。

内田氏は、裁判官は生活世界に共有された規範を解釈によって新たな契約規範として構成するとし、その構成された規範は裁判官の属する法共同体が共感するものとなっているとする。それは当事者双方が「納得」する解決を導くことのできる規範であり、また裁判官が共感により当事者と共に共同体の一員となることによって導き出すものである。そこで内田氏のいう「納得」には裁判官の果たす役割が大きいといえ、これは例えば、裁判官を「支援者」とする山本説と比較してみるならかなりの相違点を持つことがわかる。山本説では当事者自身が、解釈をなし、対話・議論を尽くすことによって「合意」を引き出し、最終的に「合意」しうる解決を見い出すとしており、裁判官の積極的な後見的役割をそこに認めていないからである。内田氏の「納得」、裁判官の役割については、特に同右内田NBL掲載論文⑷三七～三九頁参照。

(30)　棚瀬孝雄『本人訴訟の審理構造』（弘文堂、一九八八年）参照。

棚瀬氏の研究は本人訴訟のモデル構築の点で、本人訴訟と弁護士代理の付いた訴訟に一応の区別は置いている。しかし、紛争解決の主体は当事者であるという視点から訴訟を考え、そのために訴訟の過程に注目する点で、「第三の波」理論の論者、和田・山本氏の理論と重なり合う面が多い。ただ棚瀬氏においては、紛争解決につき当事者による「強制」と裁判官への「負託」の緊張関係が常に問題とされており、「第三の波」理論の論者のように、解決策の呈示に裁判官を全く関与させない立場とこの点で違いをみせる。棚瀬氏においては当事者と裁判官の相互作用は非常に重視されており、裁判官の心理的欲求についても訴訟を考えるための考察対象となっている。当事者の相互作用については同右棚瀬著三章「弁論の実効化」、四章「和解の織りこみ」に詳しく、当事者と裁判官の相互作用、裁判官の心理的欲求については五章「情報処理の制御」、六章「動機づけの充足」に詳しい。

(31)　井上治典氏、和田氏、山本氏は各々次のようにいう。

「そこでは、紛争主体としての生身の人間が忘れられがちである。第三期派の理論は、もう一度原点に立ち返って、紛争主体である人間を基点にすえて訴訟は何をなすべきか、訴訟法理論はいかにあるべきかを問い直そうとするものである。」前掲注（19）井上「手続保障」（二・完）二九頁

「その際、まず第一に確認しておかねばならないのは、当事者こそが紛争の主体だという事実である。これは何も、きわめて合理的・理性的に行動する自律的個人の如き、理念的人間像を前提とするものではない。むしろ、紛争状況の中で、困惑し、悩み、傷つき、時に身勝手に振る舞う、弱い、そしてそれゆえにこそ、自己の主体としての地位にきわめて敏感な、現実的人間としての主体性のことである。（傍点原文）」前掲注（21）和田『交渉過程論』三頁

「ここで想定されている契約当事者像も、当初から明確に自身の利益を把握し自身の計算と危険により契約締結を行なう近代的主体モデルではなく、ここで想定されている契約主体とは何よりも『等身大の』当事者である。」前掲注（28）山本「契約と交渉」六四頁

「いわば現実の人間を捨象した『仮想としての近代人』に基づく」理解ではなく、「むしろわが国における現実の契約取引に関わっている『具体的な顔をもった当事者』に目を向けるとき、かかる当事者は『制度』と『日常性』との狭間を迷いながらも往き来する主体として立ち現れることに気づかされる。」前掲注（26）山本「再交渉義務論」九頁、なお山本氏においては契約当事者は紛争当事者でもあることは注（28）で述べた通りである。

（32）　前掲注（28）山本「契約と交渉」六四〜六五頁参照。

ところで当事者と周囲との関係という時、そこには二つの側面があるように思われる。一つは紛争の当事者間や当事者と裁判官の間の相互関係という側面であり、もう一つは日常生活上様々な集団の中にある当事者と周囲の関係という側面である。今回取り上げた文献では、棚瀬・和田氏においては前者が特に問題とされ、山本・内田氏においては前者に加え後者も問題とされていると思われる。

（33）　この論者として王亜新氏が山本氏を掲げているのは注（12）の通りである。

山本氏は、日常的な人と人の対話と法的議論を連続したものとして捉えており、ハーバーマスのいう「コミュニケイション的行為」は契約交渉にも通ずるものとみる。「コミュニケイション的行為」が了解形成を志向する点は、契約交渉の本来有している側面であるとするのである。山本氏は契約交渉では、当事者は自己の主張の根拠として、交渉の進展の中で形成される固有の規範をも含む、極めて多様な規範を援用するとし、この規範の援用について合意を得るために当事者は討議をなすとする。そしてその討議は対等・平等になされねばならず、このことを保障するものが「交渉促進規範」としての実体法規範であるとする。なお山本氏は、ハーバーマスのコミュニケイション的行為の理論の法の領域における一つの意義は、法化に対して、言語的コミュニケイションによる相互了解を回復させる手段を探究することが必要であるとの視座を与える点だとする。前掲注（25）山本「契約交渉関係」の特に「問題の概観」、第一章「コミュニケイション的行為と契約義務」、「おわりに」参照。

（34）前掲注（19）井上「手続保障」（二・完）二八頁、同氏「民事訴訟の役割」一七〇～一七七頁参照。

（35）和田氏は、現実の人間は紛争状況において、困惑し、悩み、傷つき、身勝手に振る舞うこともある弱い存在であるとし、その人間は自己の主体性が侵害されることには極めて敏感であるとする。それゆえこのような人にとって望ましい裁判のあり方とは、自己の主体性を侵害されることなく紛争交渉行動をなす場であるということになる。そのために和田氏においては、規範とは当事者行動を直接規制するものではなく、紛争交渉過程での「戦略的に利用される用具」或いは「戦略的武器」だとされる。前掲注（21）和田『交渉過程論』一～八頁、三七～四六頁参照。

（36）山本氏は、現実の当事者の「主体性」とは、当事者が法制度を明確に意識し、それを採用し、或いはそれに抵抗しようとすることを意味する、いわゆる「近代的な主体性」と等置されるものでないことを強調する。山本氏は、人が迷いつつ他者とのかかわり合いの中で自己の行動を選択してゆく中に、日常生活実践と法制度の双方に相乗的に関与することで結果的には法制度による拘束を越えて行動する当事者の「主体性」が読みとれるとする。そして山本氏はこのような「主体性」を前提として、日常的生活実践と法制度の相互作用の中で作り出されている現実の制度の動態に着目し、そのうえでこの当事者の「主体性」を活性化するためには、実体法規範は制度的拘束力をもたらすものとしてのみ把握されるのではなく、人と人の交渉を促進する規範とし

て捉え直されることが重要だとする。前掲注（26）「再交渉義務論」一二～一〇頁、一一二～一一三頁注（8）（9）
また山本氏がホルンの見解の批判的検討という形で述べる論点の一つは、実体法規範の規律と促進という二つの側面の緊張関係をどう調整するかという点にある。このことは次の三点から理解できる。まず、ホルンの要件・効果・基準論の中に「柔軟性」と「構造化」という相反する二つの要請を読み取っていること。また山本氏がホルンに基づけば、実体的基準については「不当調整要求」を禁じ「裸の力関係」の発動を抑制する限り「規律」が認められ、「交渉のたたき台」となりうるという意味で「交渉促進」のための有用性があり、その「たたき台」を得たことで「創発的な問題解決」を可能とすると理解できるとしていること。そして山本氏がホルンに見い出される「トピク論的実体法観」から問題となる実体法上の「論拠の拘束力」について、「当事者自身による批判的吟味」と「法共同体に受容された原理」の緊張関係の検討を今後の重要課題としていること、である。前掲注（26）山本「再交渉義務論」七六～一一三頁

（37）山本氏は当事者の内面の葛藤に対して注意を払うべきとの指摘を、度々行なっている。例えば山本氏は、紛争当事者の「妥協しがたい敵愾心」と「関係回復への願い」という内心の錯綜に目を向ける。また紛争となった場合、契約の「存続と解消」について、「かかわり合い」の中にいる「一人の当事者内部」にみられる「葛藤」に注目する。さらに交渉プロセスの中で、当事者が自らの「生き方」を「再解釈しながら、選びとっている」ことを確認するのである。そしてさらに山本氏は、このような当事者の「生き方」に関わる内面の葛藤について、これまで法解釈学はどこまで「支援」を試みようとしてきたのかとの問いを投げかけている。前掲注（26）山本「再交渉義務論」八二～八九頁、一〇六～一〇七頁注（11）（12）参照。

（38）水谷暢「紛争当事者の役割」（『講座民事訴訟3・当事者』弘文堂、一九八四年）参照。
水谷氏は、紛争当事者の役割とは、各々の当事者が自己主張することによって対立点を尖鋭化するというものではなく、当事者が相互に自ら負担を負うことによって相手の応答を引き出すというものであるとする。そしてこのように考えるなら、当事者の紛争行動における「責任」分担も、紛争毎に当事者間で取引的・相対的に捉えてゆくべきだとする。

（39）和田仁孝「法人類学の変容と『合意』批判」（棚瀬孝雄編著『紛争処理と合意――法と正義の新たなパラダイムを求めて――』

ミネルヴァ書房、一九九六年）

(40)　これまで見てきた視点の他に、当事者分析のための手法として、エスノメソドロジーの視角を紛争領域へ導入することの重要性が指摘され（前掲注（21）和田『交渉過程論』七九〜八〇頁注（1））、また当事者の「咳き」や「語り」への傾聴の重要性も指摘されている（前掲注（26）山本「再交渉義務論」一一二〜一一三頁注（8））。

エスノメソドロジーの視角を法律研究に適用するものとして、樫村志郎『「もめごと」の法社会学』（弘文堂、一九八九年）が掲げられる。

樫村氏は「日常的状況での通常の諸行為を日常的社会環境を組織的、方法的に構成する行為として研究しようとするものである」エスノメソドロジーの視角を法律研究に適用するとして、「自然言語の使用」への注目をその一つの方法とする。このように樫村氏は法律研究と個人の常識的自然的な感覚の接合を図ろうと意図している。同右樫村著八七〜一一七頁参照。

また樫村氏が「もめごと」と表現するのは、もめごとを法律的に制御されたり規制されたりする対象と捉えるのではなく、「もめごと」自体を研究対象として「法律」という社会現象を読み解いてゆこうとの意味であり、この観点から「もめごと」を劇、「法律」を背景とする。一節で述べた高見澤氏の「もめごと」とは、中国社会の現象を中国法文化というものを前提として表現したものであったが、樫村氏の「もめごと」とは、法とは何かを問うために着目するとの意味が明確である。同右樫村著九〜一二二頁参照。

「語り」を扱うものとしては、棚瀬孝雄「語りとしての法援用――法の物語と弁護士倫理――（一）（二・完）」（『民商法雑誌』一一一巻四＝五号、六号、一九九五年）が掲げられる。

棚瀬氏は、弁護士による党派的弁護が、本来当事者がそれを通じて目的を実現しようとする法援用から、その当事者を疎外してゆくという現象を引き起こしているとする。そしてこのような現象が引き起こされる根底的原因は、「自律した個人」という近代法の下で生み出された理念であるとする。そこでこの状況を打開し、新たな弁護士倫理を形成するための、また主体としての当事者を捉え直すための一方策として当事者の「語り」に注目する。

なお、清代の地方裁判に関して当事者の言葉に注目したものとして、取り調べを受ける者の実際に語る言葉と、官の記す供述書の表現との関係を検討するものがある。唐澤靖彦「話すことと書くことのはざまで——清代裁判文書における供述書のテクスト性——」（『中国——社会と文化』十号、一九九五年）

(41) 前掲注（24）（25）（26）（28）の山本論文においては、いずれも「法化」に対する私的自治の活性化という問題が重要な支柱となっている。現代における「法化」現象と、それに対して私的自治を保障するための対処方策としての「法の手続化・プロセス化」、そして「法の手続化・プロセス化」の観点からなされる実体法規範の捉え直しについては、注（24）山本「契約規範の獲得」七三～九三頁で最も詳しく述べられている。

(42) 高見澤氏は、代替的紛争解決論に資するために中国社会の検討を行なう季衛東氏の研究方向には賛同するとしながら、訴訟制度を一定程度整えた社会の議論を、訴訟制度を十分に整えられていない中国の法制度の検討のために持ち込むことに疑問を呈する。前掲注（2）高見澤論文㈠九五頁注（14）、同著一一二頁注（18）

(43) 極最近季衛東氏の著作が発表された。新たな法理論の構築を目的として、伝統中国法を視野に入れて現代中国法を分析しようとする研究姿勢には共感する。しかしなお、筆者が本稿で掲げた問題は十分に解決されていないと思われる。季衛東『超近代の法——中国法秩序の深層構造——』（ミネルヴァ書房、一九九九年）

(44) 日常的実践的議論や解釈と法的議論・法的解釈の連続性を論じてきた山本氏は、「日常的実践活動が制度を産み、自ら生み出した制度により自分自身を構造化するという動態的な循環関係」とするように、制度と日常性の動態的な循環関係をも論ずる。前掲注（26）山本「再交渉義務論」序「制度と日常性の狭間で」参照。

(45) 基本的には西欧近代型の裁判制度の確立を目指すことを主張していた王亜新氏も、その後はこの方向性から新たな方向性への模索への揺れをみせている。
前掲注（5）王亜新著第四編「中国市場経済化の行方と法、裁判」、同氏「中国の民事裁判と経済発展」（小口彦太編『中国の

経済発展と法』早稲田大学比較法研究所叢書二五号、一九九八年）参照。
また王晨氏は、日本の契約法分野の新たな理論として、「近代法」を当然視せず新しい法理論を構築しようとする内田貴氏と山本顯治氏の理論を、極簡単にではあるが中国大陸の法学界への紹介を行なっている。現代市場経済立法に関する日中共同研究会の王晨報告「日本契約法の現状と課題――私的自治の原則を中心に――」（『法学雑誌』四二巻一号、一九九五年）
ところで鈴木氏は、中華人民共和国に到るまで中国法では、「真実の究明」と「当事者の納得」によって民事訴訟の正当性が基礎づけられてきたのに対し、西洋法では民事裁判の正当性は手続保障によって基礎づけられているとし、現代中国大陸では前者から後者への正当性の移行が生じつつあるとしている。鈴木賢「中国における民事裁判の正当性に関する一考察――民事再審制度を素材として――」（同右小口編『中国の経済発展と法』）
以上より現代中国大陸の民事裁判理論については、本稿で対比させつつ検討した王亜新氏の方向性と季衛東氏の方向性のうち、季衛東氏の方向性が一部語られながらも、現時点では徐々に王亜新氏の当初の方向性に傾きつつあるともいえる。

(46)　井上正三氏は、現代社会では価値と利害の多様化への動きが精鋭化しているにもかかわらず、一方で「近代化」の枠をはめられた法制度の下では、多様かつ複雑であり、また他者との関係の中で動揺し移り変わる「ナマの人間」の姿が見えなくなっているために深刻な矛盾が生じていることを指摘する。そして現在法律家には「多彩な個別要求に応えながら、それでいて紛争当事者双方を納得させることができる」「多元的で脱統合的な制度のあり方とその運営」を追究することが求められていることを、繰り返し訴えている。
座談会「民事紛争解決システム理論の新しい風――これからの裁判実務と法律家」（『判例タイムズ』九七六号、一九九八年）での井上発言参照。

その他、シンポジウム「訴訟機能と手続保障」（『民事訴訟雑誌』二七号、一九八一年）の井上報告、シンポジウム「現代における裁判の機能――紛争処理機構の多様化の中で――」（『法政研究』五一巻一号、一九八五年）の井上報告参照。

（47）　本稿で言及したもの以外で、紛争との関連で「人」についての分析をなす重要な文献は多い。例えば山本氏は、「人間学としての裁判論」を論ずるものとして竜嵜喜助氏の研究を掲げ、実務の立場から「人間に対する洞察」に基づく「紛争解決実践」の試みを述べるものとして、廣田尚久弁護士や草野芳郎判事の研究を掲げる。前掲注（26）山本「再交渉義務論」六六〜六八頁注（49）、一〇四頁注（6）

（48）　本稿で言及した文献をもし従来の法学研究の枠組みで分類するなら、少なくとも実体法学、訴訟法学、法社会学、法哲学の分野に跨がっており、このことだけを捉えても、幅広い議論が必要とされていることがわかるのではなかろうか。

また井上正三氏は、多様な価値観の衝突の中にある紛争の解決策の発見を裁判官にのみ負わせることの困難さを言い、この状況の打開のために、裁判が当事者も法律外の専門家も加わって知恵や技を出し合う場となること、つまり「フォーラム保障型」裁判の必要を主張する（前掲注（46）座談会の井上発言）。

この言葉も、多様な意見を戦わせることこそが、新しいものを生み出す原動力となるということを示唆している。

第四章　魯迅の描く「人」と法

始めに

「先行き不透明な時代」、近年しばしば耳にする言葉である。これから何が起きるかわからない時代、また何を信じてよいかわからない時代に我々が生きているということになる。

一方人間とはある面では非常に単純である。誰もが、たった一度の己の人生を幸福に生き、穏やかに生を終えたいと、それをどの程度意識するかは個人差があろうが、この小さな願いを抱えて日々を過ごしている。そうであればこの単純な願いを実現してくれる社会であることを、人は願わずにはいられないだろう。そして法はこのような社会を実現するための秩序を、人々の間にもたらす役割を担っている。

もし人々が何を信じてよいのかわからぬ時代に生きているのであるなら、秩序の根源が何にあるかもわからなくなっているということである。ならば人々の間に秩序をもたらす役割を担う法が、その基づくところの根源的価値を何に置くのか、それを明確化しなければならないということになる。そうすることによって法のあり方を考えねばならなくなっている。

先程人間はある面で非常に単純であると述べたが、ところがまた人間は非常に複雑且つ多面的な存在とも言える。精神的な発展を遂げるにつれ、人はこの点を実感として感じ取っていくはずである。その人の間に秩序をもたらすための法を考えるには、一つにはその複雑且つ多面的な人とはどのようなものかを把握する必要がでてくる。そこで本稿では、まず魯迅の小説に描かれた人の姿から、人とはどのようなものかを検討することとした。その結果人とはその大部分が、非理解、無思考なる存在であり、それ故無神経、無意識な他者への抑圧を生み出すものであるが、しかしその一方で他者への配慮の心を持つ存在であるとのことが言えた。

ところで我々が法を考える時、現代社会を覆う「近代法」システムへの考察は避けられない。ところが近年は「近代法」の枠組みに収まり切らない人々の切実な訴えが次第に表面化してきた。この「近代法」が知らず知らずにもたらした抑圧に喘ぐ人々に関わる問題は、魯迅の描き出した人間像を前提とするなら、その理解が容易になるとも言える。

そこで本稿では魯迅の描く人間像を前提としたうえで、「近代法」の枠組みに収まり切らない人の訴えに目を向ける研究の一つ、「語り」、「傾聴」、「法の技法」を論ずるものを取り上げ、その分析から「近代法」の再考に迫り、社会に秩序をもたらすための法が基づくところの根源的価値を問いたいと考えたのだが、それはあまりにも大きな課題であった。ここでわずかながらなし得たのは、「近代法」の下で、なぜ声が届かぬ人が生まれてしまうのかを分析し、その結果「語り」、「傾聴」、「法の技法」を支えるのは、人に対する洞察力と人としての感受性ではないか、そしてこれが具わっているなら人の声を聴くことが可能になるのではないか、とのことを示したにすぎなかった。

しかしながら一つ明らかになったこともある。共同体の意義を問うことの必要である。これは「語り」、「傾聴」、「法の技法」論者は関係性の中にある人を前提としていることから、そこに何か共同体と関わるものがあるのではないかとの問いが生まれることと、魯迅の描く配慮の心を持つ人が共同体に生きていたことから出てくるものである。魯迅が描くように人とは非理解、無思考なものであり、それ故に、無神経、無意識に他者抑圧をなすとするなら、もしその人各々が単純に自己の幸せを願うとなると、それが混乱をもたらさないとは言えないのである。このことからも人の間のあるべき秩序を考えるには、魯迅が唯一希望を託した配慮の心を持つ人という側面からの追究、いわば人の負の側面を調和しうる正の側面についての追究も欠かせないことになる。

　結局大きな課題を残すことになるのだが、本稿を、求められる秩序をもたらすために、法は何を根源的価値とすべきかを問うための前提作業と位置付けて、分析を始めることにしたい。

一　魯迅の描く「人」

1　始めに

本節では、人と人の間のあるべき秩序を考えるために、まず「人」とは如何なるものかを知る必要があると思うところから、魯迅の小説に基づいて「人」の分析を行なう。

ところで魯迅の先行研究は多数ある。その中で魯迅研究の専門家ではない筆者が魯迅の小説について語ることには大きな躊躇いがある。そのような躊躇いを抱きつつ、一つ断わっておきたい。

　本稿は魯迅小説に現われた人間像を抽出することを論文の一つの構成要素とするものの、魯迅研究自体をその目的とするものではない。そして本稿で魯迅の小説から取り上げる箇所は先行研究において当然ながら既に取り上げられているものである。しかし各々の魯迅研究者の魯迅小説についての語り方は、必ずしも筆者自身の語り方と重なり合うわけではない。これはおそらく一つの小説についてある人が語る時、その語り方は、その人のこれまでの人生、そこから生まれる思考方法、洞察方法に基き、そのため各々の人間の人生がすべて異なり、一つとして同じものがないのと同様に、語り方がすべて異なるものとなることに由来するのであろう。それ故本稿においては先行研究を詳細に引用することはせず、筆者自身が魯迅小説に現われる人間像をどのように分析し、どのようにそれを表現するかに力を注いだ。それは先行研究を軽視することを意味するのではない。魯迅の描いた人間像に絞って筆者自身が語ることを目的とするなら、その語る内容に関連させて多くの先行研究を引用することは、かえって筆者の意図について、読み手側の混乱を招くのではないかと考えたからである。この点を御了承いただきたいのである。

ただ筆者が本稿の目的から先行研究として共感を覚えた文献、及びその共感点を極簡単に記せば以下の通りである。

片山智行氏は、理解することも思考することもない民衆を、無自覚なる民衆或いは「馬々虎々」と表現する。また片山氏は「いいかげん」を意味する中国語「馬々虎々」は支配者、被支配者にもみられるとしている。そして片山氏は無意識に他者を抑圧する人々の姿を即時的存在と表現し、またその人々の生きる社会を魯迅のいう「猿社会」と呼ぶ。(1)

丸山昇氏は阿Qの精神構造に関し、阿Qの「精神勝利法」は、自分の置かれた状況を認識できず、自己欺瞞により満足し、上からの圧迫に対し戦うことをせず、より弱い者へそれを転稼する一種の奴隷根性と述べる。(2)

また尾上兼英氏は『吶喊』、『彷徨』中の知識人を三分類し、(1)孔乙己、陳士成は古い時代の知識人であり人生の敗北者、(2)四銘、高幹亭は一時進歩的思想に染まり、古い物の破壊に走りながら、反動派が力を持ち復古調が強まると、反動派に廻った者、(3)呂緯甫、魏連殳は良心を捨てて反動派に組することができず、それ故苦しみ動揺する人とする。そして(2)と(3)の中間に位置する知識人として方玄綽を挙げる。(3)

また文学作品を資料に用いることについても断わっておかねばならない。

別稿(4)で述べたように、もし歴史をテクストと捉える立場に立つなら、史料について言えば、文字を媒体として、書き手、読み手が存在すること、そしてその書き手、読み手、その各々との接点において、権力が不可避、不可視の形で入り込むとの点から、およそ客観的史料などは存在しないことになる。この観点に立てば、史料としては、公文書であれ、文学作品であれ、それほど大きな差はないと言える。

そしてまた近年は法と文学についても論じられている。

例えば、石前氏は、これまで蓄積されてきた法規則や先例等の法資料も文学作品と同様に、一つのテキストを構成するというドゥオーキンの説を紹介している。[5]

また中山氏がポストモダン法学の展開を論ずる中で、「法と文学」アプローチに触れる。そして「法と文学」の持つ二つの方向性として、一つは文学作品中の法の扱われ方を分析するもの、もう一つは文学作品も法学文献も「テクスト」という意味では同列であるとする観点を持つものとしている。[6]

この他法と文学という分析手法に関連するものとして挙げれば、棚瀬氏は、語り手が自身の世界理解を投影して語るところを、聞き手がそれを聞くことで語り手の理解を了解するという、二者の世界が間主観的に構成される現場に物語を見る。そして文学の領域と同様に、近年は法の領域においても物語性が発見されたとする。[7]

このようにテクストの視点に立ち、書かれたものとしては、法も文学もそれほど大きな差はないとする、両者を相対化する捉え方も現れている。

もしこのように考えるなら、法史学の立場にあっても、文学作品を史料として抵抗なく利用できることになり、またテクスト論に基づいて、法と文学の問題をここで論ずるとの研究方法もあり得ることになる。しかし筆者は前掲の別稿（注（4））で述べたように、テクストとの捉え方は一つの視点として持つことに価値があると考えている。つまり己自身がある権力に暗黙のうちに組せぬように、また固定化した見方に縛られてしまわぬために、テクストとの捉え方を視点として持つことが重要であると考えるのである。よって筆者がここで魯迅の作品を取り上げるのは、むしろ来栖氏の言うような、虚構が真実を啓示するとの考えに近く、小説の中に真実を見るとの立場である。[8] 魯迅の描く「人」は、「現実の人」の姿を見事に表わしていると思うからである。但し、もし魯迅の描く「人」もし魯迅の描く「人」を「現実の人」と捉えて筆者が語る時、それにより誰かが抑圧されるとの結果を招いていると、具体例を挙げて指摘されるのであれば、その時にはこのように魯迅を読むことを再考せねばならないということになろう。また、

2　魯迅の描く「人」

では魯迅の描いた「人」とはどのようなものであろうか、魯迅の二つの小説集『吶喊』、『彷徨』を使うことにより、その点を見てゆく。[9] 但し「現実の人」とはこのようなものであるとは、決して簡単に記すことはできない。それほどの複雑な多面性を人は有するであろう。そこでここで掲げるものもその極一部の側面にすぎないことは承知のうえである。

さてよく知られているように魯迅は、清末から中華民国初期の中国の農村、小さな町、都市部に住む人々の姿を描き出している。魯迅の小説に描かれた人々は、なるほど人にはこのような面があると読む者を頷かせてくれる。国を変えるには国民の精神を変えねばならないと考えていた魯迅が、[10]「人」とはこのようなものであると、このような「人」を変えない限り国は変わらないとして、我々の眼前に人の姿を突きつけていたことを想起するなら、我々が頷くことになるのも当然のことといえる。

魯迅の小説に基づいて描かれた人の側面としてまず挙げたいのは、人は自己の生活に直接関係する具体的事項のみを基本的に考えており、規範、秩序、正義など抽象的な事項を問うために思考することはほとんどないということである。そしてそれはそのような事項につき思考せざるを得なくなる契機をもたらす、自己の置かれた状況を真に理解していないということでもある。

また魯迅の小説においては、自己の生活の直接関連事項への意識の集中、そして自己の置かれた状況の不十分な

理解、それ故の抽象事項への思考の欠如は、大部分の人々に共通するものではあるが、知識人と非知識人において描き分けられているということも言える。

清末から中華民国初期の中国では、現在我々が思うような義務教育というものはない。そのため富裕階層は、例えば清末までは科挙試験に合格するために必要な知識の修得は行なっているが、そのような知識の修得に充てる生活面での金銭的余裕のない階層の人々は、文字の修得を始め、学問的知識を得る機会は極端に低く、それ故富裕階層と貧困層の間での知識量の差は非常に大きい。魯迅小説ではこの二つの階層の人々の行動の様相の違いは根本的共通性をはらみながらも、明確に描き分けられている。ここでは富裕階層であって、学問的知識修得の機会を与えられる人々を「知識人」、そのような機会がおよそ与えられることのない貧困層の人々を「非知識人」とし、魯迅の小説に基づいて彼らの行動原理の共通性と相違点を示してみたいと思う。

まず「非知識人」の行動についてであるが、「非知識人」を代表するのは「阿Q正伝」の主人公「阿Q」であろう。「阿Q正伝」（『吶喊』）は魯迅の代表作であり、その内容もよく知られているものだが、本稿の論述上の関係からここに内容を簡単に要約して挙げる。

阿Qは未荘という村の土地廟に住み、その村の日雇い仕事で暮している出身地も、姓も名も今となってはわからない貧しい男であった。阿Q自身は十分な自尊心を持っているのだが、どの村人たちからも、自分より下位の人間と見做されている。他の人間と同様に、阿Qは相手が自分より弱いと思えば居丈高な態度にでるのだが、なぜか必ず相手にやられてしまうのである。ひげの王などは阿Qからすれば頬にべったりひげをはやした男で、見られたものではなく、軽蔑の対象でしかない。そこでけんかを吹っかけたところ、逆に壁に頭をぶつけられた。このような扱いを阿Qは受ける。

誰よりも下位の人間と見做されるなら生きてゆく気力を失うのではないかと懸念されるが、阿Qは決してへこたれない。殴られようが、壁に頭をぶつけられようが、「せがれに殴られたようなものだ、世の中はなっていない。」と考えることによってすぐに立ち直るのである。そのような阿Qが唯一優位に立てるのは、年若い尼に対してであった。唾を吐いても、頬を思いっきりつねっても、相手が腕力に打ってでることはないからである。しかしこれはあくまで例外的な存在であり、阿Qは自分がどれだけ心の中で見下している人間であっても、その人物に対して決して勝てることはないのである。

この踏まれても踏まれても永遠に満足して生きてゆくことのできる、すばらしい精神構造を持った阿Qがある時日雇い先の女中に言い寄ったということで、日雇い先から叩き出される。この事件は阿Qに大きな災いをもたらした。未荘のどの家からも日雇いの声がかからなくなったのである。生きてゆけなくなった阿Qは都市部に出かける。そして大金を手に再び未荘に帰って来た。

この帰村は阿Qに大きな変化をもたらす。阿Qが都市部から持ち帰った体験談、そして特に持ち帰った品物が、人々の十分な畏敬の念を引き起こしたのである。ところがこれも長くは続かなかった。阿Qは都市部での夜盗のほんの端役を務めたにすぎず、二度と盗みをしそうにないことが村人たちに知れたからである。そしてその頃革命党が都市部に入ったとの噂が立つ。

ところで阿Qもものを考えないわけではない。未荘で「長発」と呼ぶ腰掛けを都市部では「条凳」と呼んでいるのは、都市部の人間が間違っていると考えた。自分にも跡取りが必要だ、そのためには女がいなければならないと考えた。誰も阿Qを日雇いに雇わなくなった時は小 Don のせいだと考えた。いよいよ食べていけなくなった時には都市部に行こうと考えたのである。そしてついには未荘を含む一帯で有名な挙人旦那や、村人たちが革命党に恐怖を抱いていると知ると、阿Qは革命も悪くないと考えた。そこで阿Qは革命に加わろうと考えるのである。阿Qは革命の意味がわかっているわけではない。

ところがこの頃未荘の富裕家が革命党による掠奪にあうとの事件が起きる。そして阿Qはこの掠奪事件の一味として捕えられ、取り調べを受ける。自分が捕えられた状況の把握もできず、何もわかっていない阿Qは、わからぬままに取り調べを受け、何もわからぬままに一枚の紙に丸を書く。これにより阿Qの罪は確定し、翌日には引き廻しのうえ、銃殺刑に処せられたのであった。

以上が阿Q正伝の内容の要約である、この中では阿Qを代表とする登場人物が、自分が属しているところの国家がどのような状況にあるかを理解するわけでもなく、まして国はどうあるべきか、社会の秩序とは、人として生きるとはなどと、およそ思考することなく、如何に直接・具体的事項のみを考えて日々を過しているかが描かれている。そして何一つ理解しているわけでもなく、何一つ思考するわけでもない、つまり非理解、無思考の「非知識人」＝阿Qが、それ故にその命を落とすに到る悲劇の過程が描かれている。しかしそれは阿Qにとっては悲劇であるかもしれないが、他の未荘の人々にとっても、阿Qの引き廻しを見物していた都市部の人々にとっても特に悲劇ではなかった。未荘の人々はみんな阿Qが悪いのだ、銃殺されたのは彼が悪い証拠であり、悪くないなら銃殺されるはずがないと言い、都市部の人々は銃殺は首斬りほど見映えがせず、引き廻しの間歌一つ歌えない死刑囚など付いて回っただけ損であったと不満を唱えたにすぎない。その後阿Qは誰からも思い出されることもなかったのである。

このような非理解、無思考の「非知識人」の姿が「阿Q正伝」では描かれ、そしてそれは魯迅の他の小説でもしばしば描かれる。

「風波」（訳名「波紋」、『吶喊』）では、清朝滅亡後の張勲の復辟の際のある村での、人々が右往左往する大騒ぎの様子が描かれる。この村の七斤は仕事でしばしば都市部に出かけ、都市部での革命騒ぎの時弁髪を切られてなくしてしまっていた。そのため今回起きた復辟の騒ぎの時に酒場の人々が、位に復した皇帝が弁髪が必要だと言っていると噂するのを聞き、不安に陥っている。するとそこへ三十里四方の唯一の名士兼学者で通っている趙七爺が、弁髪を垂らした姿でわざわざやって来て、弁髪がないと罪に当たると書物に書いてあると言ったために、七斤の不安は頂点に達する。これを聞いた七斤の妻は絶望し、夫に当たり散らす。七斤の家に集まってきた村人たちは、勝手に七斤の命はないと決め込み、日頃都市部の様子を知っていると、自分たちに自慢気に話していた七斤が法に触れたのも多少気味が良いとも感じる。しかし十日余りたっても特に変わったことが起こるわけでもなく、当の趙七爺がいつの間にか弁髪をやめ、頭の上に髪を巻き上げていることがわかり、村は以前と同じ平穏さを取り戻す。

　また「長明灯」（『彷徨』）では南朝の梁の時代から着いているとされている村の土地廟の灯りを、一人の男が消してやると言い出したために起きた騒動が描かれる。土地廟の灯りが消えると、この村一帯は海になり村人たちはドジョウに変わってしまうと言われている。男が火を消そうとするのを村人たちが諫めようとするが、精神状態がおかしくなっている男には通ぜず、人々はどうすべきか額を寄せて知恵を絞り合う。結局は土地廟の空部屋にこの男を閉じ込めて、村には一応の平穏が戻るのである。

　小説の舞台となっている時代は、清朝が滅び中華民国が成立するが、世の中は安定せず、軍閥の対立が続いており、一方で多くの思想家が建国のための改革を語り、白話運動など文化面からの改革を図る文化人の活動も非常に活発であった20世紀前期の頃である。しかし村落の人々にとってこのような動きは遠い世界のことであり、自分たちの村の中が生きるほとんどすべての空間であって、ひたすら一日一日の生活を送っていたのである。

　この非理解、無思考の人々は、人の死を目の前にしても何かを考え始めるわけではない。阿Qが銃殺の前に引廻される時、沿道にひしめく人々の中には一部喝采の声を上げる者もあったが、大部分の人々は何を考えるわけでもなく、ただ阿Qを眺めていたのである。そしてこの人々の何を考えるわけでもなく、ただ阿Qを眺めるその目こそが、阿Qを最も恐怖に陥し入れたのだった。

　この様子をまた「示衆」（「さらし刑」、『彷徨』）も描いている。北京でさらし刑となった男の周りに瞬く間に人々が集まり、ただただ何が起きるかとその男を眺めている。何も起こる様子もないうちに人力車を引く一人の車夫が近くで転び、それを機に人々はバラバラと散ってゆくのである。

このように魯迅は、何かを理解しているわけでもなく、何かを思考しているわけでもない、非理解、無思考なる「非知識人」を次々と描き出す。

これに対して「知識人」は魯迅にどのように描かれているのだろうか。理解や思考において「非知識人」と違いがあるのだろうか。

「知識人」を主人公にしたものとして、まず「端午節」（「端午の節季」、『吶喊』）が挙げられる。方玄綽は「差不多」（「誰もそれほど違いはしない」＝「似たようなもの」）が最近口癖になっている官僚兼教師の男である。彼は社会の中で憤慨を感ずるような事件に直面した時、「差不多」と口にすることによって、何事も気にせずやり過ごすことができる人間である。このことはまた自分自身にどれだけの不利益が生じようと、こうすれば生きてゆけるとの論法をとらせ、特に怒りの声を上げることなく終わらせる。そこで当時起きていた教員への俸給支払いの遅れに対しても、彼は官僚としての給料は得られるため、まだ生きてゆけるとして、支払い遅延については何も言わない。一方他の教員たちが俸給支払い要求運動を行ない、そのため軍隊に殴られる事態となり、しかしながらその結果なんとか若干の俸給が支払われると、彼は何も骨を折ることはなかったが、やはり俸給は受け取るのである。しかしそのうち官僚の俸給も支払われなくなった。さすがの方玄綽も困り果てるが、できることは妻に鬱憤をぶつけることと、親しくもない知り合いに借金を申し込んで断わられることである。幸い数日遅れで俸給が支払われることになった。そこでつけで酒を買って飲むことにした。

方玄綽もものを考えないわけではない。困り果てれば知り合いに借金を申し込もうと考えたのであり、その申し込みを断わられたことを妻に当然だと言われれば、去年同郷の男が借金を申し込んできた時、それを自分が断わったことを思い出したのであり、また富くじを買おうかとも考えたのである。

　この方玄綽は、阿Qに劣らない卓越した精神構造を持っている。どれだけ不当な事に直面しようと、まだ生きてゆけると思い直して耐えることができ、正当な要求のために闘う人々を横目に見て暮らすことができ、また他人の奮闘により得られた利益はうしろめたさも感ぜず懐に収めることができるのである。そして阿Qと同様に、国はどうあるべきかなどについて思考するわけではない。つまり知識人といえども阿Qと同様、何かを思考するわけではないが、一方で日々の生活上の事柄についてはは十分にいろいろと考えている。

　何を思考するわけでもないが、十分に考えている知識人の姿は他の作品にも現れる。「幸福的家庭」（「幸福な家庭」、『彷徨』）の主人公は生活費の足しにするために「幸福な家庭」という小説を書こうと頭を捻っている。その合間に薪代を妻に渡さねばならず、泣き出した娘をあやさねばならず、気づけば背後に白菜が山積みにされている。

　しかし次の二つの小説に登場する「知識人」は、これまでの二例と若干異なる動きをする。

「肥皂」（「石鹸」、『彷徨』）の主人公四銘は妻のために石鹸を買いに行くのだが、その店に居合わせた若者たちが、英語を使って自分を嘲笑したと憤慨している。そもそも四銘は今の世の中に不満である、西洋教育を行なう学堂ができ、また女子までもが学ぶ学堂ができたために、学生たちは道徳を失い、そして社会全体が道徳を失おうとしていると嘆く。この状況を改めさせるために四銘は友人たちと、新聞に儒教を重視し、頽廃した風潮を改め国粋精神を保つ必要を訴える嘆願文を載せようと考えている。そのような折に石鹸を買いに行き、憤慨することとなり、挙句の果てに石鹸をめぐって妻と一悶着が起きるのであった。

「高老夫子」（「高先生」、『彷徨』）の主人公高爾礎は新聞に発表した「中華国民はみな国史整理の義務を有するを論ず」が有名となり、またその直後に女学校の教員に採用された人物である。「高先生」ではこの高爾礎（爾礎はロシアの文豪高爾基《ゴーリキー》にあやかって急拠改めた字）の講義第一日目が描かれている。高爾礎は講義の準備が不十分なところに麻雀仲間が現われたために時間をとられ、また講義前のしばらくの時間も出迎えに現れた教頭のおしゃべりのためにおさらいができない。已むを得ずそのまま授業に臨んだところ、笑われているような気がする。終業のベルはいつまでも鳴らず、ついに準備した分を話し終えてしまい、彼の講義もそこで終わりとなった。自己の不首尾に対して苛立ち、腹立ちまぎれの中で、彼は女学堂など悪弊を助長するものと結論づけ、女学堂など辞めてやると心の中で呟くうち、麻雀に誘われていたことを思い出し、出赴けてゆく。

この二人の知識人、四銘、高爾礎は国の現状を憂えており、投稿をし、自分の意見を述べるのであるから、「端午の節季」の方玄綽や「幸福な家庭」の主人公が、自己の生活についてのみ関心を寄せていたこととは違いを見せている。しかし「石鹸」の四銘、「高先生」の高爾礎のいずれもが、当時の中国の置かれている状況を把握しているかと言えば、その点では方玄綽と、そして最も極端に言えば「非知識人」阿Qとさして変わらないことになるのである。中国はいつ他国に完全に支配されるかわからない状況にある。国民全体についてその力の底上げを図り、それによって国力をつけ、西欧列強や日本と対峙せねばならない時である。ところが彼らは、今まさに中国がどのような状況に置かれているかを十分に理解しているわけではないため、根本的な問題性を把握できず、それ故あるべき秩序について悩み抜いて思考することにはならず、伝統秩序の崩壊を嘆き、単なる伝統秩序への回帰を叫ぶしかないのである。

但し国の現状を憂うる四銘や高爾礎の存在は、真の問題性を理解し、その問題を解決するために真剣に思考する知識人は極少数であろうが存在することを期待させる。この期待は「非知識人」層に対しては出てこないという点で、魯迅の描く「知識人」と「非知識人」には違いがある。このような「知識人」と「非知識人」の違いは見い出せるものの、しかしながら結局は自己の生活を左右することになる自国の置かれている状況を理解しているわけではなく、あるべき秩序、規範、人の生き方などをおよそ思考するわけではないということについては、大多数の知識人も阿Qに代表される非知識人もそれほど大きな違いはないということにもなるのである。

　魯迅の小説の中では「非知識人」と「知識人」がともに登場することも多く、その場合には、理解することもなく、思考するわけでもない点における「非知識人」と「知識人」の共通性がよくわかる。

　例えば「阿Q正伝」や「波紋」ではそれが示されている。

「阿Q正伝」に登場する村の富裕層である趙旦那や銭旦那の息子たちは科挙試験の受験生であった。彼らは革命党が近くの都市部まで来たことを知ると、自分たちも革命をせねばならないと相談し、尼僧のいる静修庵に押し掛け老尼を殴りつけ、「皇帝万歳万万歳」と書いた竜牌を打ち砕く。この行動は、意味もわからず革命に加わろうとした阿Qとそれほど差はない。

「波紋」に登場した趙七爺は先程も述べたように、皇帝が再び位についたとの噂を聞けば弁髪を垂らし、何も起こりそうにないとわかるとまた弁髪を巻き上げている、これも自分自身で判断することはできず、噂話によって右往左往する七斤や七斤の妻となんら差のない行動である。

　このように極一部の例外的「知識人」はいるであろうとの期待はあるものの、大部分の「知識人」と「非知識人」はものごとの本質や核心をおよそ理解することはなく、秩序、規範、生き様等々、抽象的事項に関して何かを思考するわけでもないという共通点を持ちつつ、日々の生活を送っているのである。もちろん日々生きてゆくための具体的な必要事項について、彼らは頭を使ってはいる。そして彼らに悪意はない。決して悪意はなく、非理解、無思考の中で黙々と一日一日の生活を送っているということである。ところが時にはそれが悲劇を生み出すことも魯迅は描いた。それが阿Q自身も含めた、理解もせず、思考もしない人々の行動の結果もたらされる阿Qの死であった。

　そしてこの非理解、無思考ゆえに無神経且つ無意識に他者を抑圧し、時にはその人の死までももたらすこと、これが魯迅の描く人間のもう一つの側面なのである。この人による無神経、無意識なる他者抑圧を知るために、ここで「祝福」を見てみよう。

まず「祝福」（『彷徨』）の荒筋を述べる。「私」は久しぶりで故郷の魯鎮に出かけ、そこで祥林嫂にバッタリ出会う。この時「私」は祥林嫂に、魂は有るのか、地獄は有るのか、死んだ家族はあの世で顔を合わせるものかと尋ねられ、返答に窮し、「どうとも言えない」と言ってなんとかその場を逃れる。「私」はその後一晩自分の答えが引金となって祥林嫂の身に何か起きるのではないかと、ひたすら不安に駆られる。そして翌日祥林嫂が死んだと聞き、祥林嫂の半生を思い起こすことになる。

ある年の冬、祥林嫂は夫を亡くしたため奉公に出るのだとの説明で、魯鎮の魯四老爺（四叔）の家で雇われることになった。四叔は彼女が寡婦であることが気に入らなかったが、妻の四嬸が気に入ったのである、祥林嫂は口数が少なく身の上はよくわからなかったが、働き者であったので四嬸は満足し、魯鎮の人々の間での評判も良かった。ところが三カ月余り立ったところで祥林嫂の亡夫の親族がやって来て、無理矢理彼女を連れ戻してしまう。そして祥林嫂はさらに強制的に再婚させられたのであった。しかし嫁ぎ先で祥林嫂は男の子も生まれ、幸せになったようであった。ところがこの幸せも長くは続かず、四年ばかりで夫にも息子にも死なれ、祥林嫂はもう一度雇ってもらえないかと四叔の家に現われる。祥林嫂の幼い息子が狼に襲われて命を落とした話に同情し、四嬸はもう一度彼女を雇うことにした。ところが今回の祥林嫂は、以前のような四嬸を満足させる働きのできる者ではなくなっていた。

四叔はやはり祥林嫂を雇うことに不満であり、再婚したような者は良俗を破る者であるから、先祖を祀る時の仕事に加えてはならないと指示する。一方魯鎮の人々はしばらくの間は、祥林嫂が息子の死について語ることを好んで聞きに来たが、同じ話に聞き飽きると祥林嫂を疎んじ始める。繰り返し息子の死を語ることは、祥林嫂が悲しみを癒し、立ち直るために必要な過程であったのだろう。同じ経験を持つ人間であればそれに耳を傾けることも可能であったかもしれないが、そうでない人にとっては、二、三度同じ話を聞けばもう十分であったのだ。

或る日柳媽が祥林嫂の額の傷を問題にする。この傷は再婚の拝礼の式の時に祥林嫂が暴れ回り、線香机の角に額をぶつけてできたものである。そして柳媽は、あの世で二人の夫がお前の取り合いをするだろう。そうなると閻魔様はお前を鋸で二つに切り分けるだろうと言い、その罪を清ぐには土地廟に敷居を寄進するとよいと注告した。

この日以降魯鎮の人々は祥林嫂の額の傷を話題にする。祥林嫂は人々の好奇の目を無視し、ひたすら働き、一年足らずで土地廟に敷居を寄進した。この時祥林嫂は見違えるほど生き生きとした。しかしこの後の四叔の家での先祖の祀りの時には、やはり何も手に触れさせてもらえなかった。これを機に祥林嫂は全く気力を失ってしまい、その後には四叔の家からも暇を出され、結局は野垂れ死することになったのである。

以上が「祝福」の荒筋であるが、祥林嫂が死ぬまでに、魯鎮の人々で彼女を死に追いやろうと考えた人はおそらく一人もいないであろう。人々は彼女が同じ話を飽きるほど繰り返したので疎んじただけであり、彼女の額の傷に興味を持ったためにからかっただけである。祥林嫂の周りにいた「非知識人」たちは、理解することも、思考することもないのであるから、自分たちの行為が彼女を追い詰めるなどとは考えない。ましてや祥林嫂がなぜ強制的に再婚させられねばならないのか、そのような強制がなぜ許されうるのかなどと、已れ自身の頭で疑問を生み出すことはない。なんら思考することなく、その結果なんの悪意もなく彼らは行動しただけである。但し「知識人」の四叔は朱子学からでてきたという、女性の再婚は守節に反するとの考えに基づいて行動しているので、意識的に知識に基づいて行動しているとの点では、「非知識人」と違いがあると言える。しかし四叔は自分自身の目の前にいる祥林嫂の苦しみを感じ取るわけでもなく、まして自己の持つ知識に対し、なぜ再婚は悪いという考え方が生まれたのか、本当にそのようなことが言えるのかと、疑問を呈するわけでもない。やはり非理解、無思考という点で四叔も他の人々とほとんど変わらないのである。そのような非理解、無思考の人々が無意識のうちに生み出す抑圧によって、祥林嫂は死へと追い込まれていった。これが祥林嫂の悲劇であった。

ところで何ら理解するわけでもなく、思考するわけでもない点で、大部分の「知識人」、そして「非知識人」の間にそれほど大きな違いはないが、逆に非理解、無思考の知識人の方が他者抑圧において、より深刻な問題を生み出すことを示す魯迅小説もある。「離婚」（『彷徨』）である。

「離婚」は、離婚をめぐっての長年の紛争が、七大人という人物の登場によって決着がつくという話である。愛姑は夫が浮気をし、離婚を持ち出されている。しかし愛姑は自分自身に非はないと思っているため、単に「別れた方がよい」と勧められても納得できないのである。なんとか夫とその家族の方に問題があることを認めさせたいがために、離婚の勧めに頷かず三年もたってしまった。そこでこれまで仲裁に入っていた慰老爺が、さらに七大人という親戚を仲裁者に立てた。その七大人による仲裁の場が「離婚」では描かれる。

愛姑は読書人である七大人は公平な裁きをなさる方に違いないと思い、自分がこれまで嫁ぎ先でどれだけ苦労をしたかを訴えようと考える。そして七大人の面前で夫やその家族の行状を述べたてるが、七大人の一喝でその声は封じられ、縮み上がった愛姑は離婚すると言ってしまう。そうすることでこの一件は落着したのであった。

七大人は県知事と義兄弟である、その権威に愛姑と共にやって来た父は最初から威圧されていたが、愛姑はそれに気づかず、大喝されて初めてその威光に気づいたのである。それに気づけばもはや七大人の言葉に従うほかはない。

この七大人の行為が非理解、無思考の知識人の悪しき行為の例である。目の前にいる愛姑が何を訴えようとしているのかについて、思いをめぐらせることは全くないのである。彼女の言葉に耳を傾けるつもりはなく、舅・姑から出て行けと言われた嫁が出て行くのは、洋の東西を問わない決り事だというのが七大人の意見であった。ただ七大人は夫の側に、愛姑の家に払うべき銀貨をさらに十元上乗せさせた。

愛姑は七大人は読書人であるから、これまで仲裁に入っていた慰老爺と異なり、自分の話を十分聞き、嫁ぎ先の人々の非を認めてくれると考えたのだが、その期待は見事に裏切られる。彼が非読書人と異なる点は理解や思考に優れているということではなく、頼りうる権威を持つということであったのだ。

さて以上魯迅に描き出されたところによれば、人とは非理解、無思考なるものであり、また非理解、無思考である故、無神経且つ無意識に他者を抑圧するものである。そしてこの点については「非知識人」と「知識人」にそれほど違いがないこともわかる。一方で魯迅の小説は「知識人」については例外的な存在があることを期待させる。そして確かに魯迅は「知識人」の中には極一部この枠に当てはまらない例外的な存在があることも描いているのである。その点を知るために次に、「知識人」の苦悩を描いた魯迅の小説を見てみよう。

「知識人」の苦悩を描いたものに『吶喊』所収の「孔乙己」や「白光」、『彷徨』所収の「在酒楼上」(「酒楼にて」)や「孤独者」がある。

「孔乙己」では、科挙試験のための地方段階の試験さえ通過できなかった、人々から孔乙己と呼ばれている男が登場する。孔乙己は生計を立てることができず、盗みを働いて日々を送っている。しばしば立ち寄る居酒屋では、裕福といえない階層の人々のからかいの対象であった。或る日盗みを働いてついに足を折られた孔乙己は、いざって酒を飲みに来たのを最後に姿を消した。死んだのだろうということである。

「白光」の登場人物である陳士成も、科挙試験のための地方段階の試験に長年合格することのできない男であった。十六回目の試験に落ちた日の翌日の夜明け前、陳士成は憑かれたように外に飛び出してゆく。さらにその翌日、湖に死体が浮いているのが見つかった。これが陳士成だと言う人もいた。

「孔乙己」と「白光」では科挙試験という制度の存在に適応できなかった男の姿が描かれているのだが、彼ら自身の努力や発想の転換で自分を救うことはできたかもしれないと思わせるものがある。

しかし「酒楼にて」や「孤独者」では、自分自身の力だけでは何ともしがたい抑圧の中に沈んでゆく知識人の姿が描かれている。

「酒楼にて」は「私」が十年ぶりに友人の呂緯甫に偶然出会った時の話である。呂緯甫はかつては「私」と中国を改革する方法をめぐって激烈な議論を戦わせた友人であった。しかし今の呂緯甫は、二言目には適当にやるだけさと言う男になっていた。

「孤独者」に登場する魏連殳も中国の改革に情熱を持っていた人物である。魏連殳は度々文章を発表したのだが、それが彼にとっては不利に働く。忌憚のない意見を述べる者に対しては、正面から議論をいどみ、論争により、より良い見解を導こうとするのではなく、背後から真綿で締めつけるかのようにその人物を排除してゆくという、しばしば見られる状況が魏連殳にも生じたのであった。魏連殳を攻撃する匿名の文章が地元の小新聞に載るようになり、教育界でも彼に関する悪意の風評が流れるようになる。そしてついに彼は中学堂の校長から首にされる。職も見つからず、かわいがっていた大家の子供たちからも声をかけると逃げられるまでになった。追い詰められた魏連殳は軍人の顧問となり、給料を手にするようになる。これは彼にとって敗北であった。自嘲的生活を送る魏連殳であったが、それも一年ばかりで、彼の死によって幕を閉じることになった。

以上の孔乙己と陳士成、呂緯甫と魏連殳はいずれも苦悩を抱える知識人である。このうち後者の二人は現在の自国の置かれた状況を理解し、改革が必要だと感じ、そのために自身の頭で思考し、行動した人物であった。しかし彼らはそれ故に、苦しみを抱えねばならなかった。彼らは状況を理解し、そして何をなすべきかを思考し、行動したために周囲からの締めつけを受けることになったのである。この締めつけに抵抗すればするほど、自己の生命は細ってゆくのである。生きてゆくには、およそ改革の必要を感ずることなく、理解も思考もしない周囲の人々と同様の生き方を選ぶしかないのであった。

つまり「知識人」、「非知識人」を問わず大部分の人間は、非理解、無思考なる存在であるので、万一その中で一人が理解や思考をしようものなら他の人々により命を奪われる。よっておよそ改革などを行なおうなどと考えてはいけないということになる。では非理解、無思考の集団の中にあっては、理解せず、思考せずを貫けば、天寿を全うできるのであろうか。実はこれも保証のあることではなく、何も理解しておらず、何も思考していないが故に命を落とす阿Qも一方で生まれるのである。

結局このような非理解、無思考なる人の集団が結果としてある人間の命を奪う、これが魯迅の代表作「狂人日記」（『吶喊』）に言う、「人が人を食う社会」なのではないだろうか(11)。

日記によれば狂人は、野蛮だった頃の人間は皆人を食べたが、ある者は人を食べず、ひたすら改善に努め本当の人間になったが、ある者は改善することもなく未だに人を食べていると言う。また狂人は、人を食う人間はどんなことでも行ない、誰であっても食べてしまい、共食いさえすると言っている。狂人は、人を食う人間には二種類あり、一つは昔から人を食べてきたのだから食べるのが当然と思っているものであり、もう一つは食べるのはよくないと気づいているが、食べたいことを改められず、それを他人に指摘されないかと脅えているものであると言う。さらに狂人は、人を食う人間は自分を改める気はなく、ねらった獲物には気違いという名前を与えておいて、食べてしまっても誰も非難しないように、前もって手回ししておく巧妙さを持つと言うのである。狂人はせめてもの抵抗として叫ぶ。お前たちは自分を改めないと食べられてしまうのだ、そのうちに本当の人間に滅ぼされてしまうのだと叫ぶのである。

この人を食う人々、つまり自分を改善する必要性に気づくことのない人々、或いは気づいても改めるつもりのない人々に、魏連殳は食べられてしまったのである。魏連殳だけでなく、何一つ変わろうとしない人々の中で、孔乙己も、祥林嫂も、阿Qも消えていったのである。

魯迅の描いたところによれば、社会に生きる大部分の人間は理解するわけでもなければ、思考するわけでもない。またその社会では極一部の理解し、思考できる人間が存在するものの、彼らは大部分を占める非理解、無思考の人間に、寄ってたかって消し去られるのである。ところが一方で何も理解も、思考もしていない人間も、時には自分自身の非理解、無思考に帰因する場合も含めて、その中で消えてゆく。この大多数を占める非理解、無思考の人間、この人間を改めさせることができない限り、中国の改革など不可能ではないかと魯迅は訴えたのであろう。そう考えた時、狂人が、ほんの一歩向きを変え、改めさえすれば太平になれるのだ、と言うことの重みが伝わってくる。しかし魯迅はまたこの人間を改めることの困難さも十分実感していた。それ故呂緯甫や魏連殳にあれほど苦しませ、彼らを真の改革の必要性の理解さえできぬ人々の餌食とさせたのである。

　ではこのような人間像を描き出す魯迅は、一体どこに希望を見い出したのであろうか。実は何も理解しておらず、何も思考するわけでもない人々であっても、彼らは優しさを持っている。「薬」（『吶喊』）に登場する華大媽は結核を直すために、刑死者の血に浸した饅頭を息子に食べさせる。効果があろうはずはなく、息子は間もなく死ぬ。この華大媽は息子の墓参りに行った時、死刑囚や獄死者の墓の前で呆然としている老女に駆け寄っている。「明天」（「明日」、『吶喊』）では、幼い息子を病気で失う貧しい単四嫂子が描かれる。彼女はおみくじを引き、願をかけ、薬も飲ませてやったが、息子の容態は重くなるばかりであった。ようやく漢方医のもとに駆けつけるが、息子は死んでしまう。この単四嫂子の息子の葬儀のため、向いの王九媽は細々としたことすべてに骨を折っている。

　そして「一件小事」（「小さな出来事」、『吶喊』）では、貧しい車夫の持つ優しさ、他人への配慮の心が「私」を打ちのめす。ある風の強い日、「私」の乗った人力車の前に、突然貧しい身なりの老婆が飛び出し、車の梶棒に触れて倒れる。「私」は老婆が怪我をしていないと思い、見ている者もいないことから、そのまま行くように車夫を促すが、車夫は老婆を助け起こし、腕をとって派出所へ向ってゆく。この小さな出来事はこの後、常に「私」を恥じ入らせるとともに、心を新たにさせ、また勇気と希望を与えてくれるのであった。

この優しさは子供たちも持っていた。「社戯」（「村芝居」、『吶喊』）では、少年時代の「私」が母の実家に里帰りした時、村の子供たちと舟で、他の村で催される芝居を見にいく話である。実家の舟の手配が間に合わず、芝居を見に行けなくなりしょげている「私」のために、村の子供たちが知恵を出し合い、村の乗合舟を自分たちで操ることにしたのである。

「人が人を食う社会」が変わることの難しさを痛切に感じ取っている魯迅にとって、この人の持つ優しさ、他人への配慮の心が唯一勇気と希望を与えてくれるものだったのではないか。そしてその希望はとりわけ子供たちに向けられた。この社会が変わることを期待するには次の世代の子供たちに希望を託すしかなかったのだ。「孤独者」の魏連殳は、子供は天真で、中国に希望があるとするならこの点にしかないと言っており、「狂人日記」の狂人は、人を食べたことのない子供はまだいるのだろうか、子供を救え、と書いて日記を終わらせる。そして「故郷」（『吶喊』）では、「私」は故郷を後にしつつ、「私」とかつて共に遊び、「私」にとって美しい思い出を与えてくれていた閏土との間が、かくも隔たったことを認めざるを得ないのだが、しかし「私」の甥と閏土の息子の世代が、自分たちがまだ経験したことのない新しい生活を持つことに希望を託すのである。

魯迅の描き出した人間像は、我々にとって重く、辛いものである。しかし同時に魯迅は人の持つ優しさや他人への配慮の心を示し、そして「希望」は決して否定しなかった。「故郷」の最後では、希望とは地上の道のようなものであり、もともと道はないが、歩く人が多くなればそれが道になると言う。また『吶喊』序では鉄の部屋の例えを掲げ、希望は抹殺できない、希望は将来にかかわるものであるのだから、それが無いに違いないという私の証明によって、希望は有りうるとする意見を説き伏せることはできないとしている。

以上のような、魯迅が希望を託した側面も含めた人間像、つまり非理解、無思考、それ故に無神経且つ無意識に他者抑圧をなす者であるが、しかし一方で配慮の心を持つという人間像は注目に値する。なぜなら魯迅の描く人間像に注目した時、現在法律学の分野で問題提起され、学問方向として追究されている事柄の意味が明らかとなり、そしてその学問的追究が相互につながりあっていることが感じられてくるからである。

そこで次節ではこの点に触れつつ、分析を進めたい。

二　届かない「声」と「語り」、「傾聴」、「法の技法」

1　魯迅～フェミニズム～「語り」、「傾聴」、「法の技法」

本節では魯迅の描く人間像を前提に「近代法」の再考を試みるつもりであるが、そのためにまず、魯迅の描いた人と法理論の展開の関係について見てゆくことにする。

魯迅の描いたところによれば、人とは極一部の者を除けば、非理解、無思考なる存在である。この非理解、無思考なる人は、何も理解しておらず、何も思考していない故、極一部の貴重なる理解し、思考する人を食べてしまう。ところがまた一方で、自分たちと同様な非理解、無思考な人間も、何かを契機として食べてしまうのである。「食べる」という生々しい表現を控えるなら、非理解、無思考なる人は、無神経且つ無意識に他人を抑圧してゆき、ついにはその命を奪いさえすると言える。そして人によるこの無神経且つ無意識なる他者抑圧は、フェミニズムが問題とするところである。そのフェミニズムと法理論との関係の重要性については、しばしば指摘されている。この点を我国において見てみると、例えば筆者が別稿（前掲注（4））で論じたように、フェミニズムの論ずる「主体」と、法律学において展開されている「主体」論が、自律を前提とせず、動的主体像（物語的主体像）に基づく点で、密接に重なり合っていることがわかる（この点後述）。そしてその「主体」は魯迅の描く人間像を念頭に置くと、また理解が容易になるとも言える。このように魯迅の描く人間像に基づくことは、フェミニズムと法理論の展開の中に見られる問題意識の共有点を見い出すことを可能にする。

また魯迅が唯一望みをかけた人間の一側面、人としての優しさ、他人への配慮という点についても、法理論の展開との関係から追究する必要性を感じる。関係性の中で権利を捉え、共同体の持つ利点も活かす形で共同体と個人の関係を問い直そうとするところから、「配慮の倫理」と法制度の接合を試みることを重視する主張がみられるからである(12)。

さらに筆者がかつて論じたところであるが、民事訴訟法の「第三の波」論派やそれに呼応する側面を持つ論者たちにおいても、人を基点とする理論の展開が見られた。この点に関して言えば、また、リベラリズムに異議申し立てを行なった共同体主義を論ずる時、両者に見られる人間観の相異が指摘されている。ならば非理解、無思考なる人間、無神経且つ無意識に他人を抑圧する人間、しかしその一方で配慮の心を持つ人間を基点に据えると何が見えてくるのかという視点で分析を進めることも、やはり意義あることに感じられる(13)。

このように魯迅の描く人間像を目にする時、その人間像と我国における法理論の展開との関わりが様々に予想される。ただこれらすべてにここで言及することは不可能であるので、本稿では別稿でも取り上げたところであるが、無神経且つ無意識な他者抑圧者としての人の問題をもう一度取り上げ、さらなる検討を行なってみたい。そしてそれはまた魯迅の描く人間像が指摘する問題点を一層明確化することにつながるとも言える。

さて、では魯迅が描いた人による抑圧の問題を可視化したものがフェミニズムであり、フェミニズムと我国の法理論の展開には密接な重なり合いが見られるとの点につき、筆者が別稿で述べたことをここでもう一度簡単に掲げておく。

フェミニズムは現段階においてはもはや男女の性的差異と思い込まれていたものの欺瞞性を暴き出すのみならず、人間の持つ抑圧性を問う理論となっている。フェミニズムはその一つの理論的到達点として、主体が言説により形成されているとの視点に立ち、それゆえ一人の人間を確立された統一的個体とは捉えず、断片の集積と捉える見方を生み出した。この発想の下では、「主体」は自律的や自立的或いは理性的とはおよそ言えないものであることが自覚され、そのような「主体」のなすものが「自己決定」であるとの立場から、「自己決定」が論じられることにもなる。

このような自律的や自立的或いは理性的とは言えないものとしての「主体」の捉え方、所謂「近代的主体」と等号化できない「主体」に着目すること、また「自己決定」とはこのような「主体」が行なうことだと捉える発想は、我国の法理論研究においても大きな要点となっている。

つまり現実の社会に生きる人は、周囲との様々な関係性の中にあり、他者との相互作用、それ故の内面的葛藤で揺れ動き、その中でようやく一つの決定を行なっているのであり、その「人」はおよそ「自律的、理性的主体」からはかけ離れた存在であるとの主張がなされている。そしてこのような「動的主体像」或いは「物語的主体像」に基づき「自己決定」を考えるところから、一つには周囲からの関与の仕方が問題とされる。本人がなす「自己決定」への、法律家も含めた周囲からの関与者の望ましい関与のあり方が問題になるのである。その関与のあり方は、「自己決定」をなそうとする者に「支援」をなすこととされる。

この「支援」とは、「自己決定」をなす本人への干渉でもなく、パターナリズムでもなく、本人自身が自己の判断で決定をすることを、側で寄り添うことで支える役割といえる。このような「支援」をなすことは決して簡単なことではない。最終的に決定するのはあくまで当事者本人であることを前提にしつつ、そこに至る過程で揺れ動く本人に干渉でも過保護でもなく、本人にとって最も望ましい形で接していくことが求められるからである。

そこでこの決して容易ではない「支援」をなすためには、法律家を含めた関与する者には何が重要となるのであろうか。それは「自己決定」をする人の声に「耳を傾ける」ことであり、また人の声を固定化して捉えることを避ける為めに、それを「語り」として捉える発想を持つことである。

ところが法律学においては、ここで一つの困難が生ずる。今述べたような「主体」や「自己決定」、また「支援」、「傾聴」、「語り」という固定化・既定化を避けるために生み出された概念と、普遍性、安定性を大きな要素とする法制度との接合を図らねばならなくなるからである。そこでこの問題の解決のために「法の技法」が唱えられている。

以上が別稿で述べたことである。

本稿では別稿で検討が十分とは言えなかった「傾聴」、「語り」、「法の技法」について、さらに考察を加えてみたい。なぜなら現在は「近代法」の枠組みに収まりきらない人々の声が多様な形で吹き出しており、その問題への対応が法律学の様々な分野で試みられており、その一つとして生み出されたものが「傾聴」、「語り」、「法の技法」である。そして魯迅の描き出した複雑、多面的な人間、そしてそれ故、無神経且つ無意識に他人を抑圧する人間、この人間は、所謂「近代的主体像」とかけ離れた現実の人の姿であり、そこに「傾聴」、「語り」、「法の技法」の論者たちの前提とする主体像との共通性を感じる。その意味からも、魯迅の描く人を念頭に置きつつ、「傾聴」、「語り」、「法の技法」をさらに考察したいと思うのである。

そこでまず「語り」、「傾聴」についての先行研究を見ておかねばならない。ところが「語り」に対する分析手法は多様である。そのためそれらすべてに触れる余裕はないので、ここでは動的主体像或いは物語的主体像に基き、「近代法」が無意識に切り捨てたものに目を向け、暗黙のうちに「近代法」の下での制度が押しつける抑圧からの解放を目指すために、人々の「語り」に着目する論者の説に沿って論を進めたい。

但しこのような論者においても、その論ずる立場にはまた違いがある。

例えば和田氏は、「近代法」の下での法的言説を当然視することに非常に批判的であるために、法の世界と日常性の交錯、その相互作用に着目し、そのために「声」、「語り」を重視する。和田氏は法言説が日常的言説に優越するとの前提には立たず、そこに見られる権力作用に敏感であることから、いわばそれに抵抗するために、日常的言説を取り込んだ、定型化されることのない紛争の解決を目指してゆく(14)。

また山本氏は、「近代法」の枠組みからはみ出す人に自覚的であり、日常性と法の循環関係を意識する点を和田氏と共有する。しかし山本氏は「法化」社会に対する「私的自治」の活性化の重要性を根底に置くところから、内面的葛藤に揺れる人の「自己決定」を「支援」し、そのために「傾聴」を重視し、そして「語り」にも目を配る(15)。

この他棚瀬氏は、この二人と共有点を持ちつつも、法の自律性の下での法言説が、依頼者の目的の実現のために、なしうる限りの法的武装のみを行なう党派的弁護士を生み出しているとの問題を指摘し、その打開のために法の物語に着目する(16)。

さて、ではこれらの論者の説に基づき「語り」、「傾聴」に着目すると、これらの先行研究にはある共通した手法が見られることに気づく。それは法律家ではない人々、つまり法の「素人」が現実に発した言葉を取り上げ、その言葉を、耳を傾けて聴くことの重要性が説かれている点である。ところがそれ故に、一つ用心しなければならないことがでてくる。それは意味不明の言葉を発する素人、或いは何が言いたいのかまだわかっていない素人と、その言葉に耳を傾け、意を汲みとろうとする法律家という、固定化された構図でこの問題が理解されることである。法律家にとって声を聴くことが重要なのではあるが、このような構図が固定化され、「素人」は何を言いたいかもわからない状態であるので、「法律家」はその「語り」に耳を傾けるべきだとの意味で捉えられてしまうなら、これらの論者たちの意図とズレを生じ、本来の問題点が弱められてしまうと思われる。つまり当事者がたとえ理路整然と自己の主張をしたとしても、やはりその声が法律家に届かないとの現実問題の存在が意識されなくなるのではないかとの危惧が生ずるのである。

今問題になっているのは、素人は直ぐには理解できないことを言いがちなので、よく話を聞くべきだ、ということではないのであって、人に向き合い、人を裁くことに関わる法律家が、声を聴くには何が必要かということなのである。そしてこの問題の重大さを示すように、如何に言葉を尽しても、法律家にその声が届かぬことを懸命に伝えようとしている文献がある。二木《フタツギ》雄策『交通死』である。これは本人も何が言いたいかわからないという状況に比べると、ある面ではより事態は深刻に思われる。

2　『交通死』に見られる届かない「声」

ここで『交通死』[17]によることで、「傾聴」、「語り」、「法の技法」についてさらに考察してみたい。まず『交通死』の内容を極簡単に述べる。

二木夫婦の娘（大学生）は青信号に従って交差点の横断歩道を自転車で進んでいたところ、赤信号を無視して横断歩道に突っ込んできた普通車に撥ね飛ばされ、四日後に死亡する。加害者は停止すべき停止線で停止せず、その地点の横断歩道、そして交差点を走り抜け、さらに交差点の向こうの横断歩道に突っ込んだわけであるから、被害者に衝突するまで三九・一メートルの距離を走っていたという。

娘の死後、加害者が加入していた保険会社の社員と示談交渉が行なわれる。二木夫婦と保険会社の社員と加害者とで話し合いが一度行なわれた。

次の話し合い予定日の前日、弁護士から自分が加害者の代理人に選任されたとの通知が郵送で届く。二木氏はなぜ保険会社が直接交渉しないのかを保険会社に電話で質すが、返答は得られなかった。

二木夫婦は弁護士との交渉時に加害者を同席させて欲しいと要求するが、弁護士はその要求は認めなかった。一回目の弁護士との交渉時に娘を失ったことで受け止めねばならなくなった自分たち夫婦の無念さ、悲しみ、また憤激の想いを訴えたが、それは加害者に娘への謝罪の気持ちを示して欲しいとの思いからであった。しかし一週間後に弁護士が示したのは、「計算書」に基づく一九歳の女子大生が死亡した場合の賠償額に合意して欲しいというだけの態度であった。自分たちにとって加害者が謝罪の気持ちを示してくれることこそ重要であり、金銭賠償はもはや取り戻すことのできない娘の命を償うために已むを得ずとる手段と捉える二木夫婦は、このような形で賠償額を提示されても納得できず、受け入れを拒否する。

すると今度は神戸簡易裁判所から呼出状が届いた。

娘を一人の人間として見て欲しいために（その背後には加害者の娘への謝罪の気持ちが知りたいという想いがある）、「計算書」の受け入れを拒否したのであり、より高額の賠償を要求するためではなかった二木夫婦は大変驚くことになった。割り切れぬ気持ちで呼出しに応じ、簡裁での調停が始まる。計六回の話し合いが一〇カ月余りかけて行なわれたが、調停は成立しなかった。ここでも娘の人間性を考慮して賠償額を決めて欲しい、機械的・画一的に決められるべきではないとする二木夫婦と、自分の提示した賠償額を上回る金額は一円たりとも払えないとする弁護士の間で合意に達することはなかったのである。

この後二木夫婦は本人訴訟に踏み切った。娘を人間として扱ってくれる弁護士を見つけ出す方法がなかったとのことである。『交通死』第九章によれば訴訟での主張は「逸失利益の算定は、労働者の年齢別構成比をウエートにした加重平均ではなく、単純平均値を用いて行われるべきだ」と「損害賠償は抽象的なヒトに対してではなく、私たちの娘という特定の人間に対するものでなければならず、したがってその金額は事務的・機械的に算定されるべきではない」の二点となった。本来の二木夫婦の主張は、何の落度もない行動をとっていた娘が、常識では考え難い前方不注意を続けた加害者に命を奪われたにもかかわらず、謝罪の気持ちを示してもらえる機会もなく、モノに対する対価のように、これが現在のやり方だとの論法で、賠償金を支払うので合意せよとする加害者側の態度に納得できないということだったと思われる。しかし訴訟となるとそこでの主張はこのような形となる。そうなると却って被告側としては、特に夫婦の本来の想いは何かというような点を考える必要はなくなり、ここに掲げられた二つの主張の根拠を切り崩せばよいということになるのではないか。

果たして二木夫婦の主張に対して弁護士は、その主張の根拠を崩すために様々な論法を用いている。例えば二木側の単純平均を用いるべきだとの主張に対して、この主張はアファーマティブ・アクションだと位置付け、アファーマティブ・アクションはマイノリティに対して用いられるものであり、人口の半分を占める女性はマイノリティとはいえないと主張した。これを含めた一連の弁護士の反論は、却って二木夫婦にこの弁護士は女性は男性より劣った存在でしかないとの偏見に結びつくような表現や、被害者をモノとしか見ていないととられたとしても仕方のない表現を平気ですることのできる人間であると確信させてしまった。

この訴訟に対する判決は、逸失利益の算定[18]に、初任給値を用いるものの、男女の平均値を用いているので、死亡者が女性だからということで、女子労働者の賃金を機械的に適用するものではないと言える点で、二木氏の主張を容れたとも考えられる。しかし逸失利益の算定方法については、未就労者の場合は、原則として初任給固定方式を採用するのが相当と述べるのみで、二木氏の逸失利益の算定は単純平均を用いて行なうべきではないかとの主張には正面から答えるものでなかったことから、二木夫婦は判決を受け入れられずに控訴する。

控訴審については「あとがき」で触れられている。高等裁判所も二木氏の逸失利益の算定には単純平均を用いるべきだとの主張に明確に答えているわけではなかったが、その判決文からは娘を一人の個性ある人間として扱う姿勢が随所に示されていると感じられたことから、迷いを抱えながらも夫婦はこの判決を受け入れることにした。

尊い命が奪われたにもかかわらず、加害者が謝罪の気持ちをほとんど示すことなく、また本来已むを得ず金銭で代替するとの意味で用いられたはずの賠償金であるが、その算定においてはモノへの対価の如くその金額が定められていき、あたかも亡き娘がモノとして扱われるかのように二木夫婦は感じ、そのようなことに耐えられずに訴訟を起こしたのである。ようやく亡き娘が一人の個性ある人間として扱われたと、十分とは言えずとも感じられたことが、二木夫婦に一つの区切りをつけさせたのであろう。

二木夫婦が本来求めたのは、二度とかえらぬ娘に対し、加害者はせめて謝罪の気持ちを示して欲しいということであった。そのため加害者の代理人が現われて、計算書に基づき機械的に損害賠償額を提示し受け入れよと言われても納得できなかったと思われる。

ところが『交通死』によれば、保険会社の社員との交渉が始まったところから、賠償額の提示→合意しない被害者が現われた→弁護士に交渉を任せる→一、二回の交渉→やはり合意しないので裁判所へ場を移す、と流れ作業のように場が移っていく。なぜ二木夫婦が賠償額に合意しないのかと立ち止まって問われることはなく、合意しないとの事実が次の段階に進むことの目安となっているかのようである。夫婦の想いは置き去りにされたまま、次へ次へと舞台が移っているように見える。また加害者側は、予定していた賠償額に被害者側を合意させることこそが目標となり、合意しない人間に口をつぐませることに意識を集中させているかのようである。

以上『交通死』からは、届いて欲しい声が届かず、その中で被害者側が一層傷つくという問題が生じていることが指摘できる。ところでこのような問題に関して、いずれも弁護士に関わるものであるが、参考になる研究がある。

一つは弁護士の党派性を扱った棚瀬氏の研究である（前掲注（7））。

棚瀬氏によれば、アメリカにおいて、弁護士が党派的忠誠のために依頼者の利益を守ることに専念するようになり、その結果弁護士が正義の実現に関心を持たなくなっているとの問題が生じ、それに対する批判が起きているとのことである。ここで問題になっているのは、弁護士が法に没倫理的な態度をとり、依頼者が法を非道徳的な目的に使おうとも、それに対して弁護士は関心を払わないということである。もし弁護士が党派的忠誠のために依頼者の利益を守ることのみを考えるなら、他に配慮が及ばなくなり、その結果その弁護士の行為が相手方当事者を傷つけるということは考えられる。

但しこのアメリカでの弁護士の党派性については、このような弁護士の没倫理的な態度は、弁護士が自己の道徳的な関心を押しつけることをせず、依頼者の道具となることに徹するためであり、それは弁護士が依頼者の自律性を尊重するために引き起こされるものだとの説明がなされている。さらにその背景につき、法化社会として膨張したアメリカ社会の問題性が挙げられている。この点については日本において直ちに当てはまるかどうかは別に検討せねばならないことではあるが、弁護士の党派性の問題は、当事者がなぜ傷つくことになるのかという点で参考になる。

また和田氏の研究も挙げねばならない（前掲注（14））。和田氏の研究は、人類学の研究を踏まえ、法言説と日常的言説の交錯に着目するものだが、その中で、原告夫婦が弁護を依頼した弁護士を、ついには解任した事件が取り上げられる。

この事件では医療過誤で息子を亡くした原告の弁護士が、早期解決のために和解により、そしてなるべく多くの賠償金を得ることこそが依頼人の利益となると考え、その考えに基づいて行動するのだが、それが依頼人の想いと齟齬をきたし、ついには弁護士の解任に至っている。この事件での原告の想いは、本来なら助かる命がなぜ失われなければならなかったのか、この点を明らかにし、医者の責任を問いたいというものであるにもかかわらず、弁護士はその想いを置き去りにして、早期解決と賠償金の獲得を目指して行動してゆく。ここには当事者の声を聴くことなく、手順に則り、次々と舞台を進めてゆく点で、二木夫婦が対することとなった弁護士の行動と共通のものを感じる。二木夫婦の場合は相手側弁護士との衝突であるのに対し、和田氏の挙げる事件では自己の依頼弁護士との衝突という違いがある。しかしそれにもかかわらず二人の弁護士に共通性を感じるのである。一方で依頼人と衝突を起こした弁護士は、依頼人の利益を考えているつもりが、その行為が依頼人の想いと食い違うのであるから、党派的弁護による、あまりに依頼人の利益のみを考えた盲目性のために、相手方当事者を傷つけることになったという場合と異なる面がある。

実はこのなぜ声が届かないのかという問題を解くことに関しては、和田氏が同論文で人類学の研究に基づき、異文化に属する二人の間の「理解」を可能にするものは何かということを検討している点が鍵となる。

和田氏は一つの逸話を挙げる。人類学者レナード・ロサルドは、フィリピンのイロンゴット族がなぜ「首狩り」をするのかということにつき、イロンゴット族から直接に説明を受けても、若き研究者時代にどうしても自己に内面化して理解することができなかった。ところがロサルドは壮年期に至り、妻が断崖から転落して不慮の死を遂げ、その遺体を発見した時に込み上げた激しい感情を体験してはじめて、イロンゴット族が怒りの感情に衝き動かされて行なわざるを得ないと説明した「首狩り」の理由を、実感として理解したのである。この逸話を挙げ、和田氏は異なる文化に位置付けられる者の間の「理解」を説明している。

和田氏の説明に基づけば、次のように言えよう。異なる文化の中に位置付けられている二人がいる時、少くとも一方が自己の位置付けを自覚し、それゆえ相手の言葉を、相手のその位置から発せられる「語り」と捉え、なお且つその一方が、個々の体験が一つとして同じものがないとしても、その中に潜むある普遍的なものを把握しているなら、その一方は相手を理解しうる。

逆にもし二人の間にこれがないなら、一方がどれだけわかりやすい言葉で、あることを伝えようとしても、相手に理解されない可能性がでてくることになる。

この和田氏の研究に基づき考察するなら、二木氏の場合の加害者側弁護士は、和田氏の挙げた依頼人に解任された弁護士と同様に、相手の位置から発せられる「語り」に気づかず、個々の異なる体験に潜む普遍性も感得していることがなかったために、二木夫婦の声を聴くことができず、結局は夫婦を傷つけることになってしまったといえるのではないだろうか。

これはつまり人の声を聴くには、自己の置かれた位置付けを当然の前提として人に向き合うのではなく、相手の言葉を相手の置かれている位置から発せられる「語り」と捉えることができ、自己の人生の中で積み上げてきた様々なものの中に潜むある普遍性を敏感に感じとっていなければならないということになる。これができなければ、人がどれだけわかりやすい言葉で話しかけてこようとも、イロンゴット族がどれだけロサルドに説明しようと、ロサルドが自己に内面化して理解できなかったように、その伝えようとしていることを聴くことはできないのである。

以上より人の声を聴くには、究極のところ、人の声を相手の位置より発せられる「語り」と捉えることを可能にする、人に対する優れた洞察力を持っていることと、人生の中での様々な体験中に潜む普遍性を感じとることのできる、人としての感受性に優れていることが必要になると言える。この二つを具えていないなら、人の声は届かないのである。そしてもし「傾聴」にはこのような洞察力や感受性が重要になるというのであれば、それはマニュアル化によって対応することには不向きということになり、体得面での困難さが予想されることになる。

また生身の人間に向き合う「傾聴」には、そこに感情の問題が絡んでくるため、法律学の分野では、その面からの難しさもある。法律学においては、感情に関わることは一般に、近代法の前提とする理性、自律や、法制度の重要要素である普遍性、安定性と懸け離れた要素と見做されてきたからである。しかし法社会学学会の二〇〇三年のシンポジウム「法の声Ｉ・法の情動」では、感情の問題が検討されている。そしてそのシンポジウムでは、これまで感情的要素を吸収していた受け皿としての社会的共同性が弛緩してきているため、感情的要素までが法システムに応答を求め噴出してきているとの現実、そして法制度がこのような要求に対応せざるを得なくなっているとの現実も指摘されている[19]。

つまり困難を伴うことはわかってはいるが、法律学も感情の問題は対象外のものとして触れずにいることが、もはやできなくなっているということになる。

このように「語り」、「傾聴」には困難が伴うことになるが、しかしまた「語り」、「傾聴」の実践に密接に関わる一つの方策も示されている。それが「法の技法」である。

「法の技法」とは、法律家が「語り」に耳を傾けたうえで、個別具体的状況と法制度の間をつなぐために行なう工夫といえ、そこにおいては感情の問題にも注意が払われることになる。ただこれは事件ごと、場面ごとに問題に対処する法律家が、瞬間、瞬間の判断で行なう行為であるために、やはりマニュアル化が不可能なものである。マニュアル化と同時に、没個性、固定化の問題が生ずることから考えれば、むしろマニュアル化すべきではないものと言える。こうなると「法の技法」を目に見える形で示すことは難しく感じられるが、「法の技法」を学ぶための寄り所となる文献は挙げることができる。例えば、井上治典・佐藤彰一共編『現代調停の技法』、中村芳彦・和田仁孝『リーガル・カウンセリングの技法』などの著書や、山本論文（前掲注（15））の一節「支援の技法」である。これらの中の論稿や叙述から、個別事例の中で見られる法律家による「技法」を読み取ることができ、また「技法」を身につけるための心構えを知ることができる[20]。

さてそれらは参照していただくこととして、ここでは「法の技法」の理解のために、筆者が「法の技法」と考える例を一つ挙げる。それは新聞掲載の読者の投稿の中で示されたものである[21]。

それにはこのようなことが記されている。法廷への遺影の持ち込みが一般的に認められていなかった頃、被害者の母親が遺影を持ち込んだところ、裁判長はその母親に遺影をしまうように命じた。しかしその一方で裁判長は被告人に対して、母親が遺影を持ち込んだ気持ちが君は分かるのか、と問いかけたのであった。この一言があったために被害者の母親の心は救われたのである。

ここでは裁判長が遺影の持ち込みは認めないとの一般的なやり方、或いは現行の制度から外に出ることはないが、その場に関わる人の感情を無視しないとの配慮をすることで、個別具体的状況に対応している。このような点からこの例を筆者は「法の技法」の一つと考えている。但しそれはその場を乗り切ればよいとの考えに基づくものではないので、この例で言えば遺影の持ち込みを認めないことの是非は、検討すべき課題となって残ることになる。そしてここでは法廷で見られた例を挙げたが、この「法の技法」は法律家が関わる様々な場で見られるものである。二木夫婦の場合も最初の示談交渉の段階で加害者が心から詫びの気持ちを示すことを含み込んだ賠償案を提示するという「技法」がみられたなら、この段階で合意が成立したのではないか（例えば、一定期間の月命日の訪問を申し出る等）と思われる。

ところで断わっておかねばならないが、この女性の投稿の目的は、最近遺影の持ち込みを禁ずるのは加害者への配慮のためであったことを知り、納得できない気持ちとなったことを伝えるためであった。

さてこの例に見られるように、咄嗟にこのような一言がでることが、「法の技法」の一つと言える。またこの例によれば、法の技法は人に対する洞察力や人としての感受性に支えられるものであること、そして決してマニュアル化できないものであることがわかるであろう。

結局は人としての感受性を磨き、人に対する洞察力を深めた時に、人の声に耳が傾き、その人の言葉が「語り」として伝わってくるということになる。逆にこれがなければ「傾聴」、「語り」からは遠ざかり、まして「法の技法」は生まれない。それどころかおそらく「技術」または「マニュアル」へと転化してしまうであろう。

ここでもう一度魯迅の描いた人に戻ってみよう。魯四老爺や七大人がいる。魯四老爺は現に目の前にいる祥林嫂の悲しみに気づくことはなく、己れが身につけた知識である、朱子学の教えとされるものに縛られ、祥林嫂を排斥する。七大人は自分の言い分を聞いて欲しいと直接訴える愛姑の声に耳を傾けることはなく、権威を笠に愛姑の声を封じたのである。もし彼らが他人への洞察力、人としての感受性に優れていたなら、おそらく対応は異なっていたであろう。そしてこれは魯四老爺や七大人だけの問題ではない。彼らは魯迅が描く大部分の非理解、無思考なる人の一人にすぎないのである。

また『交通死』との関わりで言えば、二木氏が繰り返し訴える、事故と無関係な立場にある人々が交通事故を当然のものと受け止め、それが犯罪であるという感覚を麻痺させている現状の異常さ、この異常さに気づくことにも、洞察力や感受性がやはり関係するであろう。(22)

しかしながらこのような他人に対する洞察力と、人としての感受性が重要だとするなら、ではこの「洞察力」、「感受性」は一体どのようにして磨かれるものなのであろうか。人類学者ロサルドの場合のように、個人の体験を待っているわけにはいかない。

この問いに対する直接的な答えは直ぐには示すことはできないが、一つの課題が浮かんでくる。共同体の意義を検討することである。「語り」、「傾聴」、「法の技法」の論者たちは、人を周囲との関係の中で揺れ動く存在と捉えている。つまり人を関係性の中で捉えている。この点からすると、人を共同体の中にいる存在と捉え、その人が他の人との関わり合いによって何を身につけてゆくのか、それが「語り」、「傾聴」、「法の技法」を支える、人への洞察力や人としての感受性と関わるものとなることはないのか、このような点を考えてみる必要はないだろうか。また魯迅の描く人々はいずれも共同体の中に生きていた。魯迅が唯一希望を託した他人への配慮の心を持つ人間も、共同体の中に生きていたのである。そのため配慮の心を持つ人間を生み出すことに、共同体が関わることはないのか、との問いも出てくる。これらのことから、共同体の意義を検討する必要を感ずるのである。

そしてこの点を問題とすると、先にも挙げた、関係性の中で権利を捉え、共同体の持つ利点も活かす形で共同体と個人の関係を問い直そうとする研究や、人間観を基点に据えるとの意味も含む共同体主義と呼ばれる理論動向に関する研究が改めて浮かんでくる。その他、権利の言説を詳細に検討すること、例えば権利の言説により構成される主体、また二項対立で捉えられることで劣位に置かれることになるもの等に着目することで、共同体を再考しようとする研究も存在する[23]。またかつて別稿で取り上げた（前掲注（13））、動態過程として契約を捉える論者においても、共同体は意識されていたことも想起される[24]。

このように幅広い分野で共同体が意識されており、それらはいずれもあるべき秩序を探り、その秩序を支える法のあり方を問おうとするものである。このことからも共同体の意義を問い、そのうえでもう一度、魯迅の描いた人間像を前提とし、そのような人の間の秩序とはどうあるべきか、そのための法とはどうあるべきかを考えねばならない。しかしこれは決して簡単な作業ではない。よってこの点は後日の課題としたいと思う。

終わりに

以上魯迅の描き出した人の姿を明らかにし、そのような人を基点とするとの発想のうえで、「近代法」の再考を試みる現代における法理論の展開に基づき検討を行なった[25]。

魯迅によれば大部分の人は、およそ自己の置かれている状況も理解できず、秩序、規範、正義とは、などとはおよそ思考することのない、非理解、無思考なる存在である。そのため人は無神経、無意識な他者への抑圧を生み出すものともなる。人がこのようなものだとするなら、これはそのような抑圧の中で人は懸命に生きているということも意味する。そしてこのような人が互いに生き抜くには、そしてまた誰もが等しく幸せを享受して生きるには、生ずることの避け難い抑圧を最小限に抑えるための秩序が望まれることとなる。その秩序を生み出すためには法の役割が非常に大きい。

では法はどうあるべきか。法はその基づくところの根源的価値を何とするか。考えるべき問題は大きいが、近代法が目的とした個人の「自由」、「平等」は、実現すべき価値としての重要性は減ずることはない。しかし一方で「近代法」が無意識に作り出してしまった枠組みが、そこに収まり切らずに悲鳴を上げる人々を生み出しているのであれば、やはり立ち止まって「近代法」についての再考をなさねばならない。そのための試みが法律学の様々の分野でなされている。

その試みの一つであり、近代法の下での制度と、個別具体的事項、そして人の感情をつなぎ、また人の相互間の「理解」や、人の「自律」の「支援」にも関わるというような、いくつもの要素を含み込む「語り」、「傾聴」、「法の技法」について本稿は検討を加えた。その結果人の「語り」に耳を傾け、「法の技法」を生み出すには、人がその位置から発する言葉を「語り」として捉える人に対する洞察力と、己の人生の中で積み重ねてきた経験の中からある普遍性を読み取る人としての感受性が重要であることが一つ明確化した。そして課題として残されたのは、この洞察力と感受性を身につけることに共同体の存在が関わるのか、或いは関わるとするなら、共同体はどのような意味を有するのかを検討することであった。共同体をここで挙げるのは、「語り」、「傾聴」、「法の技法」を論ずる論者は、いずれも人を関係性の中で捉えていることや、また魯迅が希望を託した人の側面、配慮の心を持つ人は、共同体の中で育っていたことが読み取れるからである。このように法の探究のためになす「近代法」の再考に関わる課題として、共同体の意義の検討が掲げられる。この検討をなすことが、魯迅の描く人を「現実の人」と捉え、その人の間に秩序をもたらす法を考えることにつながるのではないかと指摘して稿を終えたい。

（1）　片山智行『魯迅のリアリズム――「孔子」と「阿Q」の死闘』（三一書房、一九八五年）本稿言及箇所、第3部「作品の世界」

（2）丸山昇『魯迅――その文学と革命』（平凡社、東洋文庫47、一九六五年）本稿言及箇所、Ⅱの3「『吶喊』の世界」

（3）尾上兼英『魯迅私論』（汲古書院、一九八八年）本稿言及箇所、「魯迅の小説における知識人」（初出一九五八年）この他参照したものは以下。
今村与志雄『魯迅と伝統』（勁草書房、一九六七年）
高橋和巳、中公文庫・魯迅『吶喊』解説（中央公論社、一九七三年）
武田泰淳「魯迅とロマンティシズム」（岩波文庫・魯迅／竹内好訳『故事新編』一九七九年、初出一九五五年）
竹内好『竹内好全集』第一巻（筑摩書房、一九八〇年）
魯迅論集編集委員会『魯迅研究の現在』（汲古書院、一九九二年）
丸尾常喜『魯迅――「人」「鬼」の葛藤」（岩波書店、一九九三年）
藤井省三『魯迅事典』（三省堂、二〇〇二年）

（4）拙稿「『青鞜』論争から人と法へ」（佐藤幸治・平松毅・初宿正典・服部高宏編『現代社会における国家と法』成文堂、二〇〇七年）

（5）石前禎幸「物語としての法」（『思想』七七七、岩波書店、一九八九年）

（6）中山竜一『二十世紀の法思想』（岩波書店、二〇〇〇年）一五六頁
またこの他林田氏は「法と文学」の諸形態のうちに、「文学の中の法」、「文学としての法」を挙げる。
林田清明「『法と文学』の諸形態と法理論としての可能性（1）（2・完）」（『北大法学論集』五五‐四、二〇〇四年、五五‐五、二〇〇五年）
文学作品中の法の扱われ方を分析するものについては、我国の法学分野においても既にいくつかの研究がある。例えば、中田薫「徳川時代の文学に見えたる私法」（岩波文庫、一九八四年）、仁井田陞『補訂・中国法制史研究・刑法』（東京大学出版会、一九九一年）第十四章「中國の戯曲小説の插畫と刑法史料」、長尾龍一『文学の中の法』（日本評論社、一九九八年）

（7）　棚瀬孝雄「語りとしての法援用――法の物語と弁護士倫理（1）（2・完）」（『民商法雑誌』一一一‐四・五、六、一九九五年）4章「法の物語」、のち同氏『権利の言説――共同体に生きる自由の法』（勁草書房、二〇〇二年）所収
（8）　来栖三郎「文学における虚構と真実」（『国家学会百年記念　国家と市民』第三巻、有斐閣、一九八七年）、のち同氏『法とフィクション』（東京大学出版会、一九九五年）所収
「テクスト」の観点に立つなら、真実を示す、という表現も取り難く思われるかもしれない。しかし「テクスト」の観点は、無限の解体を意味するものではなく、権力の存在を自覚させることにその意義があると考えられる。
（9）　小説題名の和訳は『魯迅全集』第2巻（学習研究社、一九八四年）による。またこの他魯迅の小説の訳として参照したものは、竹内好訳『阿Q正伝・狂人日記』岩波文庫、一九五五年、同氏『魯迅選集』第二巻、岩波書店、一九五六年、高橋和巳訳『吶喊』中公文庫、一九七三年。なお『吶喊』は一九二三年、『彷徨』は一九二六年出版
（10）　魯迅が人の精神の改革の必要を重大視していた点については、例えば前掲書で言えば、注（1）片山書三一〇頁、注（2）丸山書一二一頁など。
（11）　「食人社会」については、「儒教が人を食う社会」との言い方もされるが、筆者は直截に「人が人を食う社会」と表現する方が、より適合的だと考えている。この点については前掲書で言えば、注（1）片山書二七九‐二八二頁、注（2）丸山書一三七‐一四二頁でも、人を食うものを儒教に限定していない。なお「食人」は原文中国語では「喫人」である。黄繼持編『魯迅著作選』臺灣商務印書館、一九九四年
（12）　高井裕之「関係性志向の権利・序説――アメリカにおける堕胎規制問題を手がかりに（1）（2）（3・完）」（『民商法雑誌』九九‐三、一九八八年、九九‐四、一九八九年、九九‐五、一九八九年）
（13）　「第三の波」論派やそれに呼応する論者の説については、拙稿「現代中国大陸民事裁判理論の課題と伝統中国法の視角」（『名城法学』四九‐一、一九九九年）第二章
リベラリズムと共同体主義の人間観の違いを平易に解説するものとして、植木一幹「共同体主義の挑戦――個人と共同体」、

同氏「多文化主義と差異をめぐる政治」（平井亮輔編『正義――現代社会の公共哲学を求めて』嵯峨野書院、二〇〇四年）また共同体主義の本質は人間観にあるとして、この点をチャールズ・テイラーの説について分析するものとして、田中智彦「チャールズ・テイラーの人間観――道徳現象学の観点から」（『早稲田政治公法研究』四六、一九九四年）

（14）和田仁孝「法廷における法言説と日常的言説の交錯――医療過誤をめぐる言説の構造とアレゴリー」（棚瀬孝雄編著『法の言説分析』ミネルヴァ書房、二〇〇一年）

（15）山本顯治「非援助の支援と民事法学――法・コンテクスト・技法」（和田仁孝・樫村志郎・阿部昌樹編『法社会学の可能性』法律文化社、二〇〇四年）

（16）棚瀬孝雄、前掲注（7）論文

この他、「語り」分析を通じて人々の日常行動と制度の接続を図ることを摸索するものとして、西田英一「葛藤乗り越え過程における〝人びとのやり方〟――その語り口分析から」（『甲南法学』三八‐一・二、一九九七年）法の形式化された言葉が「語れない」人々を生み出すことを問題にするものとして、望月清世「ライットークの語れなさ――法の言説分析と『語られないこと』の位置」（前掲注（14）棚瀬編著『法の言説分析』）また現場での「語り」について、その「語り」自体を構造的に分析する手法も、一つの大きな方向性として存在する。例えば、北村隆徳「『トラブル』の物語分析――在米日本人に対する面接調査に基づいて」（『東海法学』二四、二〇〇〇年）、樫村志郎「『相談の語り』とその多様性」（前掲注（15）和田等編『法社会学の可能性』）

（17）二木雄策『交通死――命はあがなえるか』（岩波新書、一九九七年）

（18）二木氏による逸失利益の問題を扱った論稿として、二木雄策「逸失利益は正しく計算されているか――経済学的視点からの検討」（『ジュリスト』一〇三九、一九九四年）、同氏「逸失利益は正しく計算されているか――最高裁平成17年6月14日判決の論理を問う」（『ジュリスト』一三〇八、二〇〇六年）

また一九六二年最高裁判決における女児の逸失利益の算定についての判断を、裁判所の果たすべき正義にかなう規範の定立・

維持の責務という観点から問題視するものとして、野崎綾子「日本型『司法積極主義』と現状中立性――逸失利益の男女間格差の問題を素材として」（井上達雄・嶋津格・松浦好治編『法の臨界』Ⅰ、東京大学出版会、一九九九年）

(19) 和田仁孝「『感情』の横溢と法の変容」、この和田報告も含めシンポジウムの内容については、日本法社会学会編『法と情動・法社会学第六〇号』（有斐閣、二〇〇四年）に収録

(20) 井上治典・佐藤彰一共編『現代調停の技法――司法の未来』（判例タイムズ社、一九九九年）
中村芳彦・和田仁孝『リーガル・カウンセリングの技法』（法律文化社、二〇〇六年）

(21) 「遺影胸に傍聴・認めない理由」と題された読者の投稿（朝日新聞・大阪版）が、この後さらに論説記事中に取り上げられたものによる。（二〇〇〇年一〇月二一日、朝日新聞「観測点・論説記者の目」）

(22) 二木氏は、人間の命または死が貨幣で評価されることを当然視している現状に、疑問を呈する報告も行なっている。
二木雄策「『交通死』――その法社会学的考察」（日本法社会学会編『死そして生の法社会学・法社会学第六二号』有斐閣、二〇〇五年）

(23) 棚瀬孝雄「権利と共同体」（『法律時報』六九－一二、一九九七年、のち前掲注（7）同氏『権利の言説』所収）

(24) 前掲注（13）拙稿で言及した、内田貴氏の言う生活世界に共有された規範の解釈と共同体の関係、山本顯治氏の言う交渉活動を行なう当事者と共同体の関係等である。

(25) 「近代」或いは「近代法」の限界に目を向けるところから、近代法が前提とする「理性的または合理的な人」に疑問を抱き、「現実の人」を基点とするために、魯迅の小説によることで「現実の人」の姿をとらえようとしたわけだが、この意図で行なわれた筆者のシンポジウム報告もある。魯迅の「祝福」を取り上げた「魯迅に見える『現実』と法」である。本報告については、「シンポジウム・中国法制史における『史料』と『現実』」（『名城法学』五四－三、二〇〇五年）

第五章　伝統中国の科刑原理と徳、礼、法についての予備考察

始めに

本稿は、二〇〇五年の法社会学会において「伝統中国に於ける科刑原理と『近代法』」と題して行なったミニ・シンポジウムでの筆者の報告に基づいている。

本シンポジウムでは清代の裁判例の中から、現代社会においてもし同様な事件が生じた場合、その当事者に対する処分が清代と現代とではかなり異なると考えられる事例を採り上げ、その分析から伝統中国に於ける科刑原理を追究することを試み、それにより律のもつ特性に迫ろうと考えた。またそれは一方で、「近代法」の限界を知るために、「近代法」とは異なる原理を追究できないかとの意識を持っての試みでもあった。

ここにミニ・シンポジウムで三報告者が採り上げた四つの裁判例を挙げる。そしてこの四つの裁判例に基づいて筆者による現段階での伝統中国における科刑原理の検討を通じ、律の特性の追究を行なおうと思う。ところでこの問題に関わる先行研究として、中村茂夫『清代刑法研究』が非常に重要となる。[1] 中村氏の研究は清代の中国の裁判例を検討し、伝統中国の律にみられる概念の特徴、また律の基本原理を追究するものである。そのためシンポジウム報告での四事例に関わる科刑原理の説明は、中村研究に依拠しつつ報告者各々が各自の観点を付け加えることを試みたということになる。またシンポジウムで挙げた事例は、律の基本原理の特徴を抽出するために最もわかりや

すいものとして、報告者四名の検討を経たうえで挙げたものであるため、中村氏がその著作の中で挙げた事例との重複も生じた。このような前提があるため、四事例を挙げることに次いで、伝統中国の科刑原理を中村氏の研究に基づいてまとめ、そのうえで律の特性の一端を明らかにすることを試みることになる。

一　喜多、中村、川村報告の挙げる事例

本節では、喜多、中村、川村氏の採り上げた事件を順次挙げてゆく。

まず喜多三佳氏の挙げた二つの事件である。

李汪氏一案
『刑案匯覧』巻四九－三、「子誆借人銀飾逃走致父自尽」、嘉慶十六年（一八一一年）現審案説帖

梁世栄の息子の梁三が親戚の李汪氏にたいして、銀の装身具を借りたいと申し出て装身具を受け取り、そのまま逃走した。事情を知らずにいた梁世栄は、李汪氏から息子が奪った装身具の返還の催促を受けたため、恥じ入り且つ憤慨した揚句、河に身を投げて死んでしまった。李汪氏が梁世栄を脅したわけではないことは明らかになっている。

この事件に対する官の判断は次の通りである。

李汪氏は子が借りた物のことでその父に催促し、自殺のきっかけを作ってしまったのだから、不応為条の条文に基づき杖八十を適用し、さらにそれを収贖にかえる。梁三は銀の装身具を借りたいと偽り逃走したことで、催促を受けた父が恥じ入り憤怒のあまり自殺するとの結果を招いた。これは姦や盗を犯して父母を自殺させたのとは異なるが、子が賭博等を犯して父母を自殺に至らせた場合と同様に、子が貧しく扶助できなかった場合について定める

条例に照らし、流に当たるといえる。将来梁三を捕えるなら、これに照らして処断すべきである。

『駁案新編』、威逼期親尊長

湖広司、乾隆三二年（一七六七年）

朱伯木が兄の朱伯臣に田や山を売った。わずかの未払い金を残すのみで、支払いはほぼ終わっている。ところが朱伯木はこの未払い金の取り立てにつき、追加支払いを要求し、それに応じない伯臣に嫌がらせをするようになった。伯木に言い含められた伯木の妻廖氏も伯臣の家に乗り込んで騒ぎたてる、或いは物を壊すなどした。また廖氏の実家の人々が伯臣の池の魚を無断で料理するとの嫌がらせも生じた。ついに伯臣は家の中が騒々しいことに憤慨するあまり自殺してしまった。

朱伯木に関しては、律の期親の尊長を脅し自殺に追い込んだ場合について定める条文によって、絞監候に処すとされた。朱伯木の妻廖氏は同じ条文に基づき、杖一百流三千里に当たるところを、収贖となった。また廖氏の実家の人々は不応為の条文により、杖八十となるところを、責板三十に換算するとされた。

次に中村正人氏の採り上げた事件を挙げる。

王恩長一案

『刑案匯覧』巻三一－一四、「被撃馬驚掽斃人命罪坐所由」、道光二年（一八二二年）陝西司通行

王恩長が軒下に掛けてあった衣服を取ろうとしたところ、結んであった縄がほどけて、衣服とともに衣服を掛けてあった木の棒が落ちた。この時何雲が馬に乗って通り過ぎようとするところであった。その木の棒が馬の頭に当たり馬が驚いて駆け出し、何雲を振り落として疾駆した揚句、発遣の刑に服していた鄭象にぶつかり、鄭象を死な

せてしまった。

この事件についての地方機関の判断は、何雲と王恩長の双方を過失殺人を定める律の条文に基づいて処断するとし、それにより各々に収贖銀一二両四銭二分を支払わせ、半分を被害者の遺族に与え、半分を公費に充当させるとするものであった。しかし中央の刑部の判断は、罪は根本の原因となった者にあるとして、王恩長のみを過失殺人の罪に問うべきであるとし、王恩長のみに収贖銀一二両四銭二分を支払わせ、被害者の家に給付させるとした。

次は川村康氏の採り上げた事例である。

劉金良一案

『駁案新編』巻一七－三六、「瘋病致死人仍按服制弁理」、乾隆五一年（一七八六年）、山東司

劉金良は劉法の緦麻の服の関係にあたる親族であった。乾隆四九年一二月に劉金良は精神病を発症し、症状がでたり、おさまったりしていた。特に問題をおこすわけでもなかったので父親の劉桐と隣人は、精神病であるとの届け出をせず、監視もしなかった。乾隆五十年七月九日に劉金良は草刈りをしている時にまた病がでたが劉桐は気にせず、その日の夜は劉桐は劉法とともに劉金良のそばで寝た。そうしたところ劉金良が刃物で劉法の喉を割き切ったのである。物音に驚いた劉桐が飛び起き、助けを求め劉金良を取り押さえたが、劉法は即死であった。

取り調べの結果劉金良が精神病者であることは間違いなく、それゆえ引き起こされた事件であると判断された。そして地方機関は劉金良と劉法の間には緦麻の服の親族関係があることは考慮しないこととしたうえで、精神病者が人を殺害した場合の処罰を定めた条例に基づき、劉金良を永遠鎖錮とした。またさらに精神病により人を殺害した場合の埋葬銀について定める条例に基づき、劉金良の名義で埋葬銀一二両四銭二分を納めさせ、被害者の家に給付するとした。この他劉桐等の親族や村役人の郭洪業の数名に対しては、精神病者を隠匿し報告せず、監視をしな

かったために、他人の殺害を引き起こした場合について定める条例に基づいて杖一百とするところを、責板四十に換算するとした。

この地方機関の判断に対して中央の刑部は、劉金良と劉法の間に服の関係があるにもかかわらず、服の関係のない者の間の殺人を定めた条例に基づいて処断した点を問題とし、処断のやり直しを命じた。その結果劉金良は緦麻の服の親族関係にあたる尊属を殺害した場合について定める律の条文に基づき、斬監候に処すとの判断がなされた。

二　四事例と律の科刑原理

以上の四つの事件に対する官の判断については、現代の我々からすれば直ぐには納得できないと感ずるのが一般であろう。

梁世栄に対して、あなたの息子に渡した装身具を返してほしいと催促したばかりに李汪氏は、梁世栄の自殺の原因を作ったとして、最終的には金銭の支払いの形になるが、不応為条に基づいて処罰された。

兄に対して追加の支払いを認めさせようとして、妻等を使い嫌がらせを続けたところ、兄が自殺してしまったために、朱伯木は威逼人致死条に基づいて絞監候に処すとされた。つまり死刑に相当すると判断されたのである。

衣服を掛けてあった棒が運悪く通りかかった馬の頭に落ち、その馬が驚いて駆け出し人をはね死なせてしまったため、王恩長は過失殺傷人の条文に基づき処罰されることになった。

精神病のために緦麻の関係にある親族を殺してしまった劉金良については、劉金良は殺害した相手がもし親族関係にない人物であったなら、条例に基づき永遠鎖錮となり、埋葬銀を被害者の家に送ることになるのであったが、殺害相手が緦麻の尊属であったため、律の毆大功以下尊長の条文に基づいて斬監候に処すとされた。劉金良も死刑に当たると判断されたのである。

伝統中国社会において、なぜこれらの事件ではこのような刑罰を科すことになるのであろうか。この点を知るために、ここで前掲中村『清代刑法研究』によることで、伝統中国における科刑原理をみてゆきたい。

まず棒を落としたため、過失殺傷人条に基づき刑を科された王恩長の事件である。

そもそも過失殺傷人とは何かということであるが、伝統中国の刑罰法典である「律」は過失殺傷人に対する刑罰を定める。唐の律では、闘訟律三八条が「諸過失殺傷人者、各依其状、以贖論」と定め、過失で人を殺傷した者は各々その状況によって贖とするとしている。過失で人を殺傷した場合は、贖金の支払いが科され、実刑は科されない。この点は最後の王朝である清においても同様である。

過失殺傷人の条文が適用されるのは、人を殺傷する意が全くなかったにもかかわらず、人の殺傷を引き起こした場合である。ところが律は過失殺傷人条以外にも、殺傷の意なく人を殺傷してしまった場合に科すべき刑罰を定める条文を持つため、殺意がないだけでは他の条文に基づき刑が科されることもある。

例えば殺意はなかったのだが、争って殴り合い、相手がその結果死亡するに到れば闘殺にあてはまるとされ、絞候に処される。またふざけあっていたところ、誤って相手の命を落とさせた場合は戯殺となり、絞候の刑となる。闘殺、戯殺に当てはまるとされると、死刑相当となるのである(2)。

闘殺、戯殺を定める条文以外に、後の時代の清律は、殺意はなかったが人の死を引き起こした場合の処罰について、さらに車馬殺傷人、弓箭傷人、威逼人致死の条文を設けている。人のいる所で理由もなく車馬を駆けさせ人を死なせた場合は、車馬殺傷人条により杖一百流三千里、埋葬銀十両の徴収、同じく人のいる所で弓を射たり、鉄砲を撃ったり、石を投げるなどして人を死なせた場合は、弓箭傷人条により杖一百流三千里、また人に心理的圧迫を加えて自殺するに到らしめた場合は、威逼人致死条により杖一百、埋葬銀十両の徴収となる（以上、中村著一七－二九頁参照）。

過失殺として扱われるのはこれらの罪に当てはまらない行為であって、殺害の意図はなかったにもかかわらず、人を死亡させてしまった場合である。どのような行為が過失殺に当てはまり、どのような行為が過失殺以外に当てはまるのか判断は必ずしも容易ではなかった。

今回の中村報告、中村著がともに採り上げる王恩長の事件は、殺害の意図なく、人を死亡させてしまった多くの事件の中で過失殺とされたものである。中村著においては、過失殺であるか、その他の場合であるかにつき判断が分かれた例がいくつも挙げられている。その中からいくつかここに引用する。

まずこれは後々に過失殺か、戯殺かで判断が分かれた時に、参考例としても示された事案である。

ふざけて後ろから抱きついてきた人に抜け出てみろと言われ、振り切るために足で後ろに蹴ったところ、蹴り所が悪く相手が死んでしまった事件では、戯殺と判断された。そしてこの事件に関連し、人を死に致したことが、人と戯れたことに端を発するかどうかが、戯殺か過失殺かの判断の分かれ目であるとの官の考えが示されている（中村著四五－四六頁参照）。

過失殺か闘殺かで判断が分かれたものとして、殴り合う二人の仲裁に入ろうとし、一方の者を抱きかかえて連れ出そうとしたところ、抱きかかえられた者が内臓を損傷し、死亡するに到った事件がある。この事件は最終的には闘殺とされた。抱いて連れだそうとするのを被害者がもがいて拒んだことが、争った状況がみられると判断されたためである（中村著七三頁参照）。

こうして見ると過失殺に該当するかどうかの判断については、清朝の官にとっても簡単ではなかったようである。中村著によれば、過失殺が認められるのは、加害者とされた人間はもともと殺害の意図はなく、正常な行為を行なっていただけなのであるが、偶然その行為が被害者の死を引き起こしてしまった場合ということになる。その際に行為者の主観的側面が問題になるのではなく、まず人の死が発生したという事実があり、その死を引き起こしたそもそもの原因が辿られ、その辿りついた先に極めて日常的で一般的な行為を行なっていた者がいるなら、その人間が過失殺に問われるということになる（中村著九六－九七頁参照）。そのため王恩長は過失殺に問われたのである。また死の発生のそもそもの原因が辿られるため、死という結果の発生までの過程において何人もの人が関与していたとしても、そもそもの原因を作った一人を過失殺に問うことになる。そこで最終的に王恩長のみが対象となったのである（中村著八五頁参照）。中村氏はこれは「一人の死には加害者一人の責を問うて、これに抵れば足りるという『一命一抵』の考え方」の現われとしている（中村著八六頁）。

しかしながら王恩長の例のように、過失殺の適用事例については、現代の我々からすればおよそ人の死の責任を問いうるのかと感ずることになる。そしてこれと同様の感覚を覚えるものが、威逼人致死の適用事例である。

喜多報告で挙げられている朱伯木が自殺した事件が、威逼人致死に当てはまるとされたものである。

ここではさらに中村著の挙げる威逼人致死の適用例を見てみると、例えば墓の周りの土地のことで言い争った揚句、一旦将来金銭を支払うことを一方が約束して、相手方に抵当として牛と豚を入れたところ、相手方がこれらを断わりもなく売り払ってしまったため、もう一方が恨みと怒りのあまり自殺したという事件がある。牛、豚を勝手に売った者は威逼人致死に基づき杖一百を科され、埋葬銀十両を死者の親族に支払わせられた（中村著二一八－二一九頁参照）。

この事例を含め中村著では多くの事件を検討し、威逼人致死条は伝統中国の律の有する因果関係追及の法理と、人命事犯重視の原則を示すものと指摘する（中村著二四四頁参照）。即ち、人の命が失われるとの結果が引き起こされた場合、その結果の発端となった行為が、いくら因果関係という点でかけ離れて見えようと、その行為を行なった者に対して人の死の責任を問うという、律の特徴の表われる条文とみるのである。

ところで中村氏は、自殺に到らしめた圧力のかけ方に着目し、人を自殺に追い込んだとしても、故殺という人を殺す意図をもって行なった殺人として扱われる場合のあることも挙げている。逆恨みをして、その相手に恨みをはらそうとして、自分の妻に、自殺をしないなら殺すぞと脅して、相手方の家の門の内側で自殺させた男が故殺と断じられた事件である（中村著二四六頁参照）。

このように威逼人致死に関わる事件を種々の面から詳細に検討し、中村氏は伝統中国の律の罪責追及の原理を導き出している。

中村氏は、もともとの加害行為がいかに小さなものであっても、また加害と自殺との間に様々な事情が介在し、その加害行為が自殺の直接の原因とまでもいえなくとも、最終的には自殺に到った原由はその加害行為にあるとして、そもその原因をなした者に罪を帰せしめようとすることは、伝統中国律の特徴的法理だと指摘する。そして伝統中国の律がこのように幅広く罪責を追及した意図は、他の人が何らかの形で関係する中、人の死というものが常態ではない形で生じたことを重大視するところにあるとする。この点は戯殺、闘殺、過失殺等が適用された事件にも通じ、律の下では現在では加害者のいない不慮の死と看做されるような場合においてもしばしば責任を負う者を追及したとする（中村著二五二－二五四頁参照）。

また中村氏は伝統中国の律の下での罪責追及の意図は科刑の点にも窺うことができるとする。自殺を引き起こした事件の科刑においては、杖一百との軽いものもあるが、死刑を刑として定めている場合もあるのは、「被害者の命にはそれに抵てるべき加害者の命がなかるべからずとする、旧律に通じた考え方に出たもの」と中村氏はみる。この点から裁判例には「抵命之人（命に抵つるの人）」或いは「一擬抵之人（一の抵に擬するの人）」を定められぬことのなきよう戒めたものもあると中村氏は言う（中村著二五四頁参照）。

ここでも人の命を失わせたのであれば命を抵てるという、「抵命」の考え方が貫かれているということである。

ただ中村氏は、婦女が猥褻な言葉を聞かされたために自殺した場合や、子供の行為自体が直接の原因でなくとも結果的に親が自殺した場合については、自殺を引き起こすきっかけとなった行為をした者に実刑を科すのは、邪淫を戒めたり、子孫の父祖に対する犯罪を厳に戒めるなどの目的もあるとする（中村著二五四頁及び二二一－二二四頁、二三〇－二三三頁参照）。しかし常に一方で、人の死を引き起こした者はその命を抵てねばならないとの考えがその根底にあると中村氏はみている。

しかしながら一命一抵に対する例外的扱いがなされるものがある。精神病者の犯罪である。この点についても中村著を見てゆく。

中村著では、清代の精神病者が人を殺傷した事件で如何なる判決が下されたかについても詳細な検討がなされている。

唐律では老小廃疾収贖条が精神病者の科刑について定める。そして清律には唐律とほぼ同じ内容の老小廃疾収贖条が存在するが、しかし清代では精神病者の犯罪についてはその大部分が、戯殺誤殺過失殺傷人条に附された諸条例に基づいて裁かれたとのことである。

清代において極初期には精神病者が人を殺傷した場合に、審議を免じたうえ加害者を無罪とした時もあったが、康熙八年には、精神病者が人を殺した時には加害者の名義で埋葬銀を徴収し、被害者の家族へ給付させる形をとることになったという。それが乾隆年代に埋葬銀と性質的には同じである贖銀を収めさせ、精神病者を一定期間監禁するものへと変更された。それがさらに贖銀を収めさせ、永久に監禁する永遠鎖錮とすることになった。これは、監禁を行なうのは精神病者を装って人を殺害するようなものが現われるのを防ぎ、また再び犯罪を犯すことを防ぐとの目的があったことから、この点を徹底し、さらに永遠鎖錮に改めたと考えられる。ところが清朝の末期に至ると贖銀を徴することを廃止し、犯行後短い年月のうちに病が治癒するなら、この加害者を闘殺に問い、もし治癒しなければ永遠鎖錮に処せられることになった。

ところで精神病の者がいる場合は、その親族、近隣の者はそのことを役所に届け出、当人を監視すべきと条例で定められている。そして精神病者が犯罪を犯せば彼らも責任が問われ刑を科されるとも定められている。このような監視義務を負わせられるのは、やはり犯罪を防止し、また精神病を装い犯罪を犯すことを防ぐためとのことである。この点についてはさらに、犯行の後に供述が明晰となった者で、予め精神病であるとの届出のなかった者については、闘殺や謀殺、故殺として扱われることもあったとされる。そしてそれは狡猾なる者が精神病を装う弊害を助長させぬためとのことである（以上中村著一八三－一九五頁参照）。

以上、精神病者が殺人を犯した時にどのように扱うかについては、清朝の間でも変遷が見られるが、無罪として扱われることはほとんどなかったということになる。

そして精神病者の殺害した相手が精神病者との間に親族関係がある場合は扱いが異なっている。この点についても中村著は、服制関係がある者の間での事件として詳しく述べている。

中村著によれば、たとえ精神病者であっても、子や孫が祖父母・父母を殺害したとなれば、直ちに死刑、それも身体を切り刻んで死に至らしめる凌遅処死が執行されることになっていたという。その理由は、祖父母・父母の殺害は人倫に関わり、服制関係のない一般人を殺害した場合とは比ぶべくもないとのことであった。このような直系尊属の殺害以外にも親族の殺害についてはその親疎の度合により、その扱いをどうするかをめぐり、様々な議論がなされたことがわかる。いずれにせよ被害者との間に特に目上の親族関係がある場合には、精神病者による殺人は、贖銀や永遠鎖錮などで済ますことにはならなかったということである（中村著一九五－二〇一頁参照）。

ここでは何よりも人倫を重視するため、人倫と衝突する場合は精神病という要素も排除されるという、伝統中国律の発想が示されている。川村報告が挙げた劉金良に対する科刑の判断根拠はここにあったのである。

清代の精神病者の殺傷事件の判決例を詳細に検討する中村氏は、清代では精神病者が人を殺傷した場合は、原則として刑事責任を負わされたと指摘し、ただ親殺しなどを除いて、精神病者であることが酌量され、何らかの程度でその責任を減軽する考慮は働いたとしている。そして中村氏は、行為者の主観的・内的側面を無視するわけではないが、責任が種々な外在的要因に大きく影響された点が、伝統中国法の下での責任追及の在り方の一面であるとしている。（中村著二一〇－二一一頁参照）。

ここで中村著に基づき、伝統中国律の科刑原理について改めてまとめてみると、伝統中国の律は、人の命が失われたということを非常に重大視し、人の死という結果を引き起こしたと看做される行為を行なった者については必ず責任を追及したということになる。その人の死を引き起こす原因となったと看做された行為と、結果としての人の死との因果関係については、その間にどれほどの要素が介在しようと、ある行為がそもそもの発端となり、結果として人の命が失われたということであれば、その行為は死の原因とされた。そしてその場合の責任の問い方は、一つの命には一つの命を抵てよとするものであった。但し例外的に精神病者の殺人については、その命を抵てることは求められなかった。ところがこの場合でも殺害した相手が親族であった場合は、精神病者といえども命を抵てねばならなかったのである。その理由は何よりも人倫を重視するからであった。

ここから伝統中国の律の中の、人倫重視の思想、つまり儒家の教えの浸透というものがわかる。そこで儒家思想と刑について検討せねばならないと感ずる。ただその前にもう一つ、喜多報告の最初の事例が含んでいた不応為条により処罰される行為、つまり為すべからざるを為したために処罰された行為について検討を行ないたい。そうすることで律が如何なる行為を処罰すべき行為と考えたかという点が、よりわかりやすくなると思われる。

この不応為についても中村茂夫氏の論文「不応為考」があるので、中村論文により、如何なる行為が不応為条に基づき処罰されたか、そして不応為条のもつ意味を明らかにしたい(3)。

清代の不応為条本文は「凡不応得為而為之者、笞四十、事理重者、杖八十」と定め、唐律とほぼ同じである。この条文は、律や条例に条文はなくとも、為すべからざることを為した者は、為したことの軽重において、軽い場合は笞四十、重い場合は杖八十を科すと定めている。為すべからざることを為した場合に処罰するというのであるから、非常に包括的な規定ということになる。不応為条があることが、律における罪刑法定主義の不存在や不明確化につながるとの主張がしばしば見られたと中村氏は指摘する。しかし中村氏はまず不応為条の存在の意味を考えねばならないとし、その存在意味を次のように導き出している。

律が前提とする、生じうる犯罪をすべて網羅し、それに対する刑罰をすべて予め定めておくということはそもそも不可能である。そこで生じた事件が軽微な犯罪であり、その行為を処罰するための条文のない場合に、処断のために拠るべき条文として設けられたのが不応為条である。この趣旨は比附を定める条文が存在することと同じである。ただ不応為条が対象とする犯罪は軽微なものであるとの違いがある。また科刑の根拠となる条文がなければ、科すべき刑が軽すぎたり、重すぎたりするとの弊害も生まれる惧れがある。この点にも不応為条は対応するのである。即ち不応為（また比附）の条文が存在するのは、処罰すべき犯罪行為を極めて具体的にまた細分化して書き記し、その各々の犯罪に対応する刑罰を裁量の副なく定めるという、伝統中国の律の性格に伴うものであった（以上中村論文二〇 - 二二頁参照、なおより重い犯罪に対して同様の作用をなす比附については、前掲中村著第二章に詳しい）。

中村氏は、伝統中国の律は「人間関係において遵行さるべき行為の隅々にまで目を届かせ、社会に生起する反道義的な行為を洩れなく捉えて、これを刑罰の対象とし、以て公の秩序・善良の風俗を維持することを目的とするものであった」と指摘する。また中村氏は、これは伝統中国律が唐律として完成されるまでの過程で、儒家の礼の理念を採り入れ、礼に強制力を与えたという儒法融合の結果であると指摘している（中村論文二三頁）。

つまり為すべからざる行為とは、「人倫に違背し公序・良俗を損なう凡ての行為」（中村論文二三頁）であり、そのような行為に科すべき刑罰を律は予めすべて書き記しておくのであるが、ただ刑を科すべき行為をすべて網羅することは現実問題として不可能なため、定め落とした行為のうち軽微な犯罪の処罰に対応するために不応為条は設けられたということになる。また律の下では犯罪と科される刑罰は均衡が保たれていることが重視されるため、この不応為条が犯した罪に対する最も妥当な刑罰を定めたのであり、それが笞四十と杖八十であった。

次に中村論文において不応為条が適用された事案としてあげられているもののうち、二事案をここで引用する。

まず、姉の自殺の原因を作ったのは高于氏と考えた孫小討労が、高于氏に抗議し、そのため罵り合いとなり、高于氏が孫小討労に殴りかかろうとしたところ、孫小討労が身を躲したため、高于氏は躓き、頭を打ったために死亡した事件がある。この事件では孫小討労が不応重杖に当たるとされた。高于氏の死は自らが引き起こしたもので、孫小討労とは関わりがないとされ、そのため孫小討労に闘殴殺人の条文を適用して絞候とすることは妥当でないとはされたが、全く罪がないとはされず、不応重杖とされたとのことである（中村論文五－六頁参照）。

これも李汪氏の事例のように律の定める条文に該当する行為ではないが、全く罪がないとはいえないと判断され、不応為の適用となったわけである。

またもう一つの事件では、詹人璧は、甥の妻であった劉氏が再婚を拒んでいたにもかかわらず、無理矢理孫万貴に嫁がせようとした。駕籠で劉氏を迎えに来た孫万貴は、駕籠に劉氏を押し入れて自分の家に担ぎ帰った。ところが劉氏が自殺してしまった。この事件では詹人璧と孫万貴は居喪嫁娶条例により、各々杖一百流二千五百里、杖一百徒三年に処されている。そしてこの再婚を取り持った陳鳴岐と脅迫されて駕籠を担がされた陳谷友が不応重杖に処せられた（中村論文八頁参照）。

この事件では再婚を取り持った陳鳴岐や、脅迫されて駕籠を担がされた陳谷友までもが、劉氏の死に関わったということで不応為条が適用されているのである。

以上からも人の命が失われたとなると、そこに関わった人間は刑を免れることはおよそなかったことがわかる。そして科刑の根拠は必ず不応為条に求められており、擅断で刑が科されるのではない。またこのように人の命が失われたことを重大視するのは、それは人倫に反する出来事であり、これを放置することは結局は社会全体の秩序を損なうことになると捉えられていたためであると考えられる。

以上不応為条の適用例から、人倫に反する行為の発生をおよそ許さない律の発想が指摘される。そこで次に律と人倫を重視する儒家思想との関係を見てゆきたい。

三　徳、礼、法

前節までの検討から、律における科刑原理は儒家思想との関係が重要であることがわかる。そこでこの点に関してより詳しく検討せねばならない。

律の完成体とされる唐律の註釈書である唐律疏議の名例律篇目疏に「徳禮爲政教之本、刑罰爲政教之用、猶昏曉・陽秋相須而成者也。（徳礼は政教の本《モト》、刑罰は政教の用、猶昏暁・陽秋の相須《マ》ちて成るが如き者なり）」と言う[4]。

徳・礼を政治・教化の本とし、刑罰を政治・教化のために用い、徳礼と刑罰は補い合い一つとなると言うのである。つまり徳・礼に基づき政治を行ない、徳・礼に基づいて人々を教化していくが、さらにそのために刑罰を用いることが必要であるということになる。

ここからさらに律を考える時には、徳と礼と刑の関係が重要になることがわかる。また「法」がしばしば「刑」を意味することから[5]、これはまた徳、礼、法の関係が重要とも言える。

ただ徳、礼、法（刑）の関係を述べることは簡単ではない。例えば礼と法に関しては奥村郁三「中国の『礼』について——礼と法——」が、先学の研究に基づき、その由来、もつ意味を平易にまとめているが、奥村氏の叙述及びその依るところの先行研究は当然ながら、さらに四書五経をはじめとした古典に基づいている。[6] つまり参照すべき文献はあまりにも多い。近年の研究、例えば石川英昭『中国古代礼法思想の研究』からも、多くの論点が存在することがわかる。[7] そこでここでは一般的に挙げられる儒家の言葉を辿り、法学部で一般的に目にする先行研究を参考に、徳と礼と法の関係を極大まかに捉えた、筆者の現段階での理解を記すこととしたい。つまり以下で記す内容は、筆者が儒家思想に新たな解釈をなしたというようなものではなく、あくまで今後のために自己理解の整理をしたものと捉えていただきたい。そしてより詳しい検討は後日を期すという意味とし、検討の不十分さについては御海容のほどをお願いしたい。

まず徳と礼については、しばしば挙げられるように、論語・為政篇に以下のように言う。[8]

論語・為政一

「子の曰わく、政を為すに徳を以てすれば、譬えば北辰の其の所に居《い》て、衆星のこれに共するがごとし。」

論語・為政三

「これを道びくに徳を以てし、これを斉うるに礼を以てすれば、恥ありて且つ格《ただ》し。」

統治者が徳を身につけ、徳によって人々を統治すれば、人々は皆その統治者に従うと言う。また人々を徳によって導き、行動を正しく整えるために礼を用いるなら、人々は不道徳な行ないを恥じる心をもつことになり、これによって人々は正しい生き方をすると言う。

つまり統治者は徳を具え、徳に基づいて人々を導かねばならず、そして人々の行動が適切なものとなるように導くために礼を用いると主張しているのである。

そこでまず徳とはどのようなものかということであるが、最高の徳は仁とされる。『論語』の中に「仁」はしばしば現われる。ここで金谷氏の挙げる文のいくつかを掲げる。

論語・顔淵二二
「樊遅、仁を問う。子の曰わく、人を愛す。」
論語・顔淵二
「仲弓、仁を問う。子の曰わく、……己れの欲せざる所は人に施すこと勿かれ。」
論語・学而三
「子の曰わく、巧言令色、鮮なし仁。」
論語・子路二七
「子の曰わく、剛毅木訥、仁に近し。」

例えば以上のように「仁」が現われるが、この「仁」の意味するところにつき、金谷氏による解説をまとめてみると、以下のようになる。(9)

樊遅の問いに対する答えからわかるように、仁は愛情にかかわる徳だとほぼ一般的に解釈される。その愛とは如何なるものか考えてみると、仲弓の問いに対し孔子は、自分が望まないことは人にもしてはならないと答えるところから、仁は他人に対するおもいやりといえる。また一方学而三や子路二七の孔子の言葉からわかるように、口さきがうまく顔つきがよいことは仁が少なく、正直で飾りけがないことが仁に近いとしていること等から、仁は私情に流されない公正な立場にある愛となる。つまり公正なまごころに基づき、他人へのおもいやりをもって行動することが仁の意味する愛となり、これが仁の意味する徳となる。

そして論語・里仁一五において曾子が「夫子の道は忠恕のみ。」と答え、孔子が道としてつらぬこうとしているものは忠恕であるとしているが、この忠恕が仁の説明に合致する。忠がまごころ、恕が他人へのおもいやりということになる。

さらに孟子について言えば、孟子は仁を「人に忍びざる心」と捉える。「人に忍びざる心」とは、他人の不幸をそのまま見すごすことのできない心であるので、孔子のいう恕に通ずることになる（以上金谷『孔子』六五－七〇頁参照）。

このような忠恕を核心とする徳を身につけた統治者が人々を導くのである。それにより人々も皆徳に基づいて行動するようになるなら、社会の秩序は安定し、すべての人々が幸せに暮らせるということになる。

ただ徳を具えた統治者であっても、人々すべてを徳に基づいて行動させようとすることは、決して容易ではない。徳のような形のない人の心の内面に関わるものに基づいて行動させるということが容易でないことは理解できるところである。

この困難に対処するために礼を用いることになる。そこで次に礼についてみてみる。これについても金谷氏の掲げる、仁と礼との関係を記す論語の言葉を挙げる。

論語・顔淵一

「顔淵、仁を問う。子の曰わく、己れを克《せ》めて礼に復《かえ》るを仁と為す。一旦己れを克めて礼に復れば、天下仁に帰す。……顔淵の曰わく、請う、其の目《もく》を問わん。子の曰わく、礼に非ざれば視ること勿かれ、礼に非ざれば聴くこと勿かれ、礼に非ざれば言うこと勿かれ、礼に非ざれば動くこと勿かれ。」

孔子は「わが身をつつしんで礼にたちもどることが仁ということだ」と言い、顔淵がさらにその要点を尋ねると孔子は「礼にはずれたことは見ず、礼にはずれたことは聞かず、礼にはずれたことは言わず、礼にはずれたことはしないことだ」と答えている(10)。

この言葉から、礼を守ることで、人は仁を身につけた人としての行動がとれるのだということを孔子は教えたということがわかる。

さらに金谷氏により、孔子の礼についての考え方を詳しく見てみる。

「礼」はもともと祭祀の儀礼を意味することばであったが、『論語』においては宗教的・神秘的意味は薄れ、道徳性が強くなっているといえる。『論語』においては礼の形式とともに、礼を支える精神が重視されているのである。孔子は意味のない形式を尊重するのではないが、しかしその根本にある心を重視するゆえに形を尊重した。孔子は礼の形式はまごころから発した仁徳が具体的に現われたものとするのである。そしてこの礼のはたらきは孔子によれば個人の修養のためだけでなく、国家の政治にとっても重要となる。孔子の理想とする徳治は、忠恕に基づくという内面的な主観性を求めるとともに、外面的に礼の形にかなっていることも求めるのである。但しこれは忠恕に基づくこと、つまりまごころに基づいて行動するとき、それが礼の形式に則っているという意味なのである。

（以上金谷『孔子』七七－八四頁参照）。

ところが孔子とは若干異なる礼の捉え方もある。荀子・礼論篇の述べるところを挙げる。

「人生れて欲あり、欲して得ざれば求むるなきこと能わず。求めて度量分界なれば争わざることあたわず。争えば乱れ、乱るれば窮す。先王その乱を悪くむ。故に礼儀を制してもってこれを分ち、もって人の欲を養い、人の求めを給し、欲をして必らず物を窮めず、物をして必らず欲に屈せず、両者相持して長からしむ。これ礼の起るところなり」(11)

人は本来欲をもつものであるので、その欲望ゆえに必ず争いが起きる。そこで礼を定めて、人々にそれを守らせることで、人々の欲を制禦させるというのである。

荀子においては、礼は孔子のように仁の徳に基づいた行動の現われというよりは、人々の行動を規制するものとの意味が強くなっている。

金谷氏によれば、荀子は礼を尊重するが、礼の形式的な面に重点を置いており、荀子においては礼は社会的な階級秩序に応じた、個人の行動を規制するきまりごととなっていたという。また金谷氏は、形式面を強調する荀子の礼は、法に近い性格がみられるといえるが、道義的な意味が込められている点で法と区別されるとする（金谷『孔子』三四四頁）。

このように孔子と荀子では、徳に基づいた行為の発現形式と徳に沿わせるための規制の方式という点で、礼の意味に違いが見られるが、徳とは異なり形をもつという点で一致している。(12)

そこで形式化された「礼」であるが、例えば「服制」がある。「服制」とは親族の死に際し、どのような喪服を着け、どれだけの期間喪に服するか等につき、亡き人との親族関係の親疎に応じて細かく定めたものである。この服制に従って喪に服すれば、人倫中の第一の徳行である孝道を守ることができる。(13)

つまり親が亡くなった時、子として悲しむことが徳を具えた人のとるべき行動であるが、服制は子としての悲しみを表わすための具体的方法を示してくれるのである。これは一例にすぎないが、このような例として定められている形式を守ることで、人は徳を身につけた人としての行動をとることができるのである。

人に道徳心或いは自立心を身につけさせることの難しさを身をもって知っている我々にとっても、礼のように形式を定めることによって徳を身につけさせようとする発想は十分理解できる。ところが実は形式をとることの落とし穴が存在する。形式にのみとらわれ、それゆえその形式が本来は徳に基づく行動をとるための便法であったことを人は忘れるということである。つまり一つの形式を定めると、如何に細かな形式を整え、如何にそれを守るかに人は血眼になり、本来目指すべき徳に基づく行動とは何かを考える心を失ってしまう恐れがある。本来の意図を忘れ、礼が定める形式を守るだけでは意味はないのだが、そのことに人は気づかないということが往々にして見られる。そこでこの点を孔子は戒めている。論語・八佾篇にこう言う。

論語・八佾四
「林放、礼の本《もと》を問う。子の曰わく、大なるかな問うこと。礼は其の奢らんよりは寧ろ検《むし》せよ。喪は其の易《おさ》めんよりは寧ろ戚《いた》め。」

孔子は礼の根本を問う質問に対して、礼は華美にするのではなく質素にせよ、喪は形式的なことをあれこれ行なうのではなく、死者を悼むことこそ重要なのだと言っている。形式を必要以上に細かく定めそれを実行するのに懸命になるのではなく、本来の表わすべき心を大切にせよと、孔子は形式主義に走ることを戒めるのである。

礼はあくまで徳に基づく行動をとるための道しるべとして、形となった具体的方法を人々に示すために生み出されたものである。当然ながら重要なのは、外見的な礼がその先に据えている内面的な人の心なのであった。

さて次に礼と法（刑）の関係であるが、滋賀氏は「礼はまた、ヨーロッパの法と異なって、違反に対する制裁の技術を内在せず、人間の向上心への訴えかけによって維持される。ただ、礼の基本をくつがえすような違反に対しては、中国でいう法すなわち刑罰が働く。」と説明している。また奥村氏も、礼はその中に違反に対する制裁を持っておらず、礼の基本に反する行為に対する処断は刑罰つまり法の領域であると説明する(14)。

そしてこの礼と法の関係は『荀子』に基づくことで、しばしば指摘されている。例えば西田太一郎氏は、礼を守らぬものに対して荀子は刑罰を科すことを認めているとして、『荀子』の王制篇「これを勉《はげ》ますに慶賞を以てし、これを懲らすに刑罰を以てす。……善を以て至る者は、これを待つに礼を以てし、不善を以て至る者は、これを待つに刑を以てす」、同じく成相篇「治の経は礼と刑とにして、君子は以て修め、百姓寧《やす》し」等を挙げている。[15]

内山俊彦氏も西田氏の挙げるこの言葉が示す「善い事を進言する者は礼によって待遇し、不善を進言する者は刑によって処分する」、「政治のすじみちは、礼と刑」は、荀子が「礼」の補助として刑罰が必要と考えていたことを表わすとしている。[16]

このように礼に反する行為に対しては刑が加えられる、つまり法が用いられるとする。ただ注意すべきは、これはまず徳で治め、礼により人々を導くが、それでも違反者がでた場合に刑＝法を用いるということである。つまりしばしば挙げられるところの、徳が主であり刑は従であるとの考えに基づくものである。この点を表すものとして引かれるのは『荀子』の議兵篇である。[17]

「故に賞慶・刑罰・執詐の道たる、傭徒・鬻売の道なり。以て大衆を合し国家を美とするに足らず。故に古の人は羞ぢて道《い》はざるなり。故に徳音を厚くして以てこれに先だて、礼儀を明らかにして以て之を道《みちび》き、忠信を致して以て之を愛す。賢を尚び能を使ひ以て之に次ぎ、爵服・慶賞以て之に申《かさ》ぬ。其の事を時にし、其の任を軽くし、以て之を調斉し之を長養すること、赤子を保つが如くす。政令以て定まり、風俗以て一なり。俗を離れ其の上に順はざるもの有らば、則ち百姓敦悪せざるなく、毒孽とせざるなく、不祥を祓ふがごとし。然る後、刑ここに於て起る。是れ大刑の加はる所、辱孰《なん》ぞこれより大なる」

（褒賞・刑罰・謀略などの手段は、傭われ人夫や商人に対して使うもので、国家統治の本道ではない。政治にはまず徳を厚くし、礼儀によって導き、忠信を以て民に接することが基本である。賢人を尚び能力者を使い、爵服や褒賞をこれに与える。民の仕事も過重にせず、赤子の如く養育する。そうすれば政令は安定し風俗も天下一つとなるだろう。それでもなおかつ俗を離れ上に逆らう者が出るとすれば、その者は民自身がけがらわしいとして憎み嫌うであろう。ここではじめて刑が加えられれば、刑は最大の恥辱となるであろう。）

徳をもって人々の先に立ち、礼によって人々を導くことが重要だが、それでも従わない者がでてきたときには刑が必要となる。また、そしてこのようにすれば人々は礼に反することを恥じるようになると言うのである。

この徳主刑従の考え方はまた、徳に基づく行動をとるために、礼を用いるだけでは実際問題としてその効果には限界があるとの、現実主義的観点から出るものといえる。

この点に関連して、よく知られる荀子の性悪の考え方を見てみる。

内山氏によれば、『荀子』性悪篇では「人の性は悪にして、其《そ》の善なるものは偽なり」とし、人の性は悪であり、人が善であるのは作為の結果であるとしていると言う。そして内山氏は同じく性悪篇において「いにしえ聖王は、人の性は悪なので、かたよって正しくなく、乱れて治まらないと考えた。そこで、そのために礼義を創り法度（規範）を定め、それによって人の情性を矯《た》め飾ってこれを正しくし、人の情性を馴《な》らしかえてこれを導いた。」としていると言う[18]。

つまり人の性はそのままにしておくと争い合い、秩序のない状態になるので、作為により秩序ある状態にしてやらねばならない。そこで古の聖王は、そのために礼義を創り、規範を定めたということになる。本来、性、悪なる人に対しては、礼、法（＝刑）の双方を用いてその性を正すように導くことが必要になるのである。

以上のように礼と並んで刑も重要視されていることがわかるが、但し刑はあくまで礼を補うものと位置付けられている。そしてまた刑による過度の厳罰が望まれるわけではないのである。儒家は刑罰のみを強化しても根本的解決は図れないと考える。

『論語』為政篇では「これを道びくに政を以てし、これを斉うるに刑を以てすれば、民免れて恥ずること無し」と言い、それに続けて先述の如く、徳で導き、礼で整えるなら不道徳を恥じる心をもつようになると言う。儒家は刑のみによって人々に秩序を植えつけようとしても、人々はうまく刑を免れることを考えるようになるだけで、徳を欠く行為を行なうことを恥じる心は育たないと考えたのである。

この点については『塩鉄論』の御史大夫と文学の論争においても、二つの考え方の対立が見られる。御史大夫は、悪しき行為は必ず厳しく罰せられ、刑罰が父兄にまで及ぶとなると人々はおそれて善をなすようになると主張する。これに対して文学は、法令が厳しすぎ、仁愛・恩恵が施されないと、父子・兄弟がそむき合い、上下が殺し合うようになると主張する。(19) 厳罰により秩序維持を図ろうとする考え方と、過度の厳罰は弊害をもたらすとする二つの考え方が示される。後者は、重要なのは礼をゆきわたらせることで、もしたとえ礼に反して刑罰を科することになっても、それが罪に応じた妥当なものであることが重要だと言うのである。

儒家においては、刑を用いてもそれはあくまで徳に基づく行動をとるべきことを悟らせるためのものであった。このため科すべき刑は犯した行為に対し、重からず、軽からず、懲らしめるとともに、徳を呼びさますに妥当なものでなければならなくなる。

では妥当な刑とはどのようなものなのか。

この点に関わるものとしては『荀子』正論篇にこう言う。

「人を殺す者は死し、人を傷つくる者は刑するは、是れ百王の同じくする所なり。其の由りて来る所の者を未だ知るあらず。」

人を殺した者には死を与え、人を傷つけた者に刑を科すことはいずれの王も行なうところであり、その淵源は知る人が誰もいないほど古いものであると言っている。小倉氏はこれは「象刑」というもの、つまり実刑を科さず刑を象徴する服装をさせることと考えられるやり方に荀子が反対し、「殺人者死、傷人者刑」の実刑主義を主張したものとして挙げる。そして小倉氏は「殺人者死、傷人者刑」の意味するところに、荀子は行きすぎた過酷な刑や、軽すぎて無内容な刑のいずれにも偏しない刑の意義を見い出していたとする。[20]

さらに『荀子』正論篇ではこう言う。

「凡そ人を刑するの本は、暴を禁じ悪を悪《にく》み、かつその未《しょうらい》を懲《こら》すなり。人を殺す者死せずして、人を傷つくる者刑せられずんば、これ暴に恵みて賊に寛《ゆる》やかなりと謂うなり。悪を悪《にく》むに非ざるなり」[21]

人を殺しても死を科せられず、人を傷つけても刑を科せられないのは、悪に対して寛大で、悪を憎んでいるとはいえないとするのである。

これらよりすれば、儒家にとっての、行なった行為に対する妥当な刑罰についての具体的表現が「殺人者死、傷人者刑」となる。そしてこれは二章で挙げた「一命一抵」とも通ずるといえよう。つまり人の死を引き起こしたとなると、命を抵てねばならないのである。

以上から徳、礼、法（＝刑）の関係を述べるならこうなるであろう。人は徳を具えることで人として正しい行動をとることができるようになるが、ところが徳を身につけることは必ずしも容易でない。そこで一般の人々が徳に基づいた行動を取るための基準となるように整えられたものが礼であり、その礼は形式をもっている。しかし人々が必ずしも礼を守るとはいえないため、もし礼の教化を逸脱する行為をするなら、刑＝法を用いて懲らしめることになる。これは刑が礼を補いつつ人々に徳に基づく行動をさせることを目指すという意味であった。

そしてその礼の教化を逸脱した行為に対して科すべき刑については、行なった行為に対して科される刑の重さが妥当であることが人々の教化のためには重要になる。この発想の下で、犯した罪に対する具体的妥当な刑罰を細かく定めたものが律ということになろう。

そして律においては、「殺人者死」、つまり殺人を犯した者に対して科すべき刑は死刑が妥当ということになる。

但し例外がある。唐名例律老小廢疾疏には「周禮ニ三赦ノ法アリ。一ニ曰ク幼弱、二ニ曰ク老耄、三ニ曰ク戇愚。」という。律には実刑に耐えられない者に対する配慮がみられるのである。そのため幼年者、高齢者、心神に障害を持った者に対しては実刑を科さないとの特別措置がとられた。それを定めるのが名例律の老小廃疾条である。[22]

それがまた前章で述べたように精神病者の殺人における特別扱いという形でも現れる。ところが精神病者であっても目上の親族の命を奪ったとなると、一命を抵てることが求められた。この場合はなぜ特別措置がとられないのかということであるが、次にこの問題について検討する。

前掲中村論文でも「儒法融合」と指摘されていたように、律は儒家思想と法家思想の融合の産物と言われる。そして法家思想の生み出した、国家統治を乱す行為に刑罰を科すことを定める成文法の体系に、儒教倫理が組み込まれてゆき、律が完成されたとされる。よって唐律においては、儒家のいう「名分」を侵害する行為は厳しく罰せられる。そのため君と臣、父と子、夫と妻など、人の相互の関係の間で守るべき「分」を犯す行為は処罰されるのである。それゆえ親族間或いは親族関係になくとも人の上下関係を犯す行為は厳しく罰せられる。[23]

この点につき、唐律で始めに掲げる重大犯罪の十悪についての疏はこう言う。

「名教ヲ虧損シ、冠冕ヲ毀裂ス。特ニ篇首ニ標シテ、明誡と爲ス。」

名教を損い、礼のしきたりを破ることの程度の甚しい罪である十悪を、特に最初にあげて戒めとするというのである。[24]

十悪とは、謀反、謀大逆、謀叛、悪逆、不道、大不敬、不孝、不睦、不義、内乱である。謀反、謀大逆、謀叛、大不敬は皇帝や王朝に対する侵害行為を、悪逆、不孝、不睦、不義、内乱は親族間での守るべき秩序を侵害する行為を科刑対象とする。但し不義においては親族関係のない者の間での一定の上下秩序を侵害した行為も科刑対象としている。そして十悪の残る一つの不道は、複数の人を殺害したり、残虐な方法で人を殺害した者等に対する刑を定めている。これら十悪については、科される刑は死刑を中心とした重いものとなっている。

このように十悪から律はどのような行為を重く処罰すべきと考えていたかがわかる。そしてそれとともに名分に反し、礼に反する行為がいかに重大視されたかもわかる。この観点に立てば、精神病者であっても親族間の秩序を侵害する殺人を犯したとなると、もしこれを特別扱いをするなら、名分、礼教を侵害する行為を放置することとなるとみられたのであろう。よって精神病者への特別措置は認められないこととなるのである。

終わりに

以上今後の検討課題を抽出するために、学会報告に基づいて、伝統中国の法の特性の一面についての素描を試みた。儒家思想の組み込まれた律の下では、人倫に反する行為は必ず刑が科せられねばならず、それは換言すれば、一人一人の人間が徳に基づき行動するために守るべき指標となり、またそれを各人が守るならば社会の秩序が保たれることとなる礼を逸脱する行為に刑を科すということであった。伝統中国においてはこの律を用いることで、皇帝統治下での社会秩序の維持を図ろうとしていたということになる。

この点から社会の秩序維持のための方策を考える時に、徳と礼と法のもつ意味を追究することも重要と言えることになる。そしてそのために探究すべき課題は多い。一方しばしば指摘されるように、律は社会の秩序維持機能は負わされてはいたが、人々の権利や自由、平等を保障するとの意味は含んではいなかったのであるから、この点に留意する必要がある。(25) また孔子が戒めたように、礼は形式をもつゆえに、礼の重視は人々が形式に縛られ、本来の礼の意味を忘れることにつながること、そのために結局は人に対する抑圧を生み出してしまうとの点も忘れてはならないところである。[26] そして今回法家の考える法の意味についてはほとんど触れなかったとの問題も残っている。これらを含めた検討の不十分な点の考察はすべて今後の課題とし、且つ伝統中国法の特性に迫ることも含め、徳、礼、法のもつ意味のさらなる検討もまた今後の課題としたい。

（1）中村茂夫『清代刑法研究』（東京大学出版会、一九七三年）
関連して挙げるなら、「威逼人致死」の問題に関し、『判語』に見られる事案を検討する同氏論文もある。なお当論文では誣告事案も検討される。

中村「清代の判語に見られる法の適用――特に誣告、威逼人致死をめぐって――」（『法政理論』九‐一、一九七六年）

（2）唐律、清律いずれもが定める人命事犯の六つの態様、いわゆる「六殺」は、謀殺、故殺、闘殺、戯殺、誤殺、過失殺となる。謀殺、故殺は殺人の故意のある場合であり、闘殺、戯殺、過失殺は殺人の故意はない場合となる。残る一つの誤殺は害意をもつ相手と誤って第三者を殺した場合を言い、単純に故意がないとはいえなくなる。そのため誤殺については、中村著では触れられているのだが、ここでは挙げなかった。
なお誤殺を専門に述べるものとしては以下がある。
中村正人「清律誤殺初考」（梅原郁編『中國近世の法制と社會』京都大学人文科学研究所、一九九三年）
同氏「清律誤殺再考――刑罰軽減事由としての観点から――」（『金沢法学』四九‐一、二〇〇六年）

（3）中村茂夫「不応為考――『罪刑法定主義』の存否をも巡って――」（『金沢法学』二六‐一、一九八三年）

（4）律令研究會編『譯註日本律令一首巻』東京堂出版、一九七八年、一八八頁

（5）度々指摘される点であるが、例えば滋賀秀三氏も、「法」と「刑」はしばしば相互に置き換えて支障のない文字であったとする。滋賀秀三『中国法制史論集』（創文社、二〇〇三年）序章「中国法の基本的性格」五頁
この他以下を参照

會田範治「中国における律の思想」（『日本法学』一六－四、一九五〇年）
布施彌平治『律令と儒教』（宗文館、一九六四年）
小倉芳彦『中国古代政治思想研究』（青木書店、一九七〇年）
島田正郎『東洋法史（増訂版）』（東京教学社、一九八八年、初版一九七〇年）
（6）奥村郁三「中国の『礼』について――礼と法」（横田健一・網干善教編『講座飛鳥を考えるⅡ』創元社、一九七七年）
（7）石川英昭『中国古代礼法思想の研究』（創文社、二〇〇三年）
（8）唐名例律篇目疏も論語「道之以徳、齋之以禮。」を引く。前掲注（4）一八八頁
以下『論語』の読み下し文は、金谷治訳注『論語』（岩波文庫、一九九九年）による。但し金谷訳注のつけているふり仮名の一部を省略した場合もある。
（9）金谷治『孔子』（講談社学術文庫、一九九〇年）
（10）前掲注（8）金谷『論語』二二五頁
（11）貝塚茂樹『諸子百家』（岩波新書、一九六一年）一七一－一七二頁
（12）礼については従来から様々に述べられているが、人々の行動を規律することに関わり、形式をもつものとの点では共通する。また奥村氏は、単純に礼は慣習であるとの言い方をすると、礼は社会秩序を維持し、人々の行動を規律する人為的に設けられたものとの意味を等閑視することになるため、このような表現をとることに対し注意を喚起している。
前掲注（6）奥村「中国の『礼』について――礼と法――」
この他礼については以下を参照
小島祐馬「中国古代の祭祀と礼楽」（原載、岩波講座『倫理学』一九四一年、同氏『古代中国研究』所収、平凡社、一九八八年）
島田正郎「中國法に對する禮の意義」（『法律論叢』二四－四、一九五一年）
内田智雄「荀子の禮と法の思想」（『同志社法学』二九、一九五五年）

同氏「荀子の刑罰論」（『同志社法学』三一、一九五五年）
板野長八「中国古代の法思想」（仁井田陞博士追悼論文集『前近代アジアの法と社会』勁草書房、一九六七年）
守屋美都雄「中国古代法形成過程における若干の問題――春秋時代を中心として――」（同右、仁井田陞博士追悼論文集）
前掲注（5）島田『東洋法史』
西田太一郎『中国刑法史研究』（岩波書店、一九七四年）
内山俊彦『荀子』（講談社学術文庫、一九九九年）
長尾龍一『古代中国思想ノート』（信山社、一九九九年）
前掲注（5）滋賀「中国法の基本的性格」

(13) 前掲注（11）貝塚『諸子百家』二頁参照
また滋賀氏が唐律の理解に不可欠な「服制」について解説している。
律令研究會編『譯註日本律令五』（東京堂、一九七九年、滋賀秀三譯註）序録
この他滋賀氏は婚姻成立に必要な「礼」についても述べている。
滋賀秀三『中国家族法の原理』（創文社、一九六七年）四六五－四六七頁

(14) 前掲注（5）滋賀「中国法の基本的性格」九頁
奥村郁三「隋・唐律令について」（横田健一・網干善教編『講座飛鳥を考える』創元社、一九七六年）二八三頁

(15) 前掲注（12）西田『中国刑法史研究』四頁

(16) 前掲注（12）内山『荀子』一五三頁

(17) 『荀子』議兵篇の以下の読み下し文、現代語訳は前掲注（5）小倉『中国古代政治思想研究』二一二－二一三、二三九頁による。また徳、礼、刑については、前掲注（5）、注（12）の文献の他、以下も参照。
木村英一『法家思想の研究』（弘文堂書房、一九四四年）

田中耕太郎『法家の法實證主義』（福村書店、一九四七年）
(18) 前掲注（12）内山『荀子』一一八 - 一二一頁
(19) 桓寛・佐藤武敏訳注『塩鉄論』（平凡社、一九七〇年）二七〇 - 二七五頁
(20) 『荀子』正論篇以下、前掲注（5）小倉『中国古代政治思想研究』二一一 - 二一二、二三四頁
(21) 前掲注（12）西田『中国刑法史研究』四頁
(22) 前掲注（13）『譯註日本律令五』老小廢疾条解説参照
(23) 前掲注（5）滋賀「中国法の基本的性格」でも、礼の中核たる「名分」の観念、また儒家思想と法家思想の融合について述べられている。
(24) 前掲注（13）『譯註日本律令五』十悪条及び解説参照
(25) 今回引用した文献のうちでも、例えば前掲注（3）中村「不応為考」は、社会・公共の秩序維持機能を専ら担い、国民の自由・権利の保障機能をほとんど欠く法が存在したことに注目する立場に立ち、伝統中国法の特性に迫っている（三一頁）。
(26) 注意すべきは、これは例えば西洋近代と対置される視点からしばしば起こりうる、単面的な礼批判の線上にあるのではなく、拙稿「魯迅の描く『人』と届かない『声』、そして法」（『社会科学研究』五八 - 二、二〇〇七年）で採り上げた人が生み出す抑圧に注目するとの観点に立つものである。よって単面的礼批判に注意を促し、礼教の中に「相互友愛・相互扶助」の実質を読み取る溝口氏のような多面的に礼をみる観点とは対立しないものである。
溝口雄三「礼教と革命中国」（今井弘道・森際康友・井上達夫編『変容するアジアの法と哲学』有斐閣、一九九九年）

第六章　蘇力論文と「馬上法廷」を結ぶ「人」

始めに

近年見られる「近代法」の再検討の動きの中で、「近代法」の下での「理性的、合理的な人」の概念に疑問が呈されていることは周知の通りである。そこで「現実の人」について考察をなし、「現実の人」の持つ不確定性、多面性、複雑性を描き出すことを試みることから、「近代的主体像」とは異なる「動的主体像」或いは「物語的主体像」が論じられていることもまた周知の通りである。

「現実の人」を裁判との関係で述べるなら、紛争の当事者は一つの要求をなす時、また一つの決定をなす時等、常に周囲との関係の中で揺れ動き、更に内面には様々な葛藤を抱えているという点が指摘され、そしてそのような当事者が主体となって紛争交渉を行ない得る裁判のあり方、裁判官の役割、裁判における法規範の位置付けが論じられることとなる。そしてこの観点から中国大陸の民事裁判理論の展開に目を向けた時、二つの方向性が見い出された。それは、基本的には西欧近代型の法制度を確立するという方向性と、「近代法」を必ずしも当然視せず、中国大陸社会の特性を活かした新たな法制度を構築しようとする方向性であった。この二つの方向性の中で民事裁判の理論研究が揺れつつ模索されている状態にあった。

さて近時『清華法学』二-三（二〇〇八年）に掲載された「法と文学」企画の中の一編、蘇力「崇山峻岭中的中国法治——従電影『馬背上的法庭』透視（高く険しい中国の法治——映画『馬上法廷』を通して）」に見られる視点は、この二つの方向性と関わるという意味で興味深いものである。

そこで本稿では、蘇力論文に見られるこの視点について検討を加えるものとする。それは蘇力氏の視点が、この二つの方向性の模索の中から生じうる課題の一つ、人間関係の相互性から生ずる秩序の中に生きる「人」を分析し、その分析より得られた「人」を基点として、その「人」に必要となる法制度・法理論の構築を図ることに繋がるものなのかを見極めたいと考えたからである。この「人」の分析は「現実の人」の分析であることから、人の不確定性、多面性、複雑性を問題にする「物語的主体像」の議論に繋がるものである。しかし蘇力氏の視点はそれとは異なりむしろ直接には、伝統中国社会、現代中国大陸社会を通じての検討課題であり、人と人の関係のあり方を探る「和の中の『個』」の追究へと続くものであった。

そこでこの「和の中の『個』」の追究について、より具体的には如何なる点を検討する必要があるのか、蘇力論文の視点を検討することを契機に改めて考えてみたい。その際人と人との関係のあり方を問う「和の中の『個』」の追究はやはり「人」の分析とも言えることから、「物語的主体像」の議論との関連性も意識して考察することとする。

一　蘇力論文と「馬上法廷」を結ぶ「人」

ここではまず映画「馬背上的法庭」の内容を概観し、次いで蘇力論文の視点を紹介し、最後に蘇力論文の視点を検討する。

1　映画「馬背上的法庭」

「馬背上的法庭」の概要は以下の通りである。

馮裁判官、楊書記官、法学院をでたばかりの洛君の三人が、人民法廷を開くために出発した。担当地域は雲南省西部の山地で、少数民族が住む地域である。山道を車で走り、更に最後は山中を徒歩で進まねばならない。政府の裁判官の専門職化の方針により、高等教育機関を卒業していない楊書記官は、今回の法廷を最後に書記官を退職せよと言い渡されている。馬の背に中華人民共和国の国章を括り付け、今回は故郷に立ち寄ることになる洛君は結婚祝いのテレビも括り付け、三人は険しい山道を歩き、まず最初の村に辿り着いた。

最初に扱う事件は甕争いである。分家に際して兄弟の嫁同士が漬物用の一つの甕を争っている。甕は特別高価な物ではない。その審理を始めるや否や、豚が祖先の遺骨の安置場所を掘り返してしまったと、豚を縛り上げた一団が雪崩れ込んで来る。馮裁判官は洛君に事態の収拾を任せ、甕争いに戻る。楊書記官が二人の嫁をあれこれ説得するが、どちらも譲ろうとしない。その時馮裁判官が争いの本となっている甕をポンと割ってしまった。彼は五元をポケットから取り出し、二人の嫁に二人で分けて一つずつ甕を買うようにと言い渡す。

一方豚の事件である。遺骨を掘り返された男は、賠償として豚一頭の引き渡しと、法事などを行なうことを要求している。洛君はそもそも訴訟として取り上げるような事件ではないとして、この事件を終わらせてしまった。しかしそれを知った馮裁判官はこれをそのままにしておけば、もっと大きな事件になる、人の命に関わるような事件になることもあるのだ、それでも人民法廷の扱う事件ではないと言えるのかと言う。まさにその時、祖先の遺骨を掘り返された男の一団が、豚の所有者の家へ押し駆けるとの騒ぎが持ち上がる。そこに駆け付けた馮裁判官は、遺骨を掘り返された男が自分の豚を使って、今度は相手の祖先の遺骨を掘り返したらどうなると口走った。これを聞いた遺骨を掘り返された男は自分の豚を連れて、相手の祖先の遺骨を掘り返しに行こうとする。これを見て慌てる遺骨を掘り返した豚の所有者に対し馮裁判官は、自分が遺骨を掘り返されるのが嫌だというなら、相手にとってもそれは嫌だろうと叫ぶ。改めてこの事件の判決が下され、豚一頭を遺骨を掘り返された側に引き渡すことと言い渡される。法事の要求は認められなかった。ところが遺骨を掘り返した豚の所有者が相手の家に豚を持って行こうとしないため、結局馮裁判官が、自らその豚を相手方の家まで連れて行き、ようやく決着が着いた。

さてまた問題が起きる。夜の間に国章を付けたまま馬が盗まれたのである。馮裁判官にとって、国章を無くしたことが最大の問題である。村の長老によれば、仏に祈ったから見付かるだろうとのことであった。

馬と国章が見付かるまで、借りた馬に荷物を付けて人民法廷を開くために他の村を巡回する。一つの紛争は、離婚した妻が一年経っても家を出て行こうとしないと、元夫が訴えたものである。元妻は十三で嫁に来て三十年以上ここで暮らし、離婚されてもここ以外に住む所はないのだと延々と訴え続ける。見兼ねた夫は離婚は取り消すと言い出し、事件は落着した。

洛君はこの地方出身で、少数民族の彝族である。自分の出身の村に来た時に結婚式を挙げることになっていた。そのため花嫁の家に贈るテレビを馬に括り付けて来たのである。馮裁判官も小豚をお祝いに贈る。これは実はある事件の際に買ったものである。一五〇元の返還のために小豚を差し出したところ、この小豚には一五〇元の価値はないと相手が主張し争いとなっている事件の時に、馮裁判官が一五〇元で小豚を買い上げ、事件を解決したのであった。結婚式は順調に進むかに見えたが、また問題が起きる。花嫁の父が村に入り込んだ羊を婚礼の料理に使ったのだが、隣の村の羊の所有者とその一団が乗り込んで来た。この羊を料理に使ったのは違法かどうかと尋ねられ、洛君は違法だと答えざるを得なかった。自分の行為は村のきまりに従ったものだと主張する花嫁の父親は、洛君の答えに腹を立て、娘を家に閉じ込め、嫁になどやらんと言い出した。洛君と花嫁はこっそり村を逃げ出す。花嫁がいなくなったことを知った村人たちは、花嫁を連れて来ないのなら、我々はもう法院に訴えるなどしないぞと捨て台詞を残して立ち去った。

已む無く馮裁判官は馬を盗まれた村に戻る。幸い馬は見付かったとのことである。国章の方はこれより前に沼地に捨てられているのが見付かっていた。その時沼地に入るのは危険であるため、誰も拾う手助けをしようとしなかった。しかし馮裁判官が皆さんが心の中で拝む仏と同じようなものが我々にとっての国章だと言うと、少数民族の彼らも馮裁判官の心を理解し、皆が協力することによって、国章は拾い上げられていた。これで国章も馬も共に返ったわけである。ところが村の長老は馬を盗んだ者はもう既に罰せられているのだから、公安に連れて行く必要はないと言い、どうしても犯人を教えようとしなかった。

この村に洛君も花嫁を連れて戻って来ていた。しかし馮裁判官に、花嫁と共に逃げた行為が悪影響を及ぼすと責められる。馮裁判官は、しばらく待てば事態は収まった、ところが二人が逃げてしまったので、村人たちは二度と法院には訴えないと言い出した、これは法院も国章も認めないということになると言うのである。結局この後洛君と花嫁は本当に姿を消してしまった。

楊書記官もこの地方の出身で、少数民族の摩梭族である。一九七〇年代の末に政府は少数民族で幹部となる者を選抜し、都市で教育するとの政策を採った。その時に楊さんは法院幹部となるために選ばれたのである。その結果彼女は結婚できなかった。ところが今や政策が変わり、裁判官は専門職であり、学歴が必要とされ、彼女は退職を迫られた。楊さんは自分の村に留まることになる。民族衣装をまとって楊さんは、馬と共に一人で出発する馮裁判官を見送る。馮裁判官は歩きながら居眠りする癖があるため、危ないから居眠りしてはいけないと注告もする。

馬と共に歩く馮裁判官はかつて同僚が足を滑らせた場所で、私はこれからもこの道を進み続けるよと、亡き友に語りかける。実は彼はこの仕事のため、自分の家族との間も疎遠になっていたのである。しかしこの後、歩きながら居眠りをしてしまった馮裁判官は、足を滑らせてしまうのであった。

2　蘇力「崇山峻岭中的中国法治——従電影『馬背上的法庭』透視」

蘇力論文は『清華法学』二‐三（二〇〇八年）掲載の「法と文学」企画に収められているものである。この企画には蘇力論文以外に、以下の三編が収められている（漢字は簡体字であるものを日本の字体に改めている）。

劉星「司法決疑與『故事文学』利用——以『威尼斯商人』為様本」

凌斌「自由與法律——『鯊堡救贖』與『阿甘正伝』的一個法哲学思考」

李晟「法治的辺陲」

劉星論文は、訴訟となった時に幅広く受け入れられる解決方法が持つ要素は如何にして形成されるかにつき、「ベニスの商人」を使い分析を試みる。

凌斌論文は、自由とは何かという問題について、二つの映画「ショーシャンクの空に」と「フォーレスト・ガンプ」を使って分析する。

李晟論文は、法治とは何かをやはり映画「馬背上的法庭」を素材として考察するものである。蘇力論文に比べ、映画中の事件各々の分析により力点を置いている。

そして蘇力論文である。

この「法と文学」企画は、「法と文学」の二つの方向性、つまり文学作品を資料として法的概念等を検討することと、文学作品も法的資料も「テクスト」という意味では同列であるとの観点を持つことのうち、全体として見れば前者に属すると言える。なお先述の「現実の人」分析と関わる、人の不確定性、多面性、複雑性を扱う研究は後者と関連すると言えよう。

さて蘇力論文の内容を概観すれば以下の通りである。

まず蘇力氏は法律家／政治家の視点から、この映画の表わす中国の法治の問題を考えたいとする。また自身の調査・訪問によれば、この映画は現在の中国の法治実践の一部を反映していると言えるとする。そしてそこから近年の司法改革と中国の法治実践と社会の要求の間の矛盾を読み取らねばならないとするのである。

次に第一章では以下のように述べる。

中国で「依法治国（法に依る統治）」を語ろうとするのであれば、高く険しい山々を越えて行かねばならないような地域、及びその他の人の足跡さえ稀のような地域まで、馬上法廷によって法の実践を及ばせることも含めて語らねばならない。そしてそのような地では、何が訴訟を認める基準か、何が妥当な法的救済なのか、法律と民間の規範の衝突にはどう対処するのか等に対して、定まった解答はなく、具体的な実践の中から改めて作り出すしかない。映画の中の豚が隣家の遺骨安置の場所を掘り返した事件では、被害者側は豚の持主を訴え、現物による賠償を要求し、また当地の宗教的風俗に則った「法事」も要求した。法学教育を受けた若い裁判官の洛君はこのような訴えを受理することを定める法律はないと言い、アメリカのような「政教分離」の原則をもって「法事」を認めることには反対した。洛君の考え方は、法には基づいている。しかしこのように拒絶しては二つの家族の間での紛争は収まらず、更に激化する可能性がある。また法律・法廷・裁判官の威信を更に低くする。馮裁判官は判決を下した後、個人として当事者双方に、法廷は法事を行なうことを支持しないのだということを伝えるのである。

この地の裁判官は「法官法」等の司法の専門化、職業化の要求には合致しないが、その判決や調停はその地の人々の尊敬と信頼を得ており、毎年この地にやって来る中で身に着けてきた知識と技能に基づくものであった。しかし馮裁判官にせよ、楊書記官にせよ、学歴があるわけでなく、法学院での専門訓練の経験はなく、国家統一司法試験に合格しているということもない。その一方で法学院の卒業生たちは、このような土地に裁判のためにやって来ることは希望せず、たとえ来たとしても、その難しさに加え、学んだことも活かせないということで、結局逃げ出してしまうのである。

第二章では以下のように述べる。

第一章で見たような困難の存在は、法治にとって制約となると見做すべきではなく、新たなものを生み出すために益となると見るべきである。二つの例を挙げる。

例一。兄弟の嫁同士が分家に際し一つの漬物用の甕を争っている。甕自体はそれほど値打ちのあるものではない。しかし双方面子があるので、相手に渡したくないのである。楊書記官があらゆる手を尽くしたが解決がつかない。ところが馮裁判官はあっという間に甕を壊してしまい、五元を取り出し、二人の嫁各々に甕を一つずつ買わせ、事態を収めた。どのような要素が争う双方に、この馮裁判官のやり方を受け入れさせたのか。

例二。豚が遺骨の安置場所を掘り返したことに対する賠償問題で双方が全く譲歩しようとしなかった時に、馮裁判官は更に説得するということはせず、騒ぎを大きくし、関与するのをやめた。被害者側は家族一同、更に親戚や友人までをも集めて、スコップや棍棒を手に押し掛けた。そこで事態の深刻さに気づいた相手方は賠償に同意した。

二つの例に対して法治主義者からの批判はこうなる。馮裁判官の専門性は低く、司法における裁判と調停の基本的要求に反するやり方で、これこそ法律職の専門化の必要性を証明するものである。馮裁判官には個人的魅力があり、問題解決に良き方法を持っていることは認めるが、それは個人の魅力や個人の知恵に頼ることである。それでは人治をもたらし、法の普遍的理性と、司法の人為的理性に逆らう。このような例は臨機応変の対応になりやすく、法治が完全でない段階の一時的な代替或いは補充である。

この批判は疑問である。基層の裁判官に見られる知恵は、学者が高い評価を与える世界各地の司法の知恵に通ずるものであり、そこに普遍性がある。普遍性を持つ知恵が特定の事件においてこのように現われたのである。もし馮裁判官のやり方が彼の人格的魅力であるとか、或いはちょっとした技にすぎないと見るのは、それはそれまでに身につけた特定の知識に縛られて見るために、このような知恵と魅力を分析する最低限の感受性を失ってしまっているからである。

第三章では政治的観点から見ることが必要だとして、以下のように述べる。

馬上法廷は一種の政治的決断を反映するものである。国家権力を国の隅々に及ぼし、国家的統一を保証するだけでなく、辺境の地の人々も国家の直接的保護を受ける公民とし、法律も統一するのである。つまり法治は中国の現代化建設となる。馮裁判官は一九七五年から山道に分け入り、家族の理解も支持も得られずに、その山道で犠牲となった。摩梭族の楊さんは、基層司法における民族の平等と団結、男女平等を示すために一九七〇年代の末に当地の法院に入れられ、書記官且つ裁判官として養成されたのだが、彼女は結婚できなかった。彼らを通じて、馬の背に括り付けた国章に代表される国家は、僻地へと入り込んだのである。但し盗まれた馬と国章を取り戻すことに協力した当地の老人が泥棒の名前は教えようとしなかったように、司法と国家の及ぶところにはなお限界があったのではあるが。このような法治を進める背後には政権党の存在がある。裁判官の専門化、職業化、若年化、統一司法試験の実施等の背後にあるのは政権党の政治的考慮であり、それを推進するのは主として政治的決断力なのである。「司法の独立」というような法的概念、司法職の発展という要求だけではない。近現代以来中国の法治と司法は常に政治に導かれて作られ、このような過程の中で伝統的司法を脱し、現代の司法を形成し、法治実践の複雑な形を生み出した。

第四章ではこの現在の法治実践の問題について以下のように述べる。

映画が描く現在の法治実践が基層の司法にもたらした危機は、筆者のこれまでの調査からすれば実際に起きていることである。職業化、専門化、若年化の方針に沿って育成された若い裁判官であり、少数民族彝族である洛君が山道に分け入ることを拒絶したように、方針に合わぬ裁判官を早期退職させて行なった若手裁判官の募集であったにもかかわらず、それに応ずる大卒者のいなかった基層法院がいくつもあった。また採用した若手裁判官がすぐにやめてしまった基層法院もある。馮さんや楊さんのような統一司法試験に通っていない裁判官しかいない基層法院もある。もし裁判官の専門職化の要求に合致しない馮さんや楊さんがいなければ、法治の実践などできない地方がいくつもあるということであって、現段階では彼らのような裁判官が頼めば留まってくれるので法院が機能するが、五年、十年たつとどうなるかわからない。このような地域の法治は今後どのように推進されるのであろうか。

第五章は結論として以下のように述べる。

「馬上法廷」は中国の法治の実践形態の多様性と法治の過程の困難を一層明らかにし、それは中国の法治発展と中国の現代化、また全中国の政治経済社会の発展とは不可分であることを明らかにした。法学者や法律家は辺境の地での法治の実践へと繋ぐ努力をせねばならず、そのことを制約と見るのではなく、それは中国の法治を促進し、中国法学を創造するための要素と見なければならない。馬上法廷という人民法廷、現代化により最終的には消滅すると思われる基層の裁判官たちの知恵の現われ等はいずれも今進行中の中国の現代の法治の重要な構成部分であり、中国法学が発展するための一つの重要な資源なのである。

3　蘇力論文の検討

以上蘇力論文を概観したが、蘇力論文に現われる二つの視点に注目したい。一つは第二章を中心に見られる基層法院の裁判官の紛争解決の手法に対する蘇力氏の捉え方である。もう一つは第三章、第四章を中心に述べられる国家の政策として推進される「法治」と、中国社会の実態との乖離に対する蘇力氏の捉え方である。当然ながらこの二つの視点は分離したものではなく、相互に関連し合っている。

まず第一点についてである。

蘇力氏は基層法院の裁判官の紛争解決の一例として、兄弟の嫁の間の甕争いを挙げる。そして馮裁判官が甕を壊したことは争いの本を断ったために争う当事者双方には、実物の分配のみが問題として残ることになり、紛争の解決が促されたのではないかとし、それに加えてこの場合には馮裁判官という「熟練」裁判官に対する信頼と寛容も、その際に必要な要素であったであろうと言う。

また豚が遺骨を掘り返した事件では、馮裁判官が騒ぎをかえって大きくすることで、ここで賠償に応じなければ大変なことになるという現実問題を当事者に気づかせ、紛争を収めたと言え、これは単なる説得ではないが、しかし一種のより効果的な説得方法を採ったと言えるとして評価する。そしてこの馮裁判官の採った方法は、人の心や人の感じ方に対する洞察力に因るものとしている。

このような事例から蘇力氏は、基層法院の裁判官の持つ知恵は世界各地に通ずる司法に関する普遍的な知恵であり、それが今回の事件においてはこのような解決方法として現われたのだとする。そして馮裁判官の採った方法を単純に裁判と調停の基本的要求に反したやり方であるとか、個人の魅力や個人の知恵に頼るやり方であるから普遍性を欠いているとは言えないとするのである。

この二つの事件についての、「法と文学」企画のもう一編の李晟論文の評価もここで挙げてみたい。李晟氏も紛争の解決は馮裁判官の知恵に因るところが大きいとし、更に以下のように言う。

知恵だけでなく馮裁判官は、一五〇元の価値のない小豚に自身の金を払うというような経済的負担を負い、また遺骨を豚が掘り返した事件の時には、被告が賠償のための豚を引き渡そうとしないことに対し、馮裁判官自身が豚を連れて行く役を買ってでるという負担も負った。このため馮裁判官は腰を痛め、また洛君によれば裁判官としての威厳も損なったのである。裁判官は知恵を絞るだけでなく、このような負担も負わねばならない。これらは法学院で学ぶことではないが、基層法院の裁判官には必要なことである。このような裁判官が中国の司法の中の不可欠の構成部分となっている。

二点目の国家政策としての「法治」の推進と、中国社会の実態との乖離の問題についてである。

蘇力氏は、政権党の決断に基づき進められる「法治」を背景として、法学界が「脱」或いは「非」イデオロギー化の司法改革の下で採る裁判官の専門化、職業化、若年化、統一司法試験必須化があるとし、このような法治の推進が、基層の司法において危機を生み出していることを、この映画は表わしているとする。裁判官の職業化、専門化、若年化の方針に沿って養成された若手裁判官は辺境の地には行こうとしない。既に裁判官の職に就いている人に課せられる裁判官資格試験に誰も合格しないという基層法院も存在する。この状況の中、現段階では「法治」の下での方針に合致しない馮裁判官や楊書記官のような人物が基層法院を支えているが、彼らのような人が完全にいなくなる時には、辺境の地における法治はどうなるかわからないのである。

このような問題を指摘しながらも蘇力氏は、しかしこのような中国の現状を取り込む形で「法治」を進めてゆくことが必要だと主張する。

この点に関しては李晟論文でも、実践の中では馮裁判官や楊書記官も「法律家」と認め、また彼らのやり方も「法治」に含まれると認め、これらも含めて中国の法治の発展の全体像を考えるべきだとしている。

このような蘇力氏の二つの視点からすれば、現段階での中国の基層法院の実状というのは中国政府の推進する「法治」に必ずしも合致するものではないが、そこに含まれる要素は決して切り捨ててはならないものと捉えられている。この点は李晟論文も同様といえる。

ではこの視点をどう見るかであるが、かつて中国大陸の民事裁判理論の研究を検討した時に見られた二つの方向性が、現在なお続いていることが看取できると言えないだろうか。つまり「法治」の推進ということと、基層法院の裁判官の持つ要素を単純に否定することはできないということの二つが、以前指摘した基本的には西欧近代型の法制度を確立しようとする方向性と、必ずしも「近代法」を当然視せず、中国大陸社会の特性を活かした法制度を構築しようとする方向性に、まさに対応しているのではないかということである。またこの二つの方向性の中で民事裁判の理論研究が揺れつつ模索がなされている状況を見て取ることができたのだが、今なおその模索が続いているということになる。

そしてこの二つの方向性の揺れの中の接点として出てくる課題の一つが、人間関係の相互性から生ずる秩序の中に生きる「人」を分析し、その分析から得られた「人」を基点として、その「人」に必要となる法制度・法理論の構築を図るということと言える。しかしながらこの「人」分析から導出される「物語的主体像」の議論への関連性は、蘇力論文においては現段階では直接には見い出せない。

つまり日本の一部の論者に見られるように、裁判の主体が当事者であると捉えた時には、「近代法」の下での「理性的、合理的な人」ではない、「生身の人」、「等身大の人」としての当事者が主体的に紛争を解決しうるには如何にすべきか、そのためには裁判のあり方、裁判官の役割をどう見るか、裁判における法規範の位置付けはどうなるかが問題になる。更に当事者を裁判の主体と捉えるにしても、人の心理的欲求を「主体性」の核として強調する考え方もあれば、人の浮動・不確定な「主体性」に内在する創発力に信頼を置き、その目指すところは「私的自治」の活性化にあるという考え方もある。このような考え方の違いは、裁判における実体法規範の位置付けに差異をもたらすことになる。

また「現実の人」という観点からは、多様な周囲との関係の中で「人」は生きており、そのため内面に様々な葛藤を抱え、悩みながらようやく一つの決定をなすのであるということが重視されるため、周囲との「関係性」や、決定をなすまでの「過程」、「プロセス」が問題となる。

更にこのように不確定、多面的なものとして「人」を捉えるために「近代法」の下での「理性的、合理的な人」の存在に対する疑念から、自律を前提とする固定化した近代的主体像と異なる「動的主体像」或いは「物語的主体像」が論じられることになる。

以上のような「人」分析に関わる様々な問題について蘇力論文が論じているわけではないのである。

蘇力論文が重視するのは、基層法院の裁判官の持つ要素を切り捨てず吸い上げることによって、中国の「法治」を作り上げようとすることである。ところが蘇力論文は、この要素とは何であるかを特に説明しているわけではない。

ではこの要素とは何であるのか。

基層法院の裁判官の行なう裁判では、裁判官が如何にうまく紛争を収めるかが重要となっており、裁判官の持つ知恵や技こそが要点となっているため、紛争解決の鍵は裁判官にあることになる。その点からすれば日本の一部論者に見られる当事者が裁判の主体であるとの考え方とは逆の考え方とも言える。むしろ基層法院の裁判官は、伝統中国において裁判を担当する官が担った役割、所謂「父母官」の役割を担っているということになる。伝統中国において末端の行政単位の役所の長官が、現代の民事事件にほぼ相当すると考えられる紛争について、「情理」に基づく裁判を行ない、その際には当事者双方の納得する解決策を提示することで紛争を収め、そこではルール性を持つ規則に基づいて判決を下すという形は採られなかったとされるが、この時見られる喧嘩した子を仲直りさせる父母になぞらえた「父母官」の役割である。

但し伝統中国の「父母官」が裁判を担った社会では、そもそも権利概念の存在しない社会であったのに対し、基層法院の裁判官が生きる社会は権利概念が認められている社会である。よって基層法院の裁判官が人々の紛争を解決する際には、人々の権利を保護するとともに、紛争の生じた地域での人々の調和を回復させることを図らねばならない。そうであれば基層法院の裁判官の持つ要素とは、謂わば「和の中の『個』」の追究という課題に通ずるものではないか。「和の中の『個』」の追究とは、滋賀秀三氏を中心になされた東洋法制史の研究分野での、伝統中国における裁判の検討に基づく「法」の追究に加え、また治世観より中国社会を見る溝口雄三氏の説に立つ所から導出されるもの、つまり政治哲学の側面から「法」を追究することからも導き出されるものであった。それはまた溝口氏の提言に基づけば、伝統的な中国の公・私の枠組に見られるような中国の独自性を認識し、その独自性に基づきつつ、更に西欧近代的な個の観念を如何に導入するかということ、即ち西欧近代的観念に束縛されずに、新たな人と人とのあり方を探るという課題である。蘇力論文の重視している要素とは、まさにここに通ずるものと言えるのではないか。

では「和の中の『個』」を追究するには、更に何が具体的検討課題となるのであろうか。「和の中の『個』」の追究では、西欧近代の権利概念は認められ、西欧近代的な個の観念も認められるが、中国の伝統的な公・私の枠組みも維持しつつ、人と人の関係の保ち方をどう捉えるかが問題となる。そのため例えば、「権利」というものをどう捉えるかという点がさらなる検討課題となるのではないか。この他、人と人の関係の保ち方という点から見れば、人と人が調和のある関係を保つために、如何に人の行為を規律するかという問題と関わると考えられる。そこで例えば伝統中国社会に見られた、人の行動を規律し、社会の秩序維持を図る、徳と礼と法（＝刑）の関係の検討とも繋がるように思われる。

終わりに

以上「馬上法廷」の分析に見られる蘇力氏の視点は、「和の中の『個』」の追究に通ずるものであり、例えば権利概念の検討や人と人の間の秩序維持方法の検討等、更に具体的な検討課題がそこから派生するものであった。「和の中の『個』」の追究は、西欧近代法の概念に束縛されることがないという点で、やはり「近代法」の再検討の流れの上にあり、この意味では「現実の人」の追究と共通点を持つ。そしてまた「和の中の『個』」の「個」が「人」

であることから、「物語的主体像」の議論への関連性も皆無とは言えない。

ここで「物語的主体像」について言えば、「現実の人」の追究から導き出された大きな成果が「近代的主体像」に対置される「物語的主体像」であり、そこでは人の不確定性、多面性、複雑性が注目される。そして法律学の分野ではこの主体像に基づくことで、「自己決定」の意味が問われている。更に言及すれば、「自己決定」についてはフェミニズムでも大きな問題となっており、「自己決定」をなす「主体」は、「物語的主体像」に通ずる「行為体（エィジェンシー）」との表現も採られている。また「物語的主体像」は最近の経済学的分析と、ある意味では関連をもつ。例えば投資に関わる一般消費者の行動について、価値関数に基づき、投資する人の心理を読み取るという経済学的手法を用い、そして投資に関する一般消費者の心理の一般的傾向を熟知する投資勧誘者であれば、要所、要所で有効な勧誘行為を行なうことによって、投資顧客が外見上はあくまで自らの判断で投資を拡大していく（たとえそれが自身の損失を拡大するものであったとしても）ように仕向けることが可能となることを示し、そのうえで法律学の立場から契約締結後になされる勧誘行為に対する規律の必要性を問うものがある。投資を行なう人について、「理性的、合理的」な「近代的主体像」ではなく、「物語的主体像」の観点から捉えていなければ、このような論証の発想は生じないと考えられる。但しこの場合「人」の一般行動の分析については、価値関数による数値化という手法を用いており、一方で「物語的主体像」の不確定性、多面性、複雑性を重視する視点を持っているとなると平均化と不確定性という相反する要素を同時に具えることになるため、この相互の関係をどう捉えるのかに注意したい。この他「物語的主体像」の観点との関連で、当事者を主体とする紛争解決を実践面から分析する研究も挙げられる。

このように更なる展開を見せる「人」分析であるが、法学界における注目度については、例えば『法律時報』（二〇〇八年一月号）掲載の特集「法は人間をどう捉えているか」から知ることができる。特集の座談会「法における人間像を語る」部分では、「物語的主体像」や「第三の波」理論の「人間」が取り上げられ、また座談会の他各研究分野での「人間像」研究について論じられている。

さて蘇力論文は今述べたような「物語的主体像」に直接関連するものではないが、しかしながら蘇力論文はそもそも「法と文学」企画として書かれており、また経済学的分析への興味もその中から読み取ることはできるものである。そのため今後どのような展開を見せるかは簡単に予測はできないのだが、現段階での蘇力論文の視点に基づいて今後の探究の展開を考えるなら、「個」＝「人」の分析を含めた「人」と「人」のつながりのあり方の検討が必要になるということではないだろうか。

このように考えた時に一つ思い浮かぶのは、伝統中国の徳と礼と法の関係である。この三者は、人の内面の自律的規律を目標とする徳と、徳の発現形態であるとともに人の行動規制の面を持つ礼と、礼に反する行為を罰することで強力に人の教化を図る法（刑）という三つである。人の内面、形式による規制、そして強制力の三重構造で人の行動を規律することにより、社会の秩序維持を図っていると捉えられる。よってこの三者の関係の検討が、「人」と「人」のつながりのあり方を問うことに有益ではないかと予想される。また「人」と「人」のつながりということから、伝統中国社会で人にとって大きな役割を果たしていたと考えられる、共同体の意味も重要になるのではないか。更なる疑問が次々と湧くが、これらの点の検討は後日に譲りたい。

参考文献及び補記

伝統中国の裁判、滋賀秀三氏の研究、溝口雄三説についてより詳しくは、拙稿「伝統中国の法と社会への一試論」（『名城法学』四七－三、一九九七年）

中国大陸の民事裁判理論の展開及び二つの方向性、「現実の人」の考察と当事者を主体とする裁判及び裁判官の役割・当事者の意味・実体法規範の位置付け、「和の中の『個』」の追究についてより詳しくは、拙稿「現代中国大陸民事裁判理論の課題と伝統中国法の視角」(『名城法学』四九－一、一九九九年)

「物語的主体像」、また法律学における「主体」、「自己決定」及びフェミニズムにおける「自己決定」、「主体」、「行為体」についてより詳しくは、拙稿「『青鞜』論争から人と法へ」(阿部照哉先生喜寿記念論文集、成文堂、二〇〇七年)

「法と文学」の二つの方向性についてより詳しくは、拙稿「魯迅の描く『人』と届かない『声』、そして法」(『社会科学研究』五八－二、二〇〇七年)

伝統中国の徳、礼、法についてより詳しくは、拙稿「伝統中国の科刑原理と徳、礼、法についての予備考察――喜多・中村・川村報告を聞きて――」(『名城法学』五八－四、二〇〇九年)

権利概念の考察については、平井亮輔氏が、個人の権利の普遍性・不可侵性・優位性を尊重するリベラリズムに対する、共同体主義、多文化主義からの批判の核心を明解にまとめている点が参考になる。この点についてより詳しくは、拙稿「日本の法文化研究にみられる法意識と『近代』」(『名城法学』五七－一・二、二〇〇七年)

「人」の行動分析に経済学的手法を用いて、法律学上の問題を論ずるものとして、山本顯治「投資行動の消費者心理と民法学《覚書》」(神戸大学法学研究科二一世紀COEプログラム『法動態学叢書・水平的秩序』4紛争と対話、法律文化社、二〇〇七年)また本論文の内容に基づいた口頭の報告「投資行動の消費者心理と勧誘行為の違法性評価」もあり、経済理論の説明がより詳細になされている(北海道大学グローバルCOEプログラム編集・発行『新世代法政策学研究』五、二〇一〇年、第二特集「法と行動経済学の出会い――投資行動における消費者の合理性」)

この他山本氏は個々の消費者の消費行動の分析も行なう。そこでは「市場における多数の財からの選択」という視点から売買についての人の意思決定を見ており、そのためカルテルの影響で個人消費者が自由に意思決定できる範囲が狭められていると指摘され、この問題の存在を前提として生ずる損害が論じられる。またそれは、独占禁止法違反行為は「社会的厚生」の損失という「集合的な社会目的」を侵害するというだけでなく、「個々の消費者の権利・利益」も侵害するとの観点に立っているため、法的保護の目的としての「社会全体の利益・秩序」と「個々人の権利と自由」のいずれに根源性を求めるか、またその拮抗と均衡等が問題となっており、「和の中の『個』」の追究の立場にとっても示唆的である。そしてここで見られる消費者の消費行動の分析もやはり「人」の分析と言える。この場合も消費者の意思決定の分析に数式を用いるため、人の行動の平均化の側面が見られる一方、個々の消費者は「物語的主体像」で捉えようとする視点が根底にあると思われる。山本顯治「競争秩序と契約法——『厚生対権利』の一局面」（『神戸法学雑誌』五六‐三、二〇〇六年）、同「市場メカニズムと損害賠償——市場連動型不法行為における損害概念への一試論——」（『神戸法学雑誌』五八‐一、二〇〇八年）

当事者主体の紛争解決への指向と実践面での医療過誤訴訟との関係を簡便に知るうるものとして、『法学セミナー』（二〇〇七年七月号）の特集「新しいADRの世界を見る」

本文前掲『法律時報』二〇〇八年一月号が「人間像」との関係で掲げる「第三の波」理論を取り上げる座談会がいくつか目に付くが、「第三の波」理論の「人」に関する点については、当事者の主体性という問題として、高田裕成氏によって論及されている。「民事訴訟法学の方法論とその展望（上）」（『判例タイムズ』一〇四〇、二〇〇〇年）

「馬上法廷」が担う人民調解についての詳細な研究として、高見澤磨『現代中国の紛争と法』（東京大学出版会、一九九八年）がある。取り上げられている事件は一九八〇年代のものが中心であるが、これらを見ればどのような理由で紛争が生ずるか、如何にその解決が難しいかを感じ取ることができる。

映画「馬背上的法庭」は、第六三回ベネチア国際映画祭ホライズン（新人監督）最優秀賞受賞作品である（二〇〇六年）。この映画のDVDは、二〇〇九年三月に筆者が北京を訪れた際に、陳新宇氏（清華大学法学院）の好意で入手できた。陳氏に深く感謝する。

第七章　日本の法文化研究にみられる法意識と「近代」

始めに

我国で法文化研究と言われまず念頭に浮かぶのは、川島武宜『日本人の法意識』であろう。この著作において川島教授は日本社会の課題として、近代法システムの確立と近代法システムに対応する法意識の形成を挙げた。しかし近年の地球規模の変動の中、多様化が認められるのか、或いは一つの価値観への収斂が進むのかの判断もつきかねるような、複雑化する社会で生きる我々は、川島氏の掲げた課題をそのまま受け入れるわけにはいかなくなっている。では現代において法文化研究を行なうことで、どのような課題が見えてくるのだろうか。それを知るために、川島氏以降の法文化研究を辿ることとした。その結果一つ気づかされたのは、法文化研究は、「近代法」が内包している問題点に目を向けさせ、そして「近代法」の限界を知ったうえで、現代社会に求められる法秩序の探究をなすために、一つの視点を与える役割を担うのではないかということであった。

一 『日本人の法意識』

まず本節では、川島武宜『日本人の法意識』（一九六七年）の内容を振り返ってみる。

日本は十九世紀の後半、つまり明治時代に西欧近代法典を整えたが、その時点では西欧近代法典の意味するところと、現実の人々の生活上の行動には大きな隔たりがあった。この隔たりはどのようなものであったか、この隔たりは時代を経るにつれてどのように変化したかが問題となる。そこで日本人は現実の生活の中では如何なる法意識に基づいて行動し、またその法意識は時代とともにどのように変化したかの分析を行なうと川島氏はする（第一章）。

そして川島氏は次の点を挙げる。

江戸時代の末までは日本では「権利」という言葉はなく、幕末・明治時代以後西欧近代法の概念を導入して始めて、日本人は「権利」という概念を知ったのである。もちろん江戸時代までの日本人は様々な意識を持っていたのであり、例えば、物を所有する意識は持っており、また貸した金を返して欲しいと要求する意識も持っていた。しかし日本においては、西欧のような「権利」概念は生み出されることはなかった。明治以降日本では「権利」概念が用いられるようになるが、直ちに日本人が強い権利意識を身につけたわけではなかった（第二章）。

また川島氏は次の点も指摘する。

日本人は、法律が権利・義務の内容を定めていると考え、法律の言葉の意味を確定的・固定的なものと捉える意識が弱い。そこで日本人は様々な角度から法律を解釈する。また日本人は法律の規範性をあまり意識しておらず、そのため法律があっても、現実への妥協がさほど抵抗なく行なわれる例がしばしば見られる（第二章）。

そして川島氏はさらに三点を挙げて、日本人の法意識の特徴を指摘する。

まず日本人は西欧近代法の保障する所有権の意識があまり強くない。例えば、日本人は誰にも使用されていない物や誰にも占有されていない物については、所有者本人の許可がなくともそれを使っても特に問題はないと思っていることが多いのである（第三章）。

次に日本人の契約についての理解が近代法の予定するものとは異なっている。日本人は契約が成立しているかどうか、或いは何時契約が成立したか、ということについて明確さを求めない。且つ日本人は契約内容を明確に決定しておかねばならないと考えておらず、もし何か問題が生じたなら、その時点でどのように解決すればよいかを話し合えばよいと考えているのが一般的である（第四章）。

第三に、日本では民事訴訟は多くない。訴訟には多くの費用、多くの時間がかかるので、訴訟を避けたいと考える人もいるではあろうが、しかしこれが根本的な理由とは思われない。なぜなら費用の問題が大きな問題とはならないと考えられる大企業であっても訴訟を好まず、また統計に基づけば簡易裁判所での民事訴訟のおよそ八割は六ヶ月以内に解決に到っているにもかかわらず、企業が簡易裁判所に訴訟を提起する例は少ないのであるから、民事訴訟が少ない根本的な理由はやはり日本人の法意識にあるのではないか。つまり伝統的な法意識の下では、日本人は権利と義務を明確化し、確定的なものとすることを好まず、その明確化・確定化されていない権利と義務の上に人と人の友好的な関係を築いている。そのため日本人はもし訴訟を起こして権利・義務の内容を判決で明確化・確定化するなら、良好な人間関係を破壊するのではないかと考え、訴訟を起こすことを好まないのである。さらにたとえ日本人は民事訴訟を起こしたとしても、和解で解決することを好む。また日本では調停制度が存在し、民事紛争の解決を調停によることも多い。調停は確定的な規範や権利の主張を必要とせず、当事者双方の合意により紛争を解決するものであり、紛争を丸くおさめるものといえる。明治時代に、日本人の法意識に対応する紛争解決方法として制度化された調停は、その後人々の間で「権利」主張が見られるようになると、それを抑圧する意味をもつことにもなった（第五章）。

以上のような分析を踏まえて川島氏は、明治時代以後、特に戦後の日本において人々の法意識は変化しており、権利意識が強くなる方向に向っているとみている。人々は権利を主張し、自己の権利を主張するために訴訟制度を利用するようになってきており、また法律は判断の基準となり、法律の内容が明確化されることを望むようになっているとみている。そしてこのような傾向は今後一層強まるとみて、川島氏は日本人の法意識が近代的な法意識に近づいていると考えるのである（第六章）。

以上『日本人の法意識』の内容を振り返ってみた。そしてそこから川島氏がこの研究により提起した日本社会における課題とは何であったかを抜き出してみると、次の二点ということになる。つまり日本社会において近代法システムを確立すること、且つ近代法システムに対応した法意識を形成することである。

二　川島武宜以後の研究

川島武宜『日本人の法意識』は、学界において大きな反響を引き起こした。そして川島氏の着眼点に対して人々が大きな興味を覚えながらも、その一方で川島氏の論ずるところに様々な疑問を差し挟む形で、論を展開する道が開かれた。そしてそれにより日本人の法意識という研究テーマが、法文化研究の重要な構成要素となり、日本の法文化研究が発展していったということになる。

ところでこの動きの中で興味深い点は、日本人の法学者のみならずアメリカの日本法研究者も、川島氏の主張に対して自己の論を展開していることである。その最も有名なものとしては、ジョン・O・ヘイリー氏の、“The Myth of the Reluctant Litigant”（一九七八年、日本語訳・加藤新太郎「裁判嫌いの神話」）が挙げられる。ヘイリー氏は、日本において訴訟が少ない理由は、日本人の法意識の問題ではなく、むしろ訴訟制度等、その他の原因が大きいと主張する。

ヘイリー氏はまず訴訟数に関わる統計資料によるなら、日本人が訴訟嫌いであると、単純に言えないことを指摘する。そのうえで日本がアメリカに比べ、訴訟数が少ないことの理由の説明を試みる。

ヘイリー氏は一つには、日本社会はアメリカ社会に比べて、第三者が紛争当事者の間に立ち、紛争を解決するとのしくみがうまく機能しており、訴訟の回避がもたらされているのではないかと指摘する。

また制度の面からみると、裁判官の数が少ない等の理由で訴訟の遅延が引き起こされ、それが訴訟の回避につながってゆくと指摘する。その他日本においては、例えば議員定数不均衡が問題となった訴訟での事情判決にみられるように、裁判所による救済可能の範囲が限定されていることや、また裁判所が決定を遂行するための法廷侮辱の機能を欠いていることも問題視している。

これらの点を指摘することでヘイリー氏は、日本は制度的な面から訴訟の増加が抑制されていると説くのである。川島氏は訴訟の少なさについては、制度的理由も考えられるが、人々の意識によるところが大きいとしたのだが、これに対してヘイリー氏は人々の意識というより、制度等に原因を求めるべきだとするのである。

さてヘイリー氏以外に、川島氏の日本人の法意識と訴訟の関係についての見解に対し、自己の説を主張するアメリカの法学者としては、フランク・アップハム、マーク・ラムザイヤーがしばしば挙げられる。

アップハム氏は、“Weak Legal Consciousness as Invented Tradition”（一九九八年）において、京都府保津村での入会地をめぐる長期にわたる紛争事例を辿る。そして江戸時代、明治時代、戦後の紛争解決方法を比較することで、戦前日本人は決して訴訟を嫌っていなかったことと、しかしながら戦後保津の紛争は最終的に非法的手段によって解決に到ったことを示している。このような例を挙げたうえで、日本の戦後の訴訟率の低さについて検討し、アップハム氏は、それは戦後の官僚たちによる政治的選択が生み出したものとしている。日本での訴訟率の低さは、文化的要因というより官僚による政策の結果と考える方が妥当というのであり、この点でアップハム氏も訴訟率の低さについて、文化や伝統より制度面に原因を求めている。

アップハム氏の研究に関連するとの意味もあるので、ここでもう一つの文献、井ヶ田良治「『日本人は裁判ぎらいの神話』について――日本人の法観念の歴史的研究のために――」（一九八四年）を挙げる。本論文は日本人の裁判忌避傾向の原因を探るため、歴史的検討をなすべきことを主張するものであるが、この中で井ヶ田氏は、アップハム氏の"Litigation and Moral Consciousness in Japan――An Interpretative Analysis of Four Japanese Pollution Suits"（一九七六年）を採り上げている。(1)

井ヶ田氏はアップハム氏が次のように指摘する点に注目している。つまり日本では公害訴訟において、被害者が孤立を恐れてお国のために権利侵害を甘受したり、また被告側も徹底的に法を活用して自己の経済的人格的利益を守ることをあきらめようとするが、この点が訴訟にみられる日本人の共同体的反個人主義的態度という特徴であると、指摘する点である。

もう一人のラムザイヤー氏は、その著書『法と経済学』（二〇〇四年）において、日本ではアメリカに比べ交通事故についての訴訟率が低いことは、文化的要因や費用面にその原因を求める説もあるが、経済学的モデルと交通事故におけるデータを用いて検証した結果、予測可能性説によって説明できるとする。即ち日本では、交通事故の訴訟については、裁判官が下すであろう判決を当事者双方が予測しうる確率が高いために、当事者双方は訴訟によるよりも費用負担の少ない裁判外の交渉で、その予測しうる結果を得ようとするため、結局訴訟率が低くなるとラムザイヤー氏は説明するのである（第二章）。

この他最近出版されたダニエル・H・フット『裁判と社会』（二〇〇六年）においてフット氏は、日本とアメリカは共通点を有しながら、一方で相違点も有しているとの観点から論を進める。例えばしばしば日本の特徴として挙げられる、和の重視、対立的でない紛争解決を好むこと、謝罪を重視することなどはアメリカにおいてもやはり見られるとして、その例を挙げる。このようにフット氏は、日本、アメリカの法や法意識を論ずることにおいて、固定観念に囚われることのないように極力注意を払っている。そして日米の法や法意識の違いには、文化的要因と制度的要因等様々な要因が複雑に関係し合うとしている。そしてその点からすると、川島説は文化的要因に重点を置くために、他の要素の評価が低くなりすぎているのではないかとフット氏は指摘する（第一章）。

以上のようにアメリカ人の法学者によっても川島説に対する分析がなされている。これらとの関連で言えば、五十嵐清「西欧法学者が見た日本法――『日本人は裁判嫌い』は神話か？――」（二〇〇二年）が、川島論文と野田良之教授の日本人の法観念についての研究を前提として、西欧の法学者による日本法研究の要点を明確に整理・論評している。五十嵐氏は、「日本人は裁判嫌い」の神話について、文化要因説と制度要因説の対立があるが、真理は中間にあるとの折衷説が最近の西欧の日本法研究者の間で有力になりつつあると述べている。

では日本人による研究に目を向ける。早い時期のものとして、佐々木吉男『民事調停の研究』（一九六七年）が実証データに基づいて、手続の煩雑さ、解決の遅延、費用の高価性という日本の民事訴訟制度の制度上の問題点が訴訟を避ける傾向を生むことを指摘している（第五章）。この点で佐々木研究は川島氏と異なり、訴訟の少なさの原因を制度に求めていることになる。

ここで佐々木氏の他の指摘にも触れておくと、佐々木氏は、調停に関して当事者の互譲と合意をあまり強調することは、単に当事者双方の主張を折半した結論を押しつけることを招来するのではないかと指摘する。佐々木氏は調停制度の目的は法文上から考えても条理にかない、且つ実情に即した解決を図ることにあると主張し、あくまでその目的のために互譲がなされると考えるのである。このような観点から佐々木氏は、川島氏も挙げていたところの、調停は紛争を非権利的に処理する制度と捉える考え方には疑問を呈している（第三章、第四章）。

このような川島氏の訴訟数の少なさの要因についての考え方に、不賛同を示すもの以外に、川島教授の西欧社会の捉え方についても、それが西欧社会の現実を本当に捉えているのか、つまり川島氏は日本と西欧双方の社会の違いを極端化して対比してはいないかとの指摘もなされている。この指摘は先述のフット氏のような、西欧社会と日本社会の違いを相対化して捉える視点とつながるものである。

このような指摘を含め川島論文については実に様々に論じられているが、そのような議論状況についてより詳しく知りうる近年の文献として以下のものを挙げておく。

六本佳平『日本の法と社会』（二〇〇四年）第二章、法文化、和田仁孝・太田勝造・阿部昌樹編『法と社会へのアプローチ』（二〇〇四年）第一章、法社会学は何をしてきたか――川島武宜の法意識研究を中心として（松村良之）、同書第八章、歴史から法を読み解く――歴史法社会学（佐藤岩夫）、棚瀬孝雄編『現代法社会学入門』（一九九四年）第三編第一章、権利意識と法行為（樫村志郎）。

以上のように戦後日本における法文化研究の展開に川島論文の持つ意味は大きい。ではこれを前提として、次に必ずしも川島論文を直接の検討対象としないものも含めて、川島研究以降の日本における法文化研究の展開を見てみたい。

さてその場合次の形を採りたい。川島研究は法意識に関わる側面と、「近代化」に関わる側面という、二つの側面から分析することができると思われる。そこで以下においては節を改め、法意識に関連する研究と、「近代化」の問題に関連する研究に分けて、法文化研究を辿るものとする。

三　法意識に関わる研究

法意識に関わる研究としてまず挙げるのは、柴田光蔵教授の研究である。柴田氏は日本人の日常生活の中にみられる行動を捉えて、法文化を分析する。その分析対象とされる人々の行動は川島氏のものよりははるかに広いものとなっている。柴田氏の法文化研究に関わる著作は多く、最も早いものとしては『法のタテマエとホンネ』（一九八三年）であり、最近のものとしては、『タテマエの法　ホンネの法（新版増補）』（二〇〇六年）である。柴田氏の分析視角は、法規定をタテマエとした時に、日本人の現実の行動をホンネと見て、その二つの間の齟齬に着目して、日本の法文化の特色を探ろうとするものである。

柴田教授によれば、日本人はある法律があったとしても、必ずしもその法律を守って行動するとは限らず、時には法律をほとんど守らないこともありうるとする。そして法を守らないとの点においても、そこには様々な側面がみられるということから、テーマごとの検討がなされる。日本型契約、時効についての日本人の受け止め方、法を悪用した法曹、理想とする法制度と現実が大きくかけ離れた例として見る憲法第九条、人質事件にみられた人質解放のための「超法規的措置」等、様々な問題が取り上げられている。

また時効という制度についての日本人の意識というテーマともつながるが、裁判制度の中にみられる、例えば「判決確定までは無罪と推定する」等の法原理・原則への日本人の受け止め方も取り上げられる。そしてさらに訴訟のために法廷技術を駆使することに対する日本人の違和感も取り上げられる。これらは『法のタテマエとホンネ（増補版）』（一九八六年）から登場する隣人訴訟の問題で扱われた、権利や法を振りかざす行為と受け取った場合に、それに対して日本人が示す嫌悪感の問題と通ずるものである。そしてこの点はさらに『タテマエの法　ホンネの法（新版）』（二〇〇四年）から扱う和歌山毒物カレー事件での黙秘権の行使に対する日本人の拒否反応という側面からも分析されており、一つの大きな論点となっている。

この柴田氏の研究同様に、日本社会の法に関連する諸問題を検討するものとしては、例えば、角田猛之『法文化の探求』（二〇〇一年）がある。本書は社会の変化、科学技術の発達に伴い現われてきた様々な法的問題を扱っている。

江戸時代の法文化研究について言えば、数名の日本法制史学者の講演やシンポジウム記録をまとめた、國學院大學日本文化研究所編『法文化のなかの創造性』（二〇〇五年）が、平易な語り口で、江戸の法文化に対する興味を呼び起こす内容となっている。

古代に関して言えば、田中茂樹教授が日本の古代の文芸作品を分析することで、法文化を検討しようと試みている。例えば『蜻蛉日記』や『万葉集』の和歌などが取り上げられている。法文化を語るためにより詳細な検討が更に必要となる可能性はあるが、分析方法としては興味深いものである(2)。

次に挙げるのは、以上のものに比べて、法文化を取り上げるに際して比較法的観点の強いものである。

まず大木雅夫『日本人の法観念』(一九八三年)を挙げる。この著作は分析対象が幅広く、取り上げる論点も多いことから、やや詳しく見てゆく。

大木氏は西洋の比較法学者のこれまでの極東の法に関する通説に疑問を呈する。大木氏によれば西洋の比較法学者の極東の法に関する一般的見方は次のようなものである。西洋においては法による行為の規律、また個人の権利の保護が重視され、社会が法に服していることが望まれる。一方極東においては、行為を規律するのは法よりも、調和を重んずる不文の行為規範であり、また調和が重視されるため、裁判形式での紛争解決は望まれない。そしてこのように極東の人々が考えることの原因は儒教文化の影響によるのである(第一章)。

大木氏はこのような通説に疑義を唱え、西洋の比較法学者は儒教の影響を過度に強調していると言う。これに加え大木氏は、日本の比較法学者である野田良之教授が、日本人の法観念の特色の原因を日本人の根本的な性格や日本の地理的、歴史的条件に求めることにも疑問を差し挟む(第一章)。

これらの疑問に基づいて大木氏は、歴史的に西洋の法と極東の法を検討してゆく。

大木氏は西洋の、法の神聖視に基づく「法の支配」の理想について、イギリス、フランス、ドイツを検討する。そして例えばイギリスで「法の支配」は現実には王権ないし行政権に対する議会の優位という形で発展したこと、フランスで「法の優越」とはいうが、法条崇拝の絶対化が見られ、また一方で「権利」によらない法理論が唱えられた例もあったこと、ドイツでは法治国の観念は行政分野における国家の法の適用の法律適合性のみを意味する形式的捉え方に限定されてゆき、その時期が続いたこと等を挙げる。そして大木氏は西洋の「法の支配」が、法による個人の権利の保護、自由、平等の理念の実現に関連するものとなった歴史は決して長いものではないとする（第三章）。

次に大木氏は中国については、中国人の思想の中には、儒家や道家さらには法家の影響も見ることができ、それらが融合していると言うしかないとし、それゆえ儒教の影響のみを極端に強調することはできないとする。

また大木氏は中国では訴訟より調停が好まれたとする通説に対して、中村茂夫「伝統中国法＝雛形説に対する一試論」を挙げて反論する。中村論文は、伝統中国の法は雛型にすぎず、適用されたわけではないとする通説と、伝統中国では民事的紛争の解決は民間の処理に任され、国家の関与によって解決されることは極力避けられたとする通説に実証的に反論し、従来の通説の根拠の薄弱さを明確に示したものである。この中村論文に基づき大木氏は、伝統中国において民衆は官憲に訴え出ようとする強い権利意識を持っていたとするのである（第四章）。

さらに大木氏は日本について以下のように言う。日本のどの時代の法制度も当時の統治者が必要だと考えた妥当な理由に基づいて作られている。これはその統治者がその時代の法に基づいて国を統治していることを意味するのであるから、単純に法治がないとか、非法と言うことはできない。また日本では「権利」という言葉が生み出されることはなかったが、しかし如何なる時代においても人々は権利意識に相当する意識は持っていたのである。ところがこのような人々の意識に対応して、司法制度がその人々の意識を汲み上げるものとなっているなら権利意識は表面化するが、それを汲み上げない司法制度の下では、権利意識は表面化しないことになる。そのうえ、たとえ紛争が生じたとしても、もし訴訟より、より簡便な紛争解決方法があるのであれば、人々はそちらの方法を使うことになる。よって訴訟が少ないということは、必ずしも権利意識の大小と関わらないことになる（第五章）。

この点に関してより詳しく大木氏の主張するところを知るために、大木氏による日本の各時代の司法制度に関する論述の一部を次に挙げてみる。

鎌倉時代は武士の所領に関する権利意識が著しく高く、幕府役人による紛争処理の基準を定めた御成敗式目が制定されており、御家人の所領に関する訴訟である所務沙汰の手続が特に発達し、権利意識の高まりに対応する形で司法制度が整えられた。また鎌倉時代の中期には地頭と領家との間の荘園をめぐる争いを解決する方法として、和解手続といえる「和与」が発展した。この後江戸時代に目を向けると、民事訴訟にほぼ重なる公事やまた百姓一揆の状況からするなら、江戸時代の民衆もやはり強烈な権利意識を持っていたと思われるが、江戸幕府はこのような意識を切り捨てる方向へと司法制度を作り上げてゆく。例えば相対済令により金公事についての訴えを受理しない措置を取り、そもそも公事については当事者間で紛争の解決をはかる内済を奨励したのであった。このような制度を作り上げたのは、例えば急増する訴訟を処理することに制度的に追いつけないなど、そうせざるをえないという為政者側の必要があったと考えられる（第四章）。

以上のように大木氏は従来の通説に反論しつつ、法秩序や法観念が規定される原因を考える時には、その地の人々の国民性というような捉え難いものに拠るよりも、その国の司法制度を分析すべきとの見方を示すのである。ところで大木氏の伝統的な中国や日本の法制度についての論述は、先述の中村論文に拠った例にみられるように、かなり法制史分野の先行研究に基づいてなされている。

さてこの他比較法の観点に立つ法文化研究としては、木下毅『比較法文化』（一九九九年）が挙げられる。また動物に関わる法文化について日本とヨーロッパの状況を比較したものとして、青木人志『動物の比較法文化』（二〇〇二年）がある。また青木氏には法文化に関わる内容を平易に論じたものとして、『「大岡裁き」の法意識』（二〇〇五年）がある。

次に中国法制史の研究分野での法文化研究として、滋賀秀三「中国法文化の考察」（一九八六年）を挙げる。滋賀教授はヨーロッパの伝統的訴訟観または訴訟構造と帝制中国の訴訟観または訴訟構造を比較し、そこからヨーロッパの法文化と中国の法文化の違いを導き出す。

滋賀氏は、帝制中国の裁判に通ずる特徴との意味も含めて、清朝の裁判の特徴を分析する。

清朝の裁判においては、重い刑罰を科すべき事件、つまり重罪案件と、軽い刑罰で済む事件で、その処断の仕方に違いがみられる。最も末端の行政官庁である州や県で処理できる軽い刑罰を科すこととなる事件は州県自理の案と呼ばれ、そこには民事紛争が多く含まれたということが言える。重罪案件においては、犯罪事実の認定には本人の自白が必ず必要であった。自白に基づいた事実認定がなされれば、次に厳格に成文法に基づいて処断することになる。その場合、刑を科すにはどの条文に拠るのかの判断が重要となり、引くべき条文が定まれば科すべき刑も確定する仕組みになっていたので、裁判担当官の量刑についての裁量は存在しなかった。一方州県自理の案では法律条文に拘束されるのではなく、「情理」に基づき、個々の事件に応じた具体的妥当な解決策の提示が求められた。この「情理」とは、中国人であれば誰もが理解しえる正義衡平の感覚であったといえる。そして州県自理の案は、一旦納得したはずの当事者が争いを蒸し返すことも可能であり、その場合、裁判の担当官は何度も審理をしなければならなかった。

以上のような特徴を挙げ滋賀氏は、中国の訴訟では、主張の争いに第三者が判定を下すという構造が存在せず、それが対立する主張のいずれが正しいかの判定を下す仕組を持つヨーロッパの訴訟との大きな違いとする。

また滋賀氏は、アゴン（競技）にヨーロッパの訴訟の原型を求める野田良之教授の説にならい、中国の訴訟の原型を、裁判を担当する官が、兄弟喧嘩の間に立つ父母のように調和を回復させる点に求める。

そして滋賀氏は、西洋の訴訟のような「判定」を欠く中国の訴訟構造の下では、「法」＝「正しさ」との発想は生まれず、これよりヨーロッパの法文化に比べ、私法体系を生み出さず、法学も発展しなかったという中国の法文化の特徴が生まれたとみている。

ところでここで野田教授の示すヨーロッパの訴訟と、滋賀教授の示す中国の訴訟の特徴のもう一つの面にも注目してみたい。野田氏によれば、ヨーロッパにおいて訴訟の本質は争う両当事者がその勝敗を決することにあり、裁判人は、当事者が公平にその競技を進めていくためにルールを適用するとの役割のみ負い、あくまで当事者が出した結果を確認するということを行なうにすぎない。野田良之「私法観念の起源に関する一管見――L. Gernet の研究を拠所として」(一九七五年)はこのように指摘する。

つまり「アゴン」型訴訟では裁判人は当事者の争いに介入せず、当事者が勝敗を決するといえる。これに対し滋賀氏の掲げた「父母官」型訴訟では、裁判の担当官が積極的に当事者に関与し、調和を回復させることに努めるというのであるから、ここにみられる二つの型の訴訟の、裁判人と当事者の位置付けの違いも興味深いものに思われる。

さて一九九〇年代に入ると法文化研究にも多元化の影響がみられるようになる。「多元性」と関わる法文化研究については、千葉正士教授が早い時期からこの点に注目している。それは法人類学の観点から、多くの地域の法文化の特色を検討するものである。その研究の成果は『法文化のフロンティア』(一九九一年)や『アジア法の多元的構造』(一九九八年)にまとめられている。

千葉氏と同様に多元化の観点を持ち、また近年の法理論の展開を視野に入れた法文化研究としては、竹下賢・角田猛之編著『マルチ・リーガル・カルチャー』(一九九八年)がある。この書においては、本書の分析視覚と一九八〇年代以降の日本における法文化研究の研究状況について、竹下氏、角田氏が各々述べている(はしがき、終章)。本書は多文化主義の観点と、日本の法文化を多面的に分析しようとの観点を持つものである。ただ章ごとに執筆者が異なることから、法文化の分析手法は必ずしも同一ではない。その中からここでは、多文化主義と法文化研究の関わりに着目している平井論文を取り上げたい。

平井亮輔「正義をめぐる法文化」は、法の考察のために考えざるを得ない正義の問題を取り上げている。平井氏は現代正義論の主流と言えるリベラリズムは、個人の権利を重視し、その権利の普遍性と不可侵性または優位性を尊重するものであるが、そのリベラリズムが現代の我々の法制度・法文化の基礎となる理論と言えるとする（一五頁）[3]。その一方で平井氏は近年のリベラリズムへの批判を取り上げ、その要点を整理しつつ、権利のあり方への提言をなそうとする。

平井氏は共同体主義からのリベラリズムに対する批判として、権利も特定の文化を前提としたものにすぎず、必ずしも普遍的な基礎と射程を持つものではないと主張される点を挙げる（一七頁）。

そして平井氏は、言説として権利が実際に使用される場合に、その価値根拠や相互的性格から乖離して、権利が他者からの要求や問いかけを断ち切り、自己の主張を一方的に貫徹するための道具として用いられる文化的傾向性があること、この点を共同体主義はリベラリズムへの批判の眼目の一つとしていると述べている（一八頁）。

また平井氏は多文化主義からの批判として、リベラリズムとその政治が西洋近代の特殊な文化の表現にすぎないとし、「権利の文化」の押しつけを拒否することを挙げる。しかしながら多文化主義は権利言説を否定するのではなく、支配的な西洋近代的な「権利の文化」に対して、文化的差異への配慮を要求するのであり、それゆえ多文化主義においては、ある文化的集団を主体とする特別な権利の要求がみられるとする（一九－二〇頁）。

このように共同体主義と多文化主義からのリベラリズムへの批判が挙げられている。

ところで平井氏自身は権利に関し、自他を相互的な関係の中に引き入れて議論を立ち上がらせたり、或いは継続させるものとして権利を位置付け直すことが必要だと言う（一九頁）。またマイノリティ文化の承認のために、共通言語として権利を使用することは、他者との新たな承認関係を形成するための通路として権利が働くとの意味をもつので、全体社会の政治的統合に反するとはいえないと述べている（二一頁）。以上平井論文から、法と密接に結びつく正義の観念の探究のためにも、文化または法文化の考察が重要な意味を持つことが明らかとなる。

さてここまで挙げてきた研究は、法文化研究としての川島論文を法意識と近代化の二面に分けて見た場合の、法意識の系統につながるものである(4)。ただ最後の平井論文は二側面の双方に関わるともいえる。続けて近代化の問題に関わる研究に移りたいのだが、それらについては次節で述べることとする。

四　「近代化」に関わる研究

「近代化」の問題に関わる研究として、一つには棚瀬孝雄「近代の理念とゆらぎ――川島法社会学の理論と実践」（一九九三年）を挙げたい。

棚瀬教授は川島教授がその実現を目指した「近代」とは、我々の法或いは法秩序の基礎にあるものとして抽象化された「近代」であり（筆者は理想化された「近代」と言い換えることが可能と考えている）、それゆえ川島教授は近代の価値を素朴に信ずることができたのだと述べる。しかし我々にとって「近代」はもっと複雑化していると、棚瀬氏は言う。棚瀬氏はさらに言う。日本のモデルとされた西洋において、例えばアメリカでは「訴訟社会」のいきすぎが語られ、「法の過剰」により個人の自律領域が侵害されていることが指摘され、もはや川島教授が言うように、常に法を使うことが正しいと言えなくなっている。また人々が生活実感として、法を使わずとも、また強い権利主張をせずとも問題が解決していく社会に満足している可能性もある。そして権利の主張が本質的に持つ脱文脈性が、生活世界に実際に見られる人々の間の関係性と摩擦を生ずるのではないかとの視点は川島教授に見られない（四頁)(5)。

棚瀬氏の主張は、「近代」に対する懐疑を意味している。しかし注意せねばならないのは、これは近代の否定を意味するのではないことである。これは近代の価値観は重視するのではあるが、我々が当然に重要であると考える近代の価値観を一旦疑い、そして一面で反省を加えつつ、一方で近代の価値観を再検討するという発想である。その目的とするところは、その発想に基づくことで現代社会における法秩序を再検討することにある。この思考方法は近代の啓蒙と近代の反省の間で揺れ動く思考方法とも言える。それゆえ棚瀬氏は近代法への揺れという観点から、川島氏の研究を辿ってゆくのである。

棚瀬氏は指摘する。川島教授は日本人の法意識を近代法システムに適応するものに改変し、法が普遍的に妥当する近代的な法秩序を日本社会に確立することを目指した(一一頁)。しかしながら日本人の法意識という問題について言えば、川島教授の考え方も、改変すべき法意識というものから、日本に固有の意識という捉え方へと、微妙な変化が読み取れる(一八頁)。

棚瀬氏はこのように川島氏の中に近代に対するゆらぎを読み取る。そして棚瀬氏自身、日本の法文化を改変すべきものと捉えるのではなく、日本に固有の法文化と見ることに現われる近代のゆらぎの中に身を置く視点が、現代社会における法秩序を探究するための端緒を与えてくれると見ているのである(二二－二四頁)。

次にもう一つ川島研究の「近代化」の問題に関わるものとして、田中成明「日本の法文化の現況と課題」(一九八六年)を挙げる。

田中氏は、川島氏が権利観念や裁判手続等を指標として近代化の段階を計ろうとした分析手法に対して、現代日本の状況を計るにはそのような一元的モデルを用いることには限界があるとする。そして田中氏は、普遍主義型法・管理型法・自治型法という法の三類型モデルという理論枠組を提起する（六－七頁）[6]。

田中氏によれば普遍主義型法（自立型法）のモデルの下では、国家権力の恣意専断的行使が制禦されることと、一般的ルールが公平に適用されることで形式的正義が実現されているとする。そしてそれによって個々の市民が自己の意思に基づき一般的な法的ルール・枠組・手続を活用して、自主的に利害調整や紛争解決を行ないつつ、各人が選択した善き生き方を実現してゆくための自由と平等を保障しているとする。但し近代西欧法システムがこのような普遍主義型法（自立型法）モデルを全面的に実現したということではないと、田中氏は断わっている（七－八頁）。つまり普遍主義型法（自立型法）モデルとは、近代西欧法システムの下で目指された理念や法秩序が実現されている状態を指すモデルということになる。

これに対して管理型法は、公権力機関が特定の政治的社会経済的な政策の目標を確保・実現するための手段として定立・運用する、一般的な命令・指図をいうとする。また自治型法は、各々の社会構成員の意識・行動を現実に規制している非公式な社会規範や、そこで共有されている正義・衡平感覚に基づいて自主的に生成され、作動する法をいうとする。そして田中氏はこの三つの法類型については、どれが良いという価値判断を含むものではないとして、各々が長所・短所をもつとの前提の下で、この三類型の組み合わせにより、現代社会に対応すべき法システムを分析してゆくことを主張する（八頁）。

田中氏は法文化との関連については、普遍主義型法（自立型法）システムの存在は、市民的法文化の成熟の必要条件ではあるが、現段階では十分条件ではないと述べる。そして市民的法文化の成熟のため、つまり市民間の自律的・相互主体的な法的関係の確立には、管理型法による公権力機関の配慮・介入による市民的法文化の成熟に必要となる社会経済条件の確保が必要となるとしている。また自治型法は、それが対等独立の市民相互間の自主的合意に基づいている場合には市民的法文化の成熟につながるとする。しかしその一方で管理型法はそれ自体として、他律的・受動的な法文化を生み出す傾向を持つことと、自治型法はその基盤となる社会の組織化・集団化が進むと、個々の構成員の自主的合意の側面が弱まり、構成員の自律性・相互主体的関係の形成を抑圧する可能性が出てくることも指摘する（一〇頁）。

田中氏は、管理型法、自治型法の長所・短所を前提としたうえで、市民的法文化の成熟は、普遍主義型法（自立型法）、管理型法、自治型法が相互に補い合うことによって達せられるとみているのである。この前提の下で田中氏は日本社会の市民的法文化の現状について、権利主張と裁判利用に関する動向の二点に絞って検討を行なう。そしてその検討に基づき、現段階の我国においては、法システムがその根幹となる法的原理を堅持しつつ、また市民的法文化の成熟を促進しつつ、社会の法化によって生じる多種多様な法的要求に適切に対処するには、管理型法や自治型法は補助的な調整装置として用いつつ、やはりまず普遍主義型法（自立型法）の自立的・一般的な思想と論理の浸透を図ることが必要だと主張する（三一頁）。

これは田中氏が先に指摘した、他律的・受動的な法文化を生み出す管理型法の一面に対して、それに対抗しうるまで市民的法文化が成熟しておらず、そしてその背後には市民的法文化の成熟につながるまで自治型法のもつ市民相互間の自主的合意の側面が強くはない状況に日本社会があると見ているからである（三一－三二頁）。それゆえ田中氏は普遍主義型法（自立型法）の目指す、とりわけ互酬的権利義務観念と当事者主義的裁判手続に象徴される精神をまず浸透させ、その下で法的空間を基本的に対話的合理性と手続的正義の制度化として捉える視座を拡げてゆくことが必要であると主張するのである（三一頁）。

田中氏は現代社会の多様化、複雑化を十分視野に入れたうえで、日本社会にふさわしい法システムの構築に向けての提言を行なっているのであり、この主張の重要性は十分理解できる。しかしそれと並んで、先述した棚瀬論文にみられるような、「近代法」の限界、或いは「近代法」への懐疑という視点を持つことの重要性もやはり感ぜざるを得ない。

終わりに

以上川島武宜氏以降の日本の法文化研究を概観した。そこで最後に、現代において法文化研究から導き出される課題は何かを検討しなければならない。

まず川島教授以降の研究の流れを見てみると次のように言えよう。

近年は「法文化」或いは「法意識」はかなり相対化して捉えられるようになっており、それは程度の差ともいえるが、しかしなお無視はできない特徴であるとの観点から注目されている。そのため日本の法の特徴を語る時にも文化のみを要因とすることはなされず、文化と制度の双方を視野に入れて検討する方向へと向かっている。ヘイリー氏以降のアメリカ人研究者による研究もこの流れの中で読みうるし、また五十嵐氏の指摘する文化要因説と制度要因説の折衷説へとの方向性とも符合する。

その中でなお日本の「法文化」、「法意識」に注目する事は如何なる意味があるのであろうか。この問いを念頭に置いて川島氏以降の、法意識に注目した研究に目を向けてみる。

例えば柴田氏は「法」や「権利」に対して日本人が示す、嫌悪感に至る感情を常に取り上げている。これは川島論文の時代であれば、近代法システムに対応できるまでに日本人の法意識が成熟していないために生じた問題であると、解される可能性が高かった。しかしさらに社会が複雑化し、多様化した現代において、これらの問題は近代法システムの確立のために不要なものとの名目で切り捨てることができなくなっているのではないだろうか。

おそらくこの点にこだわらないと平井氏の指摘した、権利も特定の文化を前提としたものにすぎず、必ずしも普遍的な基礎と射程を持つものではないとの共同体主義からの批判に答えられず、また同じく平井氏の指摘した、権利の言説が他者との関係性を断ち切ることをもたらすとの問題を克服できないのではないだろうか。

そしてこの点がまた、「近代化」に関わる研究として挙げた棚瀬氏の主張と重なることになる。棚瀬氏はアメリカで「訴訟社会」のいきすぎが語られ、「法の過剰」により個人の自律領域が侵害されていることを指摘していた。過度の「権利」の主張、ゆきすぎた訴訟社会、法の過剰がもたらす閉塞感は、アメリカでなくとも近年我々自身が感ぜざるを得なくなっている。やはり我々もまた平井氏が述べた如く、権利の位置付け直しの必要に迫られている。

このように考えてくると、田中成明氏の日本社会にふさわしい法システムの構築に向けた提言とともに、棚瀬氏に見られた「近代法」の限界、或いは「近代法」への懐疑の視点を持つことの重要性が理解できるのである。以上から法文化研究は「近代法」の再考を促す要素を持つということになるが、その一方で法文化研究は、法を問うためになんらかの展開をもたらす要素を持つのであろうか。

棚瀬氏は権利の主張が本質的に持つ脱文脈性が、生活世界に実際に見られる人々の間の関係性と摩擦を生ずることの問題性を指摘していた。

この問題に関わることとして、例えば近代法システムの下で要求される普遍性や公平性が、一人一人の人間の思いや願いを漏れ落としてしまうことが挙げられる。つまり裁判において普遍性や公平性を重視した結果、類似事件の解決方法において、一方で画一化を生み出してしまい、そのために裁判の当事者の思いと裁判に携わる者の判断の間に齟齬が生ずる問題である。一例として息子の死の原因を知り、且つ医者の責任を問いたいと考え訴訟を起こした夫婦と、事件の早期解決と最大限の賠償金の獲得を目指したこの原告夫婦の弁護士との間の対立が挙げられる(7)。個々の人間の思いと、権利主張の持つ脱文脈性の生み出した固定化した思考の対立ともいえる問題である。

この問題に関しては、「近代法」への懐疑の視点を持つ研究からは、「関係性」、「感情」、「声を聴く」、「主体」などの観点からの検討の必要が考えられよう。(8) しかし、もし法文化研究の立場から、先述の滋賀論文で挙げられた伝統中国の「情理」に基づく裁判を思い起こすとどうなるであろうか。

「情理」に基づく裁判においては、裁判を担当する官は普遍性に拘束されることはない。むしろ事件の個別性、具体性を重視し、事件ごとに当事者双方の最も満足する解決方法を示そうとするのである。裁判担当官がこの役目を十分に果たせぬなら、事件の解決ができないのである。このような条件の下では裁判担当官は、訴訟の当事者の希望を極力知ろうとするであろう。この清朝の裁判担当官の取る行動は、医療過誤事件で事件の早期解決と最大限の賠償金の獲得を目的とすることに囚われてしまった弁護士のものとは正反対とも言える。

ただここで言いたいのは、「情理」に基づく裁判が現代の裁判より優れているというようなことではない。言いたいのは、多くの類似の事件があったとしても、決して同一の事件はないのであり、また裁判官にとっては多数の事件の一つであっても、当事者にとってはそれがすべてであるとの現実の下で、裁判の普遍性、公平性を重視することは、必ずや矛盾を生むということと、そしてその点にこだわりたいということなのである。そしてそのような観点から、個別性、具体性を重視する「情理」に基づく裁判というものを考えることは、なんらかの視点を我々に与えてくれるのではないか。これはつまり棚瀬氏が、日本の法文化を改変すべき対象と捉えるのではなく、日本に固有の法文化と捉えることに現われる、近代のゆらぎの中に身を置く視点が、現代社会における法秩序を探究するための端緒を与えると見ていることと重なるのではないかということである。

以上より法文化研究は現代社会に求められる法秩序を探究するための視点を提供する、との要素を持つことになる。

そしてそれとともに、滋賀氏が法文化を論じた時に、その根拠となっていた滋賀氏による伝統中国の裁判に関する実証研究（同氏『清代中国の法と裁判』一九八四年）を思い起こせば、大木氏が法文化を語る時に歴史的に司法制度を分析することの重要性を指摘したことも、より納得しやすくなる。また法制史研究と法文化研究の関連も理解しやすい[9]。

以上を総括するなら、法文化研究は「近代法」の限界に目を向けさせ、そして近代の限界を意識することによって、現代社会に求められる法秩序の探究をなすための端緒となる視点を与えるとの役割を負うと、言えるのではないだろうか。

つまりこの視点を与えることが法文化研究の課題の一つとなるのではないか。そして繰り返すが、それは決して近代の否定を意味するためになされることではない。ましてや前近代への回帰を叫ぶものではない。敢えて言うなら、より良きものを求めるために、悩みの中に身を置くためになすということなのである。

（1）この他綿貫氏によるアップハム氏の著作の内容紹介もある。
ここで紹介されるのは、Frank K. Upham *Law and Social Change in Postwar Japan* Harvard University Press, 1987である。綿貫芳源「アメリカにおける日本法研究の最近の動向（一）～（七・完）」（『自治研究』六四－四、六四－一〇、六四－一一、六五－四、六五－六、六五－七、六五－八、一九八八年～一九八九年）

（2）また田中氏は、後進の非西洋から先進の西洋への単線的進化論の発想の限界を克服することが、多元性の承認につながるとの観点に立つ。
田中茂樹「異文化としての近代法」（『法社会学』四六、一九九四年）

（3）平井論文で示すページ数は、改訂版のページによる。

（4）この他法意識に関わるデータの収集を中心に据えた研究もみられる。早いものとして、日本文化会議編『日本人の法意識』

（至誠堂、一九七三年）、近年のものとして、加藤雅信他「契約観・訴訟観・法意識の国際比較」（『ジュリスト』一二九七、二〇〇五年）

（5）棚瀬論文で示すページは、所収本のページである。

（6）田中氏は法の三類型モデルにつき、一九七六年以来論文上でしばしば述べており、本稿で挙げた論文で「普遍主義型法」と表現するモデルは、後「自立型法」に改めている。なお法の三類型モデルを掲げる最近のものとしては、『法への視座転換をめざして』第三章（有斐閣学術センター、二〇〇五年）

（7）筆者はこの問題については、別稿で取り上げたことがある。拙稿「魯迅の描く『人』と届かない『声』、そして法」（『社会科学研究』五八－二、二〇〇七年）

（8）棚瀬氏の発想と共通点を有し、このような観点を持つ研究として、例えば、日本法社会学会編『法社会学』六〇、六二、六四（二〇〇四年、二〇〇五年、二〇〇六年）所収の法社会学会三年連続シンポジウムの報告が挙げられる。取り上げられているテーマは、声、感情、語り、主体等である。
また和田仁孝・樫村志郎・阿部昌樹編『法社会学の可能性』第三部、法の語りと法技法（法律文化社、二〇〇四年）所収の論文も挙げられる。

なおこれらの観点と関わるものとして拙稿「『青鞜』論争から人と法へ」（阿部照哉先生喜寿記念『現代社会における国家と法』成文堂、二〇〇七年）

（9）なお滋賀教授には伝統中国の家族に関わる史料を分析し、そこにみられる法意識を探究した研究もある。滋賀秀三『中国家族法の原理』創文社、一九六七年

本文中引用文献

青木人志『動物の比較法文化』有斐閣、二〇〇二年

同氏『「大岡裁き」の法意識』光文社新書、二〇〇五年
五十嵐清「西欧法学者が見た日本法」（滝沢正代表『比較法学の課題と展望』信山社、二〇〇二年）
井ヶ田良治「『日本人は裁判ぎらいの神話』について」（同志社大学人文科学研究所『社会科学』三三、一九八四年）
大木雅夫『日本人の法観念』東京大学出版会、一九八三年
加藤新太郎訳「裁判嫌いの神話（上）（下）」（『判例時報』九〇二、一九七八年、九〇七、一九七九年）
川島武宜『日本人の法意識』岩波書店、一九六七年（『川島武宜著作集』四、所収、岩波書店）
木下毅『比較法文化論』有斐閣、一九九九年
國學院大學日本文化研究所編『法文化のなかの創造性』創文社、二〇〇五年
佐々木吉男『民事調停の研究』法律文化社、一九六七年（増補版、一九七四年）
滋賀秀三「中国法文化の考察」（『法哲学年報』一九八六年）
同氏『清代中国の法と裁判』創文社、一九八四年
柴田光蔵『法のタテマエとホンネ』有斐閣、一九八三年
同氏『タテマエの法　ホンネの法（新版増補）』日本評論社、二〇〇六年
ジョン・O・ヘイリー“The Myth of the Reluctant Litigant” (*Journal of Japanese Studies* 4-2, University of Washington, 1978)
竹下賢・角田猛之編著『マルチ・リーガル・カルチャー』晃洋書房、一九九八年（改訂版、二〇〇二年）
田中成明「日本の法文化の現況と課題」（『思想』七四四、一九八六年）
田中茂樹「蜻蛉日記における母系制の法文化」（『阪大法学』四六-一、一九九六年）
同氏「万葉集における妻問婚の法的構造」（『阪大法学』四七-四・五、一九九七年）
棚瀬孝雄「近代の理念とゆらぎ——川島法社会学の理論と実践」（『法律時報』六五-一、一九九三年、同氏『権利の言説』所収、勁草書房、二〇〇二年）

棚瀬孝雄編『現代法社会学入門』法律文化社、一九九四年

ダニエル・H・フット／溜箭将之訳『裁判と社会』ＮＴＴ出版、二〇〇六年

千葉正士『法文化のフロンティア』成文堂、一九九一年

同氏『アジア法の多元的構造』成文堂、一九九八年

角田猛之『法文化の探求』法律文化社、二〇〇一年

中村茂夫「伝統中国法＝雛型説に対する一試論」（『法政理論』一二‐一、一九七九年）

野田良之「私法観念の起源に関する一管見――L. Gernet の研究を拠所として――」（星野英一編『私法学の新たな展開』有斐閣、一九七五年）

平井亮輔「正義をめぐる法文化」（前掲、竹下・角田編著『マルチ・リーガル・カルチャー』所収）

フランク・アップハム "Litigation and Moral Consciousness in Japan――An Interpretative Analysis of Four Japanese Pollution Suits" (*Law and Society Review*, summer 1976)

同氏 "Weak Legal Consciousness as Invented Tradition" (edited by Stephen Vlastos *Mirror of Modernity: Invented Tradition of Modern Japan* University of California Press 1998)

マーク・ラムザイヤー『法と経済学』弘文堂、二〇〇四年

六本佳平『日本の法と社会』有斐閣、二〇〇四年

和田仁孝・太田勝造・阿部昌樹編『法と社会へのアプローチ』日本評論社、二〇〇四年

第八章　『青鞜』論争から人と法へ

始めに

近年フェミニズムの理論的視角が、法理論の展開にとっても重要な意味を持っていることはしばしば指摘されている。そこで本稿では、フェミニズムと我国における法理論の展開との関係を主体論を通じて見てみたい。

ところで我国でフェミニズムが語られる時にまず挙げられるのは、明治末から大正にかけての数年間に刊行され、女性達がその主張を戦わせた『青鞜』上の論争である（『青鞜』は blue stocking の訳）。そこでこの我国のフェミニズム萌芽期の女性達の問題意識を押さえ、その展開上にある現代フェミニズムの与える重要視角と、我国の法理論の重なり合いを明らかにすることを試みる。するとその重なり合いの一つは、自律を前提とする固定化した近代的主体像とは異なる、現実の人を多面的に捉えた動的主体像、或いは物語的主体像の認識に現われる。以上を確認したうえで最後にこの主体像を基点とするなら、法の考察に何を与えうるのかを考えてみたい(1)。

一　『青鞜』の論争

青鞜の論争の面白さは、女性達が直観的に捉えていることが、その視点の鋭さとして我々に伝わってくる点であるので、ややページを割いて『青鞜』の三大論争とも呼ばれるものを見ておきたい。

まず「貞操論争」であるが、その発端となったのは、生田花世の「食べることと貞操と」(『反響』一九一四年九月号)である。(2)

この文章は生田が、貞操の問題で困ったことが起きたなら帰って来るようにと言いつつ送り出した女性が、彼女の元に戻って来たところから始まる。ようやく仕事を見つけた女の弱みに付け込み、関係を迫る職場の男から逃げて来たと言うその女性を慰め、生田はかつて自分は同じ状況の下に置かれた時、「食べる事」の要求が切実であったため、その場を去らなかったと語り出す。

自分と故郷から呼び寄せた弟が食べていくために、自分一人のための操は捨てざるを得なかったと生田は言う。生田はあの時の自分の行為は止むを得ない自然であるとも言う。そしてこの事件を含めたその後の経験から、世間から女の独立は如何に不可能なものと扱われているかを知ることとなったとし、現在の日本の家族制度、社会制度が女を苦境に陥れているとする。また女に財産がなく、職業がない限り、女は「食べること、貞操」の間にあって、多くが食べることを優先せざるを得なくなっていると言うのである。

この生田への反論が『青鞜』に掲載される。安田皐月「生きる事と貞操と――反響九月号『食べる事と貞操と』を読んで」(『青鞜』四巻一一号、一九一四年一二月)である。

貞操を女性のすべてと捉える安田は、生田を厳しく批判する。

愛が理由で貞操を費消することに第三者の容喙は不要だが、パンとの交換のために貞操を捨てることは許されないと安田は考えるのである。

安田は「食べる」ために、人間として生きることを、それも自覚を自認する女性がさほどの慙愧もなく捨て、今なお苦悶の様子もないと、生田の行動を徹底的に批判する。そして安田は生田の一文により、女は食べるためなら貞操も捨てるとの固定観念が一層強まると、嫌悪感を示しているといえる。

この後も生田と安田の間で意見の応酬があるが、安田は生田が「食べること」と女性の貞操を交換条件とさせている現在の日本の社会構造的な問題点を指摘していることについて一切理解を示すことはせず、人として生きるために守るべきものの重要さを繰り返す。そのため二人の応酬から新たな論点は見い出せない。ただ生田は安田への反論の中で、処女を保つことは結婚に有利だとの意識が女性にあるとの主張を新たに行なった(3)。

この点を取り上げたのが伊藤野枝の「貞操に就いての雑感」(『青鞜』五巻二号、一九一五年二月)である。伊藤は男子の再婚は問題とされず、女子の再婚は問題視される世間一般の貞操観に疑問を唱える。そして生田が処女を保つことを良き結婚のための条件としたのは、この誤った貞操観に基づいているとする。また生田が処女を保つということの意義を利益問題にしてしまい、そのためパンとの交換の問題としてしまったと批判する。伊藤は生田の言を処女を失ったことへの言い訳とし、生田の最も批判されるべき点は、不合理な貞操観を打破しようとの発想のないことだとしている。

伊藤は生田の中に、男性に頼ることを暗黙の前提としている弱々しい女性像を見い出し、新知識を身につけ得る立場にありながら、その女性像から生田が抜け出ることをせず、根拠のない貞操観に縛られている点を問題にしているのである。

伊藤野枝に続いて発言するのが平塚らいてうである。

「処女の真価」(『新公論』一九一五年三月号)において平塚は、結婚するまで女性が処女を捨てまいとするのは、処女を捨てること自体に対する恐怖や、その結果としての妊娠への不安などもあろうが、最大の理由は、未婚婦人が処女でないこと或いは妊娠したということに対する道徳的非難や、社会的制裁に恐怖を感じるからではないかと主張する。

また平塚は、今日の社会においては道徳、習慣、法律、制度は男子の欲求に沿うものとなっており、その男子の独占欲から結婚に際し、処女であることが求められると言う。平塚は今日の社会で、奴隷であり、無能力者である多くの女子が生活の保障を得るための最も安全な道は結婚なのであり、その結婚のために男子より求められる条件が処女であることだと言う。そこでこの意味から平塚は、生田が処女を棄てることは結婚に不利益だとすることには同感できると言う。だが同時に平塚は、それは現在の社会の習俗に囚れている以上のものではないと、生田の現習俗への抵抗心のなさを伊藤と同様に指弾する。

ところでここで平塚から、自身の貞操観念を殆ど示していないと指摘された原田皐月（旧姓安田）は、「貞操の意義と生存の価値に就いて」（『新公論』一九一五年四月号）を発表する。

原田は、貞操とは本能や官能のみの要求とは異なり、ただそれも含み込んだうえでの、人間として目標に向かって生きるために必要な欲求を肯定するために守るべきものと考えているようである。

そして原田は望まぬ性交を行なうことも貞操を破ることとなると言い、男性に都合の良い道徳観の下では、望まぬ性交を許す行為は女性の罪とさせられてきたと言う。そのために自活婦人がパンと肉体を秤にかけるとの行為も生まれるとする。だがそのうえで原田は、知識を身につけた女性が、女性は弱いとの発想の中に依然浸ったままで救いを求めることを批判しているのである。

以上、女性に対する貞操の要求は、人為的に作り出された習俗であり、それは男性からの欲求に沿うものだとの指摘がなされ、新知識を身につける立場にある女性がこのような根拠のない習俗に囚れることは批判され、さらに人為的に作り出された習俗に浸る女性が、女は弱い存在であるとの考えから抜け出せず当然のように救いを求めることも糾弾される。つまり知識ある女性が旧来の発想に縛られることには、手厳しい批判が加えられている。

しかしながら青鞜の女性達は、女性と同様男性も従来の習俗に浸り切るがために現実に生じている問題に目を向けることはない。

例えば平塚は、男性の欲求に沿った道徳、習慣、法律、制度から社会が成り立っていると指摘するにもかかわらず、そこに男性も疑いなく浸っているからこそ、生田の挙げるようやく仕事に就けた女の弱みに付け込んで、関係を迫る職場の男性が存在するのだとの問題については触れずに終わっている。安田（原田）においても、女性が社会の習俗に囚れることに再三批判がなされるが、それと表裏の関係にある男性の行動は取り上げられない。そのため生田の文章で明らかとなった、社会構造的に作り出されている男女の権力関係より生ずる、実際の具体的問題として存在する「食べることと貞操と」の問題をどう解決すべきかが論ぜられることなく、女性側の意識のみを俎上に載せる形での論の展開となる。但し青鞜の女性達が、まず女性自身の意識改革が必要であるという発想に立っていたのであれば、これも肯けるとは言える。

次に「堕胎論争」を見てみる。

この論争の発端となるのは、原田皐月「獄中の女より男に」（『青鞜』五巻六号、一九一五年六月）である。これは堕胎が原因で獄中にある女性から、同棲相手の男性に宛てた手紙という形をとる原田の創作である。

手紙の中で獄中の女である「私」は、母となる力がないことを知りながら妊娠を避けなかった事は悪いと思うが、堕胎は悪いと思っていないと言う。「私」は、受胎だけでは生命も人格も感ぜず、母体の附属物としか思われず、まして本能的な愛などは感じなかった、自分の腕を一本切って罪を問われた人など聞いたことがないと言う。「私」は、責任を持てない妊娠をしたのは思慮不足と思うので、より思慮不足な結果の招来を避けるために堕胎したのだとも言う。

また「私」は、腕は単独で生命を持たないが、胎児は生命を持つという相違があり、この胎児は母親の体を離れると同時に一つの人命・人格を持ち得るので、体を離れてからは、親は能力を引き出し、過ちなく育てねばならないとの重い責任を感じることになるゆえ、今のうちに堕胎せざるを得なかったと言う。さらに胎児は母胎の命の中の一物であるうちは、母が胎児の幸福と信ずる信念通りに胎児を左右することは母の権内にあって良いとも言うのである。

原田の小説に対し伊藤野枝が「私信――野上弥生様へ」（『青鞜』五巻六号、一九一五年六月）で自論を述べる。伊藤は親になる資格のないものが子供を生むことは確かに問題だが、ただ親になる資格は普通の生活に堪えることができ、生理的に充分発育を遂げていることで足りるとする。そして自分たちの都合のために「いのち」を殺すことは自然を侮辱し、また「生命」を軽視した行為ではないかと言う。伊藤は自分の身体にあるうちでも子供は自分の「いのち」を持ち、不完全ながらも自分の生活を持っていると言う。そして親の生活の窮乏や、子供に対する教育能力の欠如については、子供自身の運命や生命力、また子供自身の学ぶ力に掛ることだとする。このような理由から伊藤は堕胎には反対する。

この後平塚らいてうが「個人としての生活と性としての生活との間の争闘に就いて（野枝さんに）」（『青鞜』五巻八号、一九一五年八月）において、子孫を残すという役割を意味する「性」としての婦人の生活と、「個人」としての婦人自身の生活の間の矛盾という観点から堕胎を論ずる。平塚は一般に人は二つ以上のことに自分の魂の総てを与えることはできず、一方の生活を深め且つ拡げるためには、他方の生活に制限を加えなければならなくなるとして、この二つ以上の生活の間の葛藤から堕胎に至る女性があるのではないかと言う。女性が自己の芸術生活や、科学的な研究、或いは社会的事業のために堕胎に至ることがあるのではないか、そしてこのような場合の堕胎をも、生命を侮蔑した不自然なことであり、許しがたい罪悪であると断定できようかと言うのである。

この他平塚は、伊藤の堕胎反対は、既に母となっている伊藤の半ば無意識的、本能的な子への愛情に基づくものではないか、堕胎を法律で犯罪とするのであれば、国家は母と子を保護する法律を定め、育児院や養育院などの設備を完備すべきでないかとも主張する。

次に同じく『青鞜』五巻八号に掲載された、山田わか「堕胎に就て――松本悟朗氏の『青鞜の発売禁止』を読んで」を見る。

山田は堕胎も避妊も大きな罪悪と考える。山田は配偶者を持つことは自由であり、権利であるが、権利のみを享有し、そこから生ずる結果への義務を逃れんとするのは許されないと考えるのである。

また山田は親になる資格がないのであれば、配偶者を持つ前にその資格を具えるのが人の義務であり、子育てに不適当な状況にあるというのなら、それを避けるか改良すべきなのだとも言う。さらには山田は、子を育てる資格を具えるまでの自制ができないような人間は法律で罰すれば良いとまで言っている。

この後山田は、読者の提起した、本能抑制を言うことの難しさに対し、「恋愛の自由と本能――鈴木某氏に答ふ」（『青鞜』五巻一〇号、一九一五年一〇月）で、動物と異なる理知を具えた人間にとっての自己抑制の重要さを説く。

以上、母の体内にある胎児をどう扱うかは母の権限、子の生活に責任を持てぬのに出産するのは無責任、生命の重視、子は親と別人格であり、別の運命を持つ、出産と女性自身の人生の間の葛藤、恋愛の自由に伴う出産を引き受ける義務、また親の資格を具えるべき義務と自己抑制等、堕胎を巡る議論の中で様々な論点が示された。ただここにおいても妊娠に不可欠な男性の存在については、特に焦点をあてて取り上げられることはない。

青鞜のもう一つの論争は「廃娼論争」と呼ばれる。但し娼婦の廃止の賛否を争うというものではない。伊藤野枝が上中流階級の女性たちの行なう慈善活動の問題点を暴こうと試みる中で、娼婦廃止はそれほど簡単に成し遂げられるものではないと述べたことに対し、青山（のち山川）菊栄が廃止が不可能などとは首肯できないと反発し、伊藤の論理の展開上見られる叙述不十分な点を尽く指摘するため論争となったものである。

まず伊藤野枝が「傲慢狭量にして不徹底なる日本婦人の公共事業に就て」（『青鞜』五巻一一号、一九一五年一二月）

を発表する。

伊藤は上中流階級の婦人たちの公共事業は自己の虚栄心を満たすためのものにすぎないと言い、また婦人宗教団体、例えば「婦人矯風会」はその構成員各々の名誉心のために社会事業を行なっていると言う。

伊藤はこの「婦人矯風会」が六年間で公娼の廃止を実現させると社会に公表したことは全く虚栄の為だと言う。また矯風会の婦人たちが娼婦を「賤業婦」と呼んでいることが、彼女たちの傲慢さを示すと指摘する。そして「男子本然の要求」とも結びつけ、娼婦の存在が長い歴史を持つのは、存続するための理由があり、人間の僅かな力では如何んともしがたい面があると言う。ところがこの点を問うと、矯風会の婦人たちは根絶は無理ゆえ、国家として外国に対して恥ずかしい公娼だけは廃止したいと答えると批判する。外国に対して恥ずかしいから廃止するとの論拠があろうか、公娼は恥ずかしく私娼は恥ずかしくないとの理屈があろうかと伊藤は言う。

最後に伊藤は、日本の婦人が高慢、偏狭であることの理由を、自分自身で考えないことにあると言う。すぐに他人に相談し、一つの意見が示されるとそのままその意見に従い、万一自分自身で考えて行動する者があるなら、それを高慢と嘲笑するのが日本の婦人だと言うのである。加えて伊藤は、大自然の偉力に気づくことの謙虚さの必要性も挙げている。

この伊藤の文章を論難するものが、青山菊栄「日本婦人の社会事業に就て伊藤野枝氏に与ふ」(『青鞜』六巻一号、一九一六年一月)である。

青山は公娼が私娼より不正且つ有害であることを数値的根拠を挙げて示し、公娼制度を廃止すべしと言う。また青山は伊藤が娼婦の存在が長い歴史を持ち、存在を続けるにはそれなりの理由があり、全廃することは困難だと述べることに対し、長い歴史を持ち、変わり難いという場合、実は惰性で存続していることも多いと言い、そして全廃が不可能というのは無駄な抵抗はするなという意味になると批判する。

青山は廃娼の理由を外国人に対する見栄でもよいとし、人間の作り出した制度は人間が変えうるのだとして、伊藤のように自然の威力（青山は「威力」と表現）を迷信することは、改革すべき制度をも自然の不可抗力だと見做す、無知、卑屈な奴隷思想だとも言う。

青山の伊藤批判は伊藤の主張を正確に捉えているとは思われない。伊藤は公娼制度を是認しているわけでも、廃止が無理ゆえ諦めよと言っているわけでもない。また伊藤が「大自然の偉力」と言うのは、人の力で如何んともしがたい現実があることを捉えてのことであろう。この他伊藤が娼婦の存在を「男子本然の要求」と結びつけて述べたのは、その困難さを意識せず娼婦廃止を安易に叫ぶことへの批判である。

ただ青山が「男子本然の要求」を批判する件で、売淫制度は不自然な男女関係の制定、不自然な社会制度に応じて作られたものであるため、女性を自由にすれば自然消滅するはずだと主張している点は興味深い。

この後の二人の意見の応酬を見ると、伊藤は公娼廃止に反対しているのではない、対外的見栄のみが理由とは浅薄との意等、青山の批判一つ一つに説明をなし、青山の誤解を解こうと努めているが、青山が伊藤の本来の意図を汲むことはない。但し青山が新たに提起した視点もある。売淫の存在は社会が女性をそこへ追い込むためであり、その犠牲者たる女性を罰するのは社会の二重の罪だとすること、共犯者たる男子も同罪に処すべきだとすること、売淫消滅のためには生活難の緩和の方策を講ずべきとすること、性の解放、教育の革新と普及を必要とする点である(4)。またこの伊藤・青山の論争より改めて娼婦の存在は、生田花世が指摘した「食べること」と女性の貞操が交換条件とされる社会構造と密接に関わることに気づかされる。

ところで伊藤野枝の本来の主張であって、上中流階層に絞るとはいえ、日本の婦人が自分自身の頭で考えないとし、それを女性の持つ問題点として挙げていることも重要に思われる。伊藤の文章からでは彼女が感覚的に捉えているとしかいえないが、もしそのようなことがかなりの根拠を挙げて指摘できるのであれば、それが男性支配・女性従属という社会構造があり、その社会の中での成長の過程で、女性が男性に従属することと表裏一体の関係で身につける依存心より生み出されるものかどうかの検討が必要になるからである。そしてこの依存心の問題は青鞜の論争より後、与謝野晶子と平塚らいてうの間より始まる母性保護論争に続いていくとも言えるのだが、ここではその点に触れる余裕がない(5)。

二 フェミニズムと法理論

前節で『青鞜』上の論争を概観したので、次に現代のフェミニズムの理論的展開に目を移したい。『青鞜』の女性たちの視点で、現代の議論に通底するものは、人為的に作り出された社会構造的な女性への抑圧の存在に気づき、それを批判的に見ていることである。現代ではこの抑圧の存在が次々と暴き出されている。そしてこの抑圧は男女間に限って存在するものではなく、そもそも人はあらゆる理由を根拠とし抑圧を生み出すのであるが、それが男女間の問題として吹き出すことで、フェミニズムを作り上げていったといえる。この論ずるところの根源性からフェミニズムの論究することは、現代の様々な学問分野の理論研究と重なることになる。そこでこの点に関して、法律学の理論動向との重なり合いの一つを取り上げるとの意味から、ここではフェミニズム、法律学のいずれもが考察対象とする「主体」の問題について見てみたい。

そこでまず挙げねばならないのは、「主体」に大きく関わる自己決定権の問題である。自己決定権はフェミニズムにおいては、妊娠、人工妊娠中絶、生殖医療、売春等、性をめぐる問題との関連においてしばしば論ぜられる。

例えば若尾氏は、明治以降戦後に至るまでの女性の性業労働とそれと関わる法制度を検討することによって、性業労働への従事については、たとえ表面的には女性の自己決定の形をとろうとも、女性が自己で決定することなどなかった、即ち性業労働への従事を承諾せざるを得ない状況に置かれた中での女性による決定にすぎなかったことを明らかにする。そして女性の自己決定の形をとることが、制度的な性業労働の存続を可能にしたと指摘する。(6)

また江原氏は、不妊治療や人工妊娠中絶に関わる中で女性たちが、「家父長制的社会」という人為的に構築された社会構造の生み出す圧力の下で決定を迫られていることを指摘する。そこではやはり女性は、およそ自己により決定することなどなく、無言の圧力の中で一定の決定をなすことを強制されるのである。そしてその時多くの場合、女性の妊娠に不可欠の存在であるはずの男性は、たとえ中絶を決定せねばならない状況が生じたとしても、その決定に関わる責任すら感じることのない社会構造が存在することも指摘されている。本来妊娠・出産は夫を始め、他者との関わりの中で捉えられるべきものであったはずが、女性一人に責任を負わせることを導き出す社会構造が構築されている。この現実を見据えて、女性の自己決定権を考えるべきだと江原氏は主張するのである。(7)

このような性業労働への従事、不妊治療、人工妊娠中絶との関わりでなされる女性の自己決定と社会の構造的抑圧との関係を問題にした時に明確になってくるのが「主体」の問題である。

江原氏は、身体は単なる対象・モノではなく主体そのものであることから、主体つまり身体に重大な侵害を与える決定は、自己決定であっても否定されるべきだとして主体の重要性を主張している。(8)

さらに岡野氏は異なる面から現行の法制度の下での主体の問題を述べる。但し岡野氏は主体の問題を、アメリカでのフェミニズム理論とアメリカでの事例に基づいて述べている。岡野氏はハーシュマンが近著で挙げる、中絶がプライヴァシィの権利として認められているアメリカ合衆国にあって、連邦政府の補助金カット、中絶クリニックが身近にはないこと、母体の事情との関係での中絶手術の困難さ、高額の手術費用という様々な解決不能の問題がある中で子供を生む決意をした未婚女性の事例を取り上げることで、アメリカ合衆国の現行法の問題性を指摘する。つまりこの未婚女性のメグは現行法の下では、メグが抱えた様々な解決不能な問題の存在はすべて度外視されたうえで、自律的主体と仮定され、そしてメグ自身が子供を生むとの最終的な決断をなしたと扱われる、とする。メグはアメリカ合衆国の現行法の下では、プライバシー権として認められたはずの中絶の権利を、自己の判断によって行使しなかったことになるのである。岡野氏はこのことを、合衆国の現行法の下ではメグは、「自由な人格と『なる』以前、個体化する以前の状態に留め置かれてしまっている」とする。(9)

岡野氏はメグが自律的主体と仮定されることの不合理性を指摘している。それとともに、最終的な決定をするまでに様々な困難に直面した時のメグの逡巡や思いが全く考慮されることがないことも岡野氏は疑問視する。そして岡野氏はこのような問題と関わる「主体」をどう捉えるかという点を重視する。

そこで岡野氏はジュデス・バトラーの説の分析から、女性は行動する際に切り捨てたものの存在を隠蔽されて、主体とされているとする。そして女性が、女性というカテゴリーに括られることにより、自分たちに開かれている可能性を抑圧せざるを得ない状況に陥いっていることを常に問題化することで、フェミニズムの政治は、「フェミニズムの主体というアイデンティティ」を基盤とせず、根本的民主化への連帯の可能性に拓かれるとする。(10)

ここでは岡野氏が、バトラーが自律的主体を前提とすることに疑問を差し挟む点に着目していることを確認しておきたい。

そしてさらに竹村氏によるバトラーの分析が明確且つ詳細に、バトラーの主体の捉え方の意味するところを示してくれる。

竹村氏は主体概念の解体とは、自由な選択権を持つ「自律的主体」という理念への懐疑を示すものであるとし、主体／他者という二分法で分けることのできない存在のあり方を模索することを可能にするものとする。また主体概念の解体が意味する、主体が言説によって構築されているという視点を持つことは、主体を主体たらしめる要素の中に性言説が入り込むことで、「男」と「女」という二つの性だけが、それも二つが不平等な状態で存在することになるとの結果を生み出すという過程を解明するための視点を持つことになるとする。よって竹村氏はこの視点は、現実に「男」や「女」が存在していない、ということを主張するためのものではないと言う。さらに竹村氏は、「それは単なる言説分析ではなく、『性的差異』のイデオロギー分析に踏みこむものであり、近代主義的な主体の桎梏から抜けでた新しい存在のかたちを模索する挑戦である。」としている。

竹村氏が言う主体が言説により構築されているとの視点を持つことの重要性については、竹村氏は「脱構築」との関係においても明解に述べている。

竹村氏は、脱構築は、性的差異を生み出しているにもかかわらず、表面的には見えなくなっている権力操作を浮かび上がらせるものとする。そしてその結果、これ以上還元することが不可能だと思われてきた性的差異が、実は多様な言説実践の現場であり、人為的なフィクションであり、メタファーであり、マネーの消失点であり、文化慣習であることを脱構築は明らかにしていくと言う。

また竹村氏は、歴史が不動の事実でも、不変の真理でもなく、覇権的権力によって語られる物語であることを暴いてきたものがフェミニズムであったとする。歴史は語られるテクスト、表象される物語であると捉え、竹村氏は、テクストに付きまとう、語ることと、聞くこととの関係から、歴史をテクストとすることが政治的行動であることも明らかにする。

つまりもし歴史を客観的な記録であるかのように捉えるなら、権力により抑圧されるものを見落とすことになるのである。そこで権力による抑圧を生み出す固定化した歴史を避けるため、歴史を語られるテクストと捉えるなら、そのテクストが表象或いは代表するものにつき、その妥当性が常に再考されることが容易になるのである。このことから竹村氏は歴史をテクストとみるのは、政治的な行動だというのである。

さらに竹村氏は、テクストとして歴史を捉えることと「正義」との関係にも言及する。テクストとしての歴史が、歴史の他者に読まれ、書き直されるということが繰り返されるということは、もはや正義が共有知といえなくなった現在、その繰り返しは、テクストの「『表象／代表』をめぐってなされる『正義への訴えかけ』の現在進行中のプロセスである。」とする。

つまり竹村氏は、テクストとして歴史を捉えることは、歴史が表象或いは代表することによって生み出す、権力による抑圧を我々に気づかせることとなるが、その抑圧即ち「刻一刻の暴力」を感得させ、顕在化させるものが正義だと言うのである。

また竹村氏は脱構築とフェミニズムの関係について述べる際、テクストとしての歴史に必然的に伴う「他者」は、我々自身の中、即ち「〈わたし〉のなか」にいるという重要な指摘をする。この我々自身の中にある「他者」を生み出し、それゆえ抑圧を生み出す何ものかを暴き出すことを可能にしているのが脱構築フェミニストだと竹村氏は主張しているのである。この何ものかとは、性的差異の名を騙ることがしばしば見られるものの、男と女というような性的差異に止まるものではないという点も、竹村氏は指摘する。竹村氏は脱構築の思想をプロセスとしての思想と捉え、脱構築とは、運動や実践は誰を代表するか、ひいては〈わたし〉とは誰かを問いかけ、運動や実践が儀式性や教条性に陥ることを防ぐ思想であると見ている。(11)

以上のように竹村氏は脱構築と結びつくフェミニズムを、性的差異に止まらない、人間が持つ無意識の権力性、即ち他人への抑圧を生み出すものの存在を各々の人間に気づかせ、常に再考を促す契機を与えうるという、人間の思考の過程に作用する思想と見て、その有用性を確認しているのである。よってフェミニズムに伴い認識されるようになった断片からなる〈わたし〉についても、女性という範疇や人を際限なく分断するためのものではなく、あくまで人が無意識に有する権力性即ち抑圧性を気づかせ、再考を促すための視点を与えるものとして、その有用性を認めているのである。(12)

さらに竹村氏の説を敷衍するなら、竹村氏はバトラーの説に基づいて、自律的な「主体」概念の拘束から逃れるために、「行為体」という表現を用いる。これはバトラーの言う「エイジェンシー」に当てた訳語である。

ここで「行為体」の理解のために、竹村氏が多数の論者の説を分析したうえで自説を展開しているところを、筆者がまとめてみる。

我々が、もし個人が他者との関係の中で不断に且つ多様・流動的に曝される言説権力の存在に気づくなら、「統一的な主体」と思い込まれているものも言説によって構築されたものであることに気づくことになる。その「統一的な主体」と見做されているものは、外にいる他者のみならず、自己の中にある他者を切断してゆくことで作られるともいえ、その内的な他者は、外的な他者の持つ権力性を平行して持つと言える。このように考えるなら、個人とは断片の集合体のように捉えざるを得なくなる。しかしながら、言説権力は多様で流動的であるという不安定なものである一方で、いかなる人の周囲にも常在しているのであって、これに各個人の内的他者性、つまり個人の断片が対応するものであるのなら、逆にこの断片に抑圧からの解放を見い出せるのではないか。

このように言説権力の存在を確認し、極めて流動的な状態の中で人は自己を瞬間、瞬間に形作りつつ、また一方でそれを瓦解させせつつ生きていると捉えるなら、その「人」は、確固たる「自律的理性」を暗黙のうちに前提とされてしまう「主体」と名づけるより、むしろ「行為体」と言うべきであろう。そしてそれがバトラーの言う「エイジェンシー」の意味するところなのである。(13)

竹村氏はいたずらに理論を抽象化したり、複雑化したりしているのではない。もちろん既存の概念を解体して秩序のない状態を導くことを目指すのでもない。人が無意識に生み出す抑圧、この抑圧からなんとか人を解放するためにはどうすればよいのかという点につき、徹底的に思考を突き詰めるところから、そこからようやく見えてきた視点、この視点を示し、その視点に掛けることで「連帯」の可能性を探ろうとしていると言える。(14)

さて以上のような現代におけるフェミニズムの論ずるところを辿ってみるなら、『青鞜』の時代の女性たちが感覚的に捉えていた人為的な、女性を抑圧する社会構造の存在を追究するために、非常に多面的且つ精緻な理論が展開されていると言える。そして現段階では、フェミニズムはもはや男と女の性的差異と思い込まれていたものの欺瞞性を暴き出すだけではなく、人間が生来持つ抑圧性を問う理論へと深化している。そのため一人の人間がもはや一つの確立された個体とは捉えられず、断片の集積と捉えられることとなる。そのような発想の下で「主体」も再考せねばならなくなっているのである。そしてその再考される「主体」は、自律的や自立的或いは理性的とはおよそいえない「主体」である。それは所謂「近代的主体」と等号化できない「主体」であり、その「主体」のなす「自己決定」が問われるようになっている。またその時その「主体」や「自己決定」は、一人の人間の持つ様々な周囲との関係性の中で、さらに一人の個人の内面的な様々な葛藤の末に姿を現わすものであることに気づかされる。

実はこのような「主体」、「自己決定」の捉え方は現在法律学の分野においてもその重要性が注目されているのであり、例えば法社会学学会の二〇〇三－二〇〇五年の連続シンポジウムがこの問題を追究しており、フェミニズムで示される「主体」と重なり合うものであり、物語や言語により主体は構成されるという捉え方に基づく「物語的主体」が示されている。(15) また近著『法社会学の可能性』（注9）第三部「法の語りと法技法」においても、この問題が考察されている。そこでこれらで論じられた点を筆者が極要約して述べるなら、以下のようになる。(16)

周囲との関係性の中にある「主体」は他者との相互作用、それゆえの内面的葛藤で揺れ動くものであり、およそ自律的や自立的或いは理性的な存在とはいえないこととなる。そのような「主体」が「自己決定」をなすというのであれば、その「自己決定」とはどのような意味であるのかが問われることになる。「自己決定」は単に「決定」した者に結果の責任を負わせるためのものとなるべきではない。また「自己決定」は周囲との関係性の中から、そして個人の内的葛藤を経て顕現されるものと言える。このことから、「自己決定」に周囲から関与する者に対しては、その関与者が法律家である場合も含め、そこには干渉でもなく、パターナリズムでもない、当事者自身による決定を側で寄り添うことで支える、当事者への「支援」をなす役割が求められることになる。その「支援」をなすためには、「自己決定」をなそうとする人の声に「耳を傾ける」ことが重要となる。またその時「人の声」を固定化してしまわぬために、人の声を「語り」と捉える視点も重要となる。ところがこれらの「主体」、「自己決定」、「支援」、「傾聴」、「語り」のいずれもが、確固とした変動不能の存在を疑う発想と結びつく概念でありながら、一方で安定性や普遍性を大きな要素として組み込んでいる「法制度」との接合も図られなければならない。そこで法制度との接合のための一方策としては、「法の技法」が提唱されることになる。

法の技法についてはこれ以上論ずる紙幅の余裕はないが、ここでの主体像はまさしく自律的、理性的主体を自明視しないフェミニズムの主体の捉え方と、同様の問題意識に支えられていることがわかるのである。

終わりに

以上『青鞜』の女性たちが感覚的に捉えていた、人為的に作り出された社会構造的な女性への抑圧を可視化したのはフェミニズムであるが、現在我国においてもその理論的な展開が、法律学での理論的展開と密接に重なり合っていることが示せたと思う。

最後に行為体としての人、という捉え方について若干述べたい。

行為体との捉え方は、前掲の法の技法論者の主体像と通ずるものであるが(17)、我国のフェミニズム法学の分野での研究においては、まだ積極的に受容されているとは言い難い。

例えば野崎氏は、解釈によりアイデンティティを自由に組み換えることで自己の生を組み立ててゆくことが可能とされる個人を基礎とし、その個人が契約関係で結ばれているものとして家族を位置付けるが、その家族に対して、国家は正義に基づき正当化される場合のみ介入が許されるとする。ここでは個人が多義的に開かれたものである解釈を自己で選びとること、即ち個人の自律こそ尊重されねばならないとの立場がとられており、個人が解釈を選び取る際の、周囲との関係や内面的葛藤からくる本人の揺れは特に留意されていない。そのため、そもそも「自律的解釈」をなすとの個人の存在自体に懐疑の目を向けるものである、言語により形成される行為体と捉えざるを得ない「主体」という発想は、結果として意識されていないように思われる(18)。

また高井氏は他人との関係性の中で個人を捉え、関係性の中で豊かになるべき個人の自律を保護する手段として権利を捉える。それは堕胎問題を「女性の自己決定権」対「胎児の生命権」という、いわば抽象的な枠組で考えることは、堕胎決定に至る女性の判断過程を見逃すことになるとの疑念に基づいている。この観点から高井氏は、女性への不平等を温存しているというような現実の社会構造を批判的に捉えたうえで、人権を実効化する理論の構築を図ることや、胎児の保護へと働くような共同体の価値を否定せずに、共同体と個人の関係を問い直すべきとの課題を提起している。そしてその課題に取り組むため、一つの要点として、キャロル・ギリガンの「思いやりの倫理」と法制度の接合を試みることを重視する。関係性と法制度の双方を視野に入れる点で高井氏は、法の技法論者と同方向を目指すとも思われる。しかしながら高井氏は、他人との関わり合いの中で個人を捉え、その観点からのより豊かな権利概念の構築を唱道するのではあるが、個人の自律の尊重は不可欠と考えるためか、自律的主体の存在自体を疑う視点はあまり感じられない(19)。

この他神谷氏は、近代法は「合理的な人間」を想定し、理性的な存在であり、自らの利益、目的のために行動し、その結果には責任を負うとの法主体が前提となっており、そこでは法主体に相互依存的な人間というイメージはないとし、この点を批判するフェミニズムは、近代法と整合性に欠けるとの理由で拒絶されることになると述べる。神谷氏の主体観ははっきりしないが、行為体と捉えるような主体観が「近代法」に受け入れられることは極めて難しいと見ているように思われる[20]。

これらの先行研究を見た時、念を押しておかねばならないと感ずることは、行為体と人を捉えることの意義は、「自律」を認めない、または「自律」を軽視する、或いは際限もなく人を解体することにあるのではないとのことである。

もし行為体として人を捉えるとの発想を持てば、人の一つの行動を自律的になした判断であると速断するのではなく、その最終的な判断に到るまでの過程における、当事者に関与する者の存在、周囲との関係から生まれる当事者の悩み、逡巡にも思いをいたしうるのではないか、ということなのである。それは例えば既述の例より挙げるなら、江原氏の言うような、女性一人の問題として妊娠中絶の問題を捉えるのではなく、そこには少なくとも男性が関わっていることを明確に意識させるということなのであり、また岡野氏の言う、メグが自律的主体として彼女自身が決断を選択した者と扱われる現実に気づかせることなのである。この意味で竹村氏によりバトラーの説に基づいて明示された行為体として人を捉える発想は、フェミニズムが導き出した意義ある成果であり、また法の技法論者の説に見られる動的主体像に通ずるとの意味で、法を考える時に重要な視点を与えうるものなのである[21]。

（1）　例えばアメリカにおける法理論の展開とフェミニズムの関係を簡潔に概観できるものとして、中山竜一『二十世紀の法思想』補論部分（岩波書店、二〇〇〇年）。
『青鞜』の論争の日本のフェミニズム上の位置付けについては例えば、「日本フェミニズム論争史①・②」各々加野彩子、西川祐子執筆（江原由美子・金井淑子編『フェミニズム』新曜社、一九九七年）。
「青鞜」の由来については渡邊澄子「『青鞜』運動史」（新・フェミニズム批評の会編『『青鞜』を読む』學藝書林、一九九八年）にみえる。

一八世紀ロンドンで、一般的な黒ではなく青い靴下を履き、サロンに集まり男性達と議論をした女性達への嘲笑的名称ブルー・ストッキングを、直訳の「紺足袋党」を避け、森鷗外の使用した文字を借り「青鞜」と訳し、誌名としたとのことである。

近年我国の法律学分野のフェミニズム研究文献も多くなっているが、本稿は紙幅の関係からそれらにほとんど触れることができない。なお三成美保『ジェンダーの法史学』（勁草書房、二〇〇五年）第一章が日本のジェンダー法学の展開を述べ、法律学分野でのフェミニズム関連文献を詳しく挙げる。

（2）本稿で『青鞜』の論争として挙げた資料は、折井美耶子編集／解説『資料　性と愛をめぐる論争』（ドメス出版、一九九一年）によっている。

この他堀場清子編『「青鞜」女性解放論集』（岩波文庫、一九九一年）参照。

（3）生田「周囲を愛することと童貞の価値と――青鞜十二号安田皐月様の非難について」（『反響』一九一五年一月号）、原田（安田）「お目に懸った生田花世さんに就いて」（『青鞜』五巻二号、一九一五年二月）、生田「再び童貞の価値について――安田皐月様へ」（『反響』一九一五年二月号）

（4）伊藤「青山菊栄様へ」（『青鞜』六巻一号、一九一六年一月）、青山「更に論旨を明かにす」（『青鞜』六巻二号、一九一六年二月）、伊藤「再び青山氏へ」（『青鞜』六巻二号、一九一六年二月）

（5）一九一八年に、女子の徹底した独立を主張し、依頼主義を批判する与謝野晶子と、妊娠、分娩、育児期における保護は国家の義務とする平塚らいてうの二人に始まった論争。香内信子編集／解説『資料　母性保護論争』（ドメス出版、一九八四年）参照。

（6）若尾典子「女性の身体と自己決定――性業労働をめぐって」（『現代の法11　ジェンダーと法』岩波書店、一九九七年）

（7）江原由美子『自己決定権とジェンダー』（岩波書店、二〇〇二年、特に第一章、第四章）

（8）同右

（9）岡野八代「法＝権利の世界とフェミニズムにおける『主体』」（和田仁孝・樫村志郎・阿部昌樹編『法社会学の可能性』法律文

化社、二〇〇四年）「　」部分は五五頁。

(10)　岡野八代「主体なきフェミニズムは可能か」（『現代思想』二〇〇〇年一二月号）、この他岡野氏については岡野『法の政治学』第一章（青土社、二〇〇二年）参照。

(11)　以上竹村説については、竹村和子編『〝ポスト〟フェミニズム』（作品社、二〇〇三年）竹村氏の執筆、対談箇所参照、特に一〇九－一一〇頁、一一五－一一六頁、この他竹村訳／ジュデス・バトラー『ジェンダー・トラブル――フェミズムとアイデンティティの攪乱』（青土社、一九九九年）参照。

(12)　筆者は無意識の権力性＝他人への抑圧が、一人の女性を追い詰め、結局は命を失わしめる過程を描くものとして魯迅の小説「祝福」（一九二四年）を取り上げた。法制史学会でのシンポジウム「中国法制史における『史料』と『現実』」の松田報告「魯迅に見える『現実』と法」（『名城法学』五四－三、二〇〇五年）

(13)　行為体については、竹村訳／ジュデス・バトラー「触発する言葉――パフォーマティヴィティの政治性」及び訳者解題（『思想』一九九八年一〇号）、竹村対談「バトラーがつなぐもの」（『現代思想』二〇〇〇年一二月号）、竹村「アイデンティティの倫理――差異と平等の政治的パラドックスのなかで――」（『思想』二〇〇〇年七号）参照。

ここで関連事項として、竹村氏の「アイデンティティの倫理」から、「アイデンティティ」に関する竹村氏の説についても、筆者が極簡単にまとめておく。

人を「行為体」と捉える発想でアイデンティティを考えるなら、人は自分が何かであると語った瞬間に、語り得なかったものに対峙するのであり、それによってアイデンティティを形作ると言える。この語りとともに現われ且つ消えるのが〈わたし〉ということになる。このようにアイデンティティを捉えることが、アイデンティティの脱構築である。よってこれはアイデンティティを否定するものではなく、種々多様なアイデンティティに目を向けることなのである。もし一つのアイデンティティに立ち止まれば、その時は自己に応答する（責任をもつ）とともに他者に応答する（責任をもつ）ことになる。しかしこれは固定化されるべきことではなく、このように立ち止まること、つまりアイデンティティの中断を不断に行なうことが、表面的ではない差異の平等への道を開き、一つの連帯を見い出す可能性を生むのではなかろうか。

(14)　竹村氏については、竹村『フェミニズム』（岩波書店、二〇〇〇年）も参照。

(15)　法社会学のシンポジウムについては、日本法社会学会編『法社会学』六〇号（法と情動）、六二号（死そして生の法社会学）、六四号（法主体のゆくえ）が各々掲載する。主体を問うことの意義、そして「物語的主体」については、六四号掲載山本顯治「法主体のゆくえ」に詳しい。

(16)　「法の語りと法技法」所収の論稿について若干述べておく。

和田仁孝「技法としての法」は、法の普遍性、一般性、体系性等の理念を一つの神話的イデオロギーに過ぎないと考えるところから、現場での、標準化の極めて難しい多様な具体的状況に対応するために相互構築的に構成される「法の技法」を研究することの重要性を指摘する。

山本顯治「非援助の支援と民事法学——法・コンテクスト・技法——」は、近年の民事法学の重要論点である自己決定と正義の問題に関し論ずるが、自己決定をなす当事者と関与者の関係のあり方から、「支援」とまた「支援」と密接に関わる「声を聴く」ことの意味を導き出し、そこから必然的に避け難いものとなる「コンテクスト」の問題を取り上げ、そしてルールとコンテクストを繋ぐものとして「法の技法」の重要性を具体例を挙げつつ提唱する。

西田英一「身構えとしての声——交渉秩序の反照的生成——」は、一つの医療過誤訴訟を取り上げ、法廷での交渉の中で、裁判官、弁護士、また医者という法律や医療の専門家が、いわば素人である両親の声によって、息子の死をもたらした医者の過失現場の直接的知覚を呼び戻される過程を分析する。そして人の声と法・裁判の接合を課題とすることで技法に迫ろうとしている。

(17)　法の技法論者は以前から主体について論究している。例えば、和田仁孝『法社会学の解体と再生——ポストモダンを超えて』六章三節（弘文堂、一九九六年）、山本顯治「再交渉義務論について——交渉理論と契約法理論の交錯——(一)」〈制度と日常性の狭間で〉部分（『法政研究』六三-一、一九九六年）、西田英一「新たな法主体の可能性——コールバーグ／ギリガン論争を出発点に——（一）（二）・完」（『法学論叢』一三七-一、一九九五年、一三九-一、一九九六年）。

（18）　野崎綾子「正義論における家族の位置――リベラル・フェミニズムの再定位に向けて――」（『国家学会雑誌』一一三‐一一・一二、二〇〇〇年）のち野崎『正義・家族・法の構造変換――リベラル・フェミニズムの再定位』（勁草書房、二〇〇三年）所収。

（19）　高井裕之「関係性志向の権利論・序説――アメリカにおける堕胎規制問題を手がかりに――」（一）〜（三・完）（『民商法雑誌』九九‐三、一九八八年、九九‐四、一九八九年、九九‐五、一九八九年）

また高井裕之「憲法における人間像の予備的一考察――アメリカにおける feminine jurisprudence を手がかりに――」（一）〜（四）（『産大法学』二三‐四、一九九〇年、二四‐三・四、一九九一年、二五‐三・四、一九九二年、二六‐三・四、一九九三年）はギリガンの「思いやりの倫理」を、法理論との関連で詳説する。

なお江原氏は、「女性の自己決定権」対「胎児の生命権」との捉え方に対しては、妊娠への男性の関与を不可視化するとして、疑問を呈する。前掲注（7）江原書

（20）　神谷雅子「ジェンダーとフェミニスト法理論」（前掲注（6）『現代の法11』）六一‐六三頁

なお主体に関連して著名な論者が如何に述べているかを知りうるものとして、若林翼「法と主体の可能性――フェミニズムの主体像を手がかりに（一）・（二・完）」（『阪大法学』五四‐五、五四‐六、二〇〇五年）。

（21）　井上氏はフェミニズムに危険を孕んだ二つの極端な方向性が見られるとする。一方はある行為を非常に一面的に女性への抑圧行為と見做し、法的にその行為を統制しようとするものである。他方は法もフェミニズムが問題視する社会的構成物の一つにすぎないと考え、法制度の改革とその根拠となる規範的議論に意義を認めないという、主体や価値理念自体の脱構築を根本に持つものであり、これは脱規範化に向かうものである。このように指摘する井上氏は、バトラー説を脱規範化論と見て批判的に捉える。井上達夫「フェミニズムとリベラリズム――公私二元論批判をめぐって」（特集・ジェンダーと法『ジュリスト』一二三七、二〇〇三年）

筆者は、自律、規範性、普遍性、法制度等を否定するものではない。しかし「自律的主体」の存在を一旦疑い、人を行為体と

捉えた時に何が我々に見えてくるのか、ということに気づかせるという意味で竹村氏によって示されたバトラー説は意義があると考えている。そこに意義を見い出す理由を、本文で挙げた例以外に、法社会学学会シンポジウム「法主体のゆくえ」の山本報告で挙げられた名古屋地裁平成四年十月二十一日判決を取り上げることで説明したい。この判決は、勧誘によりある商品取引に関わることとなり、一定の取引経験を積むこととなった一消費者は、自己の判断で取引する能力を養われていると見做すことができ、よって自己の判断で取引を継続した場合は、取引上の損失は顧客の責任と言うべきだとした。そのために勧誘会社は詐欺的取引として責任を問われることがなかったのである。この判決に対して感ずる違和感を行為体と捉える発想は説明できるのではないかと考えている。そしてそれはこの違和感を不問に付してよいのかとの疑問があるからである。さらに行為体との発想を持つことで追究したいものの一つは法の技法である。法の技法の追究が意味するのは、行為体との捉え方とも通ずる動的主体像――山本報告の言う物語的主体像――と法制度を接合するための悩みの中に身を置くことなのであり、それが目的とするのは法制度の解体ではない。よって行為体の発想を持つことは必ずしも制度、規範を否定することではないと考えている。

第九章　大正期の母性保護論争に見られる三つの論点

始めに

筆者はかつて、明治末期から大正初期にかけて刊行され、多くの女性たちが様々な問題をそこで論じた雑誌『青鞜』における三大論争を取り上げた。即ち貞操論争、堕胎論争、廃娼論争である。そしてこの論争から『青鞜』の女性たちが、男性が支配し、女性が従属するという権力関係が構造的に存在する社会に自分たちが生きていることを、感覚的に捉えていたことを示し、また彼女たちの視点は、現代の日本におけるフェミニズムの理論展開の萌芽と言えるものであることを示した(1)。

この『青鞜』は創刊後五年に満たぬうちに休刊となったが、その後も女性たちの活発な議論は続いた。そこでその一つ「母性保護論争」を取り上げ、そこでもやはりフェミニズムの理論展開に繋がる問題が論じられたことを示したい。

その際まず明治以降の日本におけるフェミニズムに関わる女性たちの動きを概観し、母性保護論争の位置付けを確認したうえで、母性保護論争を分析するものとする。その場合母性保護論争の論点に重なるという意味で、日本の一九八〇年代の議論にまで言及することになる。

日本では明治以降女性たちが女性に関わる具体的な問題を巡り、しばしば論争をしており、『青鞜』の三大論争はそのことを明確に示したわけだが、この『青鞜』の論争に加わった女性たちが重複して母性保護論争に加わった。そのため母性保護論争では各論者の個性がより明らかとなり、その反射効として論ずべき焦点が鮮明となったとも言える。即ち、国家と女性（個人）の関係をどう捉えるかという問題、個人を個として捉えるのか或いは関係性の中または共同体の中の個人として捉えるのかという問題、そして家庭での労働を不払い労働としてよいのかという問題の存在がわかりやすくなったのである。これらがいずれも、現代において論じられている問題と重なり合っていることは明らかであろう。

一　フェミニズムに関わる日本の女性たちの動き

まずフェミニズムであるが、フェミニズムの大きな動きとして、フェミニズムの第一波（第一期）と第二波（第二期）がある。

第一波フェミニズムはフランス革命を契機として生じ、ほぼ二十世紀の中頃まで続いた女性たちの運動と言える。近代国家の登場と並行して生まれたフェミニズムは「近代」と大きく関わっている[(2)]。

近代に入り個人は中間的な権力に服することなく、直接国家と対峙することになった。つまり個人は直接に国家を意識して生きることになり、その個人の生きる空間として社会が捉えられることになる。この社会は市民社会であり、また市場社会である。社会の中で個人は自由であり、平等であり、また自由な経済活動を保障されている。この近代社会を法という側面から見ると、国家からの介入を受けない自由な活動領域の法秩序は私法と観念される。一方で国家組織や権力行使に関わる公法があり、私法と公法は市民社会と国家の分離に対応する形で区別された[(3)]。

ところで政治的領域としての国家と経済的領域としての市民社会と捉えた場合、もう一つ家庭がある。国家と市民社会は公的な領域であるのに対して、家庭は私的な領域であった。公的領域は家庭を代表する男性家長により構成される。公的領域で男性家長は平等に権利を有し、自由に経済活動をし、互いに各人の私的領域のことに口は出さないことになっていた。一方男性家長は家庭では、女性と子供を保護監督した。ここからわかるように、近代に入った段階で謳われた自由と平等とは、公的領域での男性についてのものであった。

そのためフランス革命で採択される「人権宣言（人および市民の権利宣言）」の指す「人」は男性、より詳しく言えばブルジョワ白人男性であった。[4]

これに異を唱えたのがフランス人女性、オランプ・ド・グージュである。彼女は「女性および女性市民の権利宣言」を作る。これは一七八九年八月の「人権宣言」の各条文の権利主体を、女性・女性市民或いは両性に変更する形で作られており、一七九一年九月に公刊されている。社会的差別は、共同の利益にもとづくのでなければ、設けられない。」において平等なものとして生まれ、生存する。社会的差別は、共同の利益にもとづくのでなければ、設けられない。」に対し、「女性および女性市民の権利宣言」の第一条は「女性は、自由なものとして生まれ、かつ、権利において男性と平等なものとして生存する。社会的差別は、共同の利益にもとづくのでなければ、設けられない。」としている。[5]

また同じ頃イギリスではメアリ・ウルストンクラフトが、『女性の権利の擁護（*A Vindication of the Rights of Woman*）』（一七九二年）を著わした。同著においてウルストンクラフトは、女性の欠点と言われることは、男性の専制支配の下で、女性の受ける教育や社会における地位から生じたにすぎないもので、女性が肉体的にも、精神的にも、また市民として自由にされるなら、このような欠点はなくなるのであり、女性に男性と同じ権利を与えるなら、女性は男性と美徳を競う存在となると主張する。[6]

このようにヨーロッパで女性たちは、我々にも自由と平等を与えよと声を上げた。これがフェミニズムの第一波の始まりであった。この動きは二〇世紀中頃まで続くことになり、特に女性の選挙権の獲得運動という形をとって世界各国で見られた。それゆえ各国で女性の選挙権が獲得されると次第にその動きは沈静化してゆくことになる。ところが次の波がやってくる。一九六〇年代後半から一九七〇年代初頭のアメリカで盛んになったウーマン・リブ（女性解放運動）によって始まる、フェミニズムの第二波である。

一九六〇年代、公民権運動や反戦運動の盛んであったアメリカにおいて、男性たちとともに運動に加わっていた女性たちが、女性自身の解放を自覚するようになり、女性解放運動が始まる。具体的な動きとして、一九六八年一月にはワシントンD.C.での反戦デモの際に、「伝統的な女らしさの埋葬」と名付けた示威運動が起きており、また一九六八年九月には、ニュージャージー州のアトランタ市でミス・アメリカ・コンテストが開催された際に、性差別と女性の客体化に反対するデモが起きている。

当時アメリカでは、このような女性たちの自覚に大きく関わる本が出版されていた。ベティ・フリーダン『女らしさの神話（*The Feminine Mystique*）』（一九六三年）である。

これはアメリカの女性たちが第二次世界大戦後、良き妻・良き母として生きることこそが幸せな女の生き方であるという、いつの間にか作り上げられた社会的了解に無意識に縛られて生きているために、何かうまく表現できない不満を抱えて生きることになってしまっていると指摘し、女性も人として生きる目的をもつべきだと主張するものであった。つまりこの本によりアメリカの女性たちは、いつの間にか作られた「女らしさ」に合わせて生きようとするために、言いようのない不満を抱えることになってしまったことに気づいたのである(7)（但しフリーダンが対象とした女性は、白人であり、高等教育を受けることが可能な階層の女性である）。

アメリカでの女性解放運動は、組織として全米女性機構（一九六六年から一九七〇年の間初代会長を務めたのはベティ・

フリーダン）も生み出しており、この組織は様々な活動を行なった。

このフェミニズムの第二波の動きは各国で見られ、そのまま現在にまで続いているとも言える。

さてこのフェミニズムの第一波と第二波であるが、思想面からその動きを見てみると、いくつもの特徴的な潮流が見られることになる。所謂〇〇フェミニズムと称される一定の共通点で括られる主張である。〇〇フェミニズムはいくつもあるが、ここでは最も早い時期から見られたリベラル・フェミニズム、リベラル・フェミニズムの看過していた問題に気づきそれを追究することになるラディカル・フェミニズム、そしてラディカル・フェミニズムの精鋭化から登場するポスト・モダン・フェミニズムの三つについて見てみたい。当然ながら各々を専門的に論ずるとなると膨大な紙片を費やすことになろうが、ここでは第一波から第二波へという流れを見るという意味で、この三つを極簡単に取り上げる。

リベラル・フェミニズムにも変化はみられるが、最も初期にはオランプ・ド・グージュやメアリ・ウルストンクラフトのように、男性たちと同様に女性にも自由と平等を保障せよとの重要な主張をした。これは前述のようにフェミニズムの第一波の中で、女性たちの選挙権獲得運動を支える主張となったものである。

ところがリベラル・フェミニズムでは公の領域で女性も男性と同じように自由と平等を保障されるべきことを問題にしたため、私の領域に目を向けることができなかった。そのためフェミニズムの第二波の時期に入ると私の領域である家庭の中に存在する、男性が支配し、女性が従属するという権力構造（抑圧関係）の問題性にも目が向けられるようになったのである。

結局、公と私を問わずあらゆる領域で男性支配－女性従属の権力構造が存在しており、これらを根本的に変えてゆかねば男女の平等は達成されないと、第二波の頃には考えられるに至った。ラディカル・フェミニズムでは、それまでのなぜ男性にだけ権利を保障するのかと、表面上明らかな事態に女性たちが疑問を抱いた時期に比べ、表面化していなかった家庭内の男女の支配・従属関係を疑問視し、そこから更に広い範囲でこれまで見逃されていた問題に女性たちは着目した。そして隠された男性中心主義が暴かれていく。例えばしばしば挙げられるのはキャロル・ギリガン『もう一つの声（*In a Different Voice*）』（一九八二年）である。

女性心理学者ギリガンは、男性心理学者コールバーグの道徳性の発達度の調査において女性が男性より低い評価を受けることに疑問をもつ。

この発達度の調査として有名な「ハインツのジレンマ」では、死の病に苦しむ妻を抱えるハインツが、ある薬を使えば命が助かるかもしれないがその薬の代金が払えないとの前提で、この時ハインツは妻を救うために薬を盗んでよいかどうかという問いが男の子と女の子のそれぞれになされる。男の子のジェイクは、薬屋の所有権と妻の生命を比較して、生命に論理的優越性を認め、盗むべきだと結論付ける。ところが女の子のエイミーは、盗むのも良くないし、奥さんも死なせてはいけないから、お金を人に借りたり、ローンにするとか、何か別の方法をみつけるべきだという答え方をするのである。

コールバーグによればこのような場合、道徳性の発達度については、所有権と生命というような抽象的な概念を用い、普遍的な解決を図ろうとする男児が女児より優れているということになろう。しかしギリガンは二つの考え方が存在するのではないかとした。つまりジェイクのような考え方と並んで、エイミーのような具体的状況に沿い、関連する人々皆に配慮した形で解決を図ろうとする考え方もあるとした。ジェイクに見られる考え方、「正義の倫理（ethic of justice）」、エイミーに見られる考え方、「配慮の倫理（ethic of care）」の双方が、人間の生活の中には存在するのだとみるのである。(8)

ギリガンは、男性によく見られる倫理の方を基準とし、女性によく見られる倫理はその基準に達しないので劣っていると評価してきたのではないかと指摘したと言える。つまりどちらが優れているなどと本来言えない二つの倫理につき、男性によく見られる方を優れたものと見做すところに、ギリガンは隠れた男性中心主義が存在すると見抜いたのである。(9)

このようにラディカル・フェミニズムでは、これまで当然のことと見てきたことに疑問を挟む。そのためなぜ異性を愛することが普遍であると言えるのか、男性支配‐女性従属の権力関係が異性愛を強制しているのではないかとする、レズビアン・フェミニズムなども生まれてくる。

ラディカル・フェミニズムは固定化した見方を疑うが、この方向性と同じとも言える「近代」というものを疑う思想も一方で生じていた。例えば「近代」が前提とした「理性的な人間」を疑うのである。近代社会では自由、平等を保障される個人が、自由な意思に基づいて判断し、その判断が尊重される。それは理性的で、合理的な判断と見做されていた。ところがポスト・モダンの立場からは、そもそも本当に理性的で、合理的な判断ができる個人など存在するのかという疑問が提起される。そして必ずしも理性的、合理的判断を瞬時にできるわけでないのが「人」であるという前提に立ち、「主体」という形でこの点を問題にした時に、理性的、合理的が前提となる「自律的主体」とは異なる「物語的主体」という捉え方がなされるようになる。物語や言語により主体は構成されるという観点に立つもので、それは周囲との関係性の中で、他者との相互作用、それゆえの内面的葛藤で揺れ動く「主体」であり、およそ瞬時に合理的判断などできない「主体」である。

このポスト・モダンの視点は、フェミニズムにも現われる。例えば「女性の自己決定」と言うが、本当に「自己決定」なのかと疑問視された。男性支配‐女性従属の権力関係をここかしこに秘める社会構造の中で、女性が周囲からの圧力を無意識に受け、或いは已むを得ない状況に追い込まれて下した「決定」にすぎないのではないかと疑われたのである。このような観点に立つのがポスト・モダン・フェミニズムである。そのため例えば、万策尽きて子供を生むことを決めた女性について、女性が本当に子供を生むと「自己決定」したのかと問われる。そして実際実態調査に基づいても、社会の中の様々な圧力に暴されて不妊治療を受け続ける女性の姿が明らかにされている。[10]

そして固定化した視点をとらないポスト・モダン・フェミニズムは、非常に多面的に人を見る。そのため人のあらゆる側面に目を向け、一人の人間についても固定化した捉え方をしないところから、「主体」は言説によって作られるとの主張が登場する。ついには一人の人間はバラバラの断片として捉えられてしまうのである。ただこのような考え方については、単なる無限の解体を生み出し、そこから現実問題の解決はなんら生み出されないという批判は当然でてくる。この点について筆者は「前稿」でも述べたように、ポスト・モダン・フェミニズムの主張するところを、一つの視点としてもつことに意義を認めている。つまりそのような視点をもつことが、一人の人間の様々な側面、結果に至る過程、その過程における関与者に目を向けさせる等、ものごとを多面的に捉えることを可能にし、最終的に何らかの解決策を導くことを可能にするのではないかと考えるのである。[11]

このようにフェミニズムは、第一波と第二波の動きの中で様々の主張を生み出してきた。あと一つ本稿の論点と関わるものとしては、家事労働を無償とすることを問題にするマルクス主義フェミニズムが挙げられる。

○○フェミニズムについて極一部を概観したわけだが、今なおフェミニズムは議論を続け、理論を深化させている。そして「前稿」でも指摘したが、フェミニズムは単に女性差別を扱うものではなく、人はあらゆることを根拠として差別を生み出すという人間の問題性について、「女性」を理由に生まれる差別を論ずる形で探究するものなのである。[12]

さて次に日本における、フェミニズムに関わる女性たちの動きを見てゆくことにする。[13]

日本の明治維新以降を概観して興味深いのは、しばしば現代のフェミニズムにも通ずる視点の鋭さを女性たちが示したことである。

早い時期には、岸田俊子が明治一五（一八八二）年四月から各地で演説を行ない、女子教育の重要性を訴えた。

演説は大変な人気であった。ところが集会条例によって度々演説を中止され、さらに一八八三年一〇月の大津での演説時には、演説の後拘引された挙句罰金刑を受けたと言う(14)。

岸田の講演に感銘を受けた女性に景山（福田）英子がいる。景山は明治一八（一八八五）年、朝鮮の清と結ぼうとする勢力を排除するために朝鮮渡航を企てた人々が一斉に逮捕された大阪事件の際、その一団の中の唯一の女性であった。景山は明治二〇年九月に、外患罪で軽禁錮一年六カ月の刑を言い渡されている。その後結婚を経て、福田英子は明治四〇（一九〇七）年に、「婦人解放」をスローガンとする『世界婦人』を刊行している。福田は同じ年に他の同志たちとともに、女子の政治結社加入の禁止を定める治安警察法（一九〇〇年三月一〇日公布、三月三〇日施行）を改正することを求める請願書を帝国議会に提出した(15)。

これらは時期的に見て、そして欧米の思想的影響を受けていた当時の状況からして、フェミニズムの第一波の下での日本の女性たちの動きと言ってもよいであろう。

この後の動きとしてよく知られるのは、明治四四（一九一一）年九月に創刊され、大正五（一九一六）年二月まで刊行された『青鞜』上で、女性たちが女性に関わる様々な問題を論じたことである。

「前稿」で挙げたことの一部を振り返ってみる。例えば生田花世は、女子が仕事を続けようとすると、解雇されぬために男性の上司による今で言うセクシャル・ハラスメントに耐えねばならなくなっているという日本社会の構造的矛盾を指摘した。原田皐月は小説の中で、子を生むとより重い責任を負うことになるので、今の段階で堕胎したのであり、胎児の幸福と信ずることを行なうのは母の権内にあることだと、女に語らせた。また平塚らいてうは、仕事をもつ女性が妊娠した時に抱える矛盾に着目した。そして青山菊栄は、売春を生み出す社会構造の問題性を指摘している。

このように『青鞜』の女性たちは、現代のフェミニズムが追究の課題とするところの問題性を感覚的に捉えていた。

そしてこれに続くのが大正七（一九一八）年の母性保護論争である。この論争の分析は次節で行なう。

ところで日本ではフェミニズムの第一波の下にあったと言える時期には、女性の選挙権の獲得問題はどうなっていたのであろうか。

岸田俊子や特に福田英子の活動からわかるように、女性たちの政治的権利要求の声は明治時期より生じており、選挙権については大正一二（一九二三）年に婦人参政同盟が結成されている。そしてそれは一九二五年に婦選獲得同盟となった。一九二五年の普通選挙法では選挙権を認められなかったものの、女性たちの運動は続いてゆく。昭和五（一九三〇）年には婦選獲得同盟の主催で、全日本婦選大会が開かれている。この大会は毎年開催され、一九三七年の第七回大会まで続いた。但し戦時色の強まる中、その主張は表現の仕方を変えてゆくことになり、昭和一三（一九三八）年にはついに大会が開かれなかったのである。(16)

日本で女性に選挙権が与えられるのは戦後、昭和二〇（一九四五）年一二月一七日公布の衆議院議員選挙法においてである。男性と等しく女性にも二〇歳以上に選挙権、二五歳以上に被選挙権が認められた。

では一九四五年に女性たちは選挙権を獲得したということで、日本での女性たちの動きは沈静化したのであろうか。フェミニズムの第一波と第二波という面から見ると、日本では一九七〇年より日本のウーマン・リブ、女性解放運動が始まり、アメリカで生じたフェミニズムの第二波と時期的には重なるため、ここで日本も第二波の時代に入ったとも言える。

しかし女性たちの動きという面で見ると、日本では昭和三〇（一九五五）年から第一次主婦論争が始まり、昭和三五（一九六〇）年には第二次主婦論争、ウーマン・リブの時期に重なる昭和四七（一九七二）年には第三次主婦論争が起きている。フェミニズムの第一波、第二波に関わらず、日本では女性たちの議論が続いていたのである。

第一次主婦論争では、家庭生活に変化が生じてきた現在、女性の誇りを取り戻すために、主婦は主婦という職業以外に仕事をもつべきではないかとの問いかけがなされたことを発端に、主婦について様々な意見が提起された。第二次主婦論争では、主婦労働が経済学的に価値がないとされ、報酬が得られないことが問題とされた。ウーマン・リブの渦中にあった第三次主婦論争では、主婦の生き方について様々な意見が提起された(17)。

ところで第三次主婦論争の時期に当たる日本のウーマン・リブについてもここで簡単に述べる。発端となったのは、一九六〇年代末の日本で盛んであった社会運動や学生運動の中から生まれた女性たちの行動、つまり一九七〇年の田中美津によるガリ版刷り「便所からの解放」配布や、「ぐるーぷ・闘うおんな」の活動開始である。また大きく関連するのは、昭和四四（一九六九）年から優生保護法の改正（改悪）の動きがでてきたことである。一九四八年に公布、施行され、当時存在した優生保護法では人工妊娠中絶を認める五つの理由を定めていた。ところが将来の労働人口の減少を心配し、五つの理由のうち「経済的理由」を削除する一方、胎児に障害のある場合については中絶を認めるという形に改めるものとされ、その法案が一九七二年五月に国会に提出された。実際の中絶のほとんどが「経済的理由」でなされていたため、これを禁ずるのは女性の管理化であるとして女性たちから反対運動が起きた。またこの法案に対しては障害者たちからも、我々は生まれてこなければよかったのか、との疑問が提起されることになり、ついに優生保護法の改正（改悪）案は廃案となった(18)。

さて主婦論争の後、多数の女性たちの意見提起を引き起こした「アグネス論争」が一九八七－八八年に起きている。幼児を連れて活動する芸能人アグネス・チャンへのマスコミの対応について、中野翠と林真理子が各々週刊誌の連載担当欄で批判的見解を述べたことにこの論争は端を発する。社会学者上野千鶴子の議論への参加から、この論争の焦点は働く女性の子連れ出勤の問題に絞られてしまった感があるが、それ以外の観点から見ても種々の興味深い問題が詰まっている論争と言える(19)。

以上、日本の女性たちの動きを概観した。日本ではフェミニズムの第一波、第二波と重なる側面も見せながら、明治以降具体的な問題を巡って女性たちの議論が続いていたと言える。その中の一つの論争が母性保護論争ということになる。そこで次節で母性保護論争を見てゆきたいと思う。

二　母性保護論争

母性保護論争は、大正七（一九一八）年に起きた。これは与謝野晶子が「女子の職業的独立を原則とせよ」（『女学世界』一八-一、一九一八年一月）と「女子の徹底した独立」（『婦人公論』三-三、一九一八年三月号）において、女子は経済的に男子に依存せず徹底して独立せねばならない、と主張するところから始まる[20]。

与謝野は、女子は体質が不良ゆえに精神的にも労働的にも能率面で劣るとし、また知識が欠乏しているため萎縮してしまっているとする。そして体質を改善するためには男子の財力に縋って衣食する寄生状態から脱し、男子に気兼ねせずに男子と対等の栄養を取れるようになること、また知識を具えるにも男子の財力に縋らずに自ら教育を受けうるようにすることが必要とする（八一-八二頁）。

但し与謝野は、自身も働かなければ生活できない状況にある女子は自労自活は当然となるので、親兄弟や夫の財力によって自分自身は働かなくとも生活できる状態にある女子に対して、自労自活を呼びかけるとしている。そしてこの場合与謝野は、女性教員や女医などの職業にすべての女子が就くことができるわけではないので、工場労働に従事する誠意と勇気が女子に必要になると言う（八三-八四頁）。

さらに与謝野は、生殖的奉仕によって婦人が男子に寄食することは奴隷道徳であるので、同じ理由から国家に寄食してはならないとし、妊娠分娩等の時期にある婦人が国家に向って経済上の特殊な保護を要求することに反対だと言う。与謝野は婦人は如何なる場合にも依頼主義を採ってはならないと言うのである。そのため与謝野は、物質的生活、子供の哺育と教育を持続し得るだけの経済上の保障が男女相互の労働によって得られる確信があり、それだけの財力を双方が貯えられた段階で、結婚、分娩をすべきだとするのである。そのため男子の財力をあてにして結婚し分娩するものは、経済的に依頼主義を採って男子の奴隷となることだ、或いは男子の労働の成果を侵害・盗用することだ、とも言う（八五頁）。

この与謝野の考えに対し、平塚らいてうは「母性保護の主張は依頼主義か」（『婦人公論』三‐五、一九一八年五月）において反論する。平塚は、与謝野が母性保護の主張を、婦人が生殖的奉仕によって男性に寄食するのと同様に、国家に寄食しようとするもので、いずれも依頼主義であるとして排斥する点を問題としている。

平塚は、与謝野は現社会の事実を無視して、特殊な天分と精力をもつ自分のみを基準にして、非常に主観的な判断を下すという傾向があるとする（八七頁）。

平塚は母性保護の主張がみられる欧州では、結婚制度の改革問題、さらには私生児問題が存在することを挙げる。欧州では私生児を生んだ女性は社会的に非難され、そのために経済生活は困難に陥り、一方で私生児の父は何の責任も負わない、つまり母のみがすべての負担を引き受けることになっていると言う。そして私生児たちは経済的理由から、およそ母の下で育つことはできず、また社会の侮辱、虐待に堪えねばならず、真の母の温かい愛を受けることができないことになる。その結果健康面で劣り、犯罪者、浮浪人、淫売婦などになるものもでてくるとする（八八‐八九頁）。

そして平塚は、国家はこのような私生児を保護し、心身の健全な発達を計らねばならず、また子供を保護するにはその母を保護する必要があり、母親の妊娠、分娩、育時期における生活の安定を国家は助けなければならないとする。さらに平塚は私生児問題に関わらず、母の務めを尽せないほど貧困な者に対して国家は補助を行なうべきだとする（八九頁）。

平塚は、婦人は母となることで、個人的存在から社会的、国家的存在となるのであるから、母を保護することは、その子供を通じて全社会の幸福、全人類の将来のために必要だとも言うのである（八九頁）。

これに対して与謝野が「平塚さんと私の論争」（『太陽』二四－七、一九一八年六月号）において反論する。与謝野は経済的に独立する自覚と努力さえあれば、女子が貧困にして母の職能を尽し得ないような境遇に沈淪することは予め避け得ると言う。与謝野は、女子にはこの自覚と努力が重要なので、国家の特殊な保護は一般の婦人にとって望ましいことではなく、一部の婦人のために已むを得ず要求されるべき性質のものであると主張する（九八－九九頁）。

このように極力女子は経済的に独立することに努め、安易に国家に頼るべきではないとするのが与謝野であり、それはまた夫からも経済的に独立していることを要求するものなのである。そのため与謝野は経済的に無力な女子が軽率放縦に結婚することを憂え、男子の注意を引くことを露骨に示す一般女子に対しては、精神的、経済的に無力なため、労働によって独立することをせず、廉恥も名誉も忘れ、身を男子に売ろうとする者ではないかとまで言っている（一〇一頁）。

この他与謝野は、平塚は「国家」に多大の期待をかけているとして、そもそも国家を改造するには個人の改造をまずせねばならず、なぜ平塚は個人の尊厳と可能性について述べないのかと言っている（一〇二頁）。

これに対して平塚が「母性保護問題に就いて再び与謝野晶子氏に寄す」（『婦人公論』三－七、一九一八年七月）において再び反論する。そこでさらに明らかになるのは、女子と国家との関係についての平塚の捉え方である。

平塚は、子供は自分の私有物ではなく社会のものであり、国家のものであると言う。子供の数や質は国家社会の進歩発展に大きく関係するので、子供を生み且つ育てる母の仕事は個人的な仕事ではなく、社会的、国家的仕事だとする。この母の仕事は婦人のみに課せられた社会的義務であり、さらによき子供を産み、よく育てねばならないという二重の義務になっているとする。このような義務を負う母を国家は保護する責任があると言うのである。逆に母を保護しなければ社会に有害な人間が生み出され、国家にとって害になるとも言う（一〇八頁）。但し平塚の意図はこれだけ国家にとって重要な仕事をしている女性に対し、国家は報酬を与えて当然なのであると主張することであり、また妊娠、出産、育児の期間に経済的保障が与えられることが女性の独立を可能にするとの発想なのである。

実は平塚は、よき母になろうと思うと、よき職業婦人になり得ず、よき職業婦人になろうと思うと、よき母になり得ないという家庭生活と職業生活の矛盾争闘に婦人が陥るとして、この問題の大きさを主張している（一一一頁）。

これだけ大きな問題を抱える女性に保護を与えるべきだと言いたいのであろうが、しかしながらそれでもなお平塚のこの国家に対する無条件の信頼は、与謝野も若干感じとっているようであるが、その対価として生じうる国家からの抑圧を考えると、危惧を覚えざるをえない。この危惧は平塚が、女子は国から母の社会的地位や、その仕事の尊さを自覚して働くことに対する報酬を得ているということで、家庭での婦人の生活はより真面目な勤勉なものとなり、もし母の職能を尽くさない婦人については、国家は報酬を与えないとか、子供を取り上げてしまうようにすればよいのではないかと主張していることを見ると（一一三頁）、より大きくなる。

さて次にこの与謝野・平塚の論争を取り上げ、独自の分析をした山川菊栄の主張に目を向ける。山川「母性保護と経済的独立──与謝野、平塚二氏の論争──」（『婦人公論』三-九、一九一八年九月）である。

山川は二人の根本的相違として、育児期にある婦人が職業に従事することが可能か不可能かという点について、与謝野氏は可能であるので国家の保護は無用また却て有害とするのに対し、平塚氏はこれは不可能なので国家の保護を必要とすることにあるとする（一二九頁）。

このように分析する山川は、婦人が育児のために家庭外の労働に服することのできない間、社会の手によって扶養されることは不自然ではないとする。育児期にある婦人に生活費を稼ぐことを要求するのは、婦人に二重の負担を要求するものと山川は考える。そして家庭における婦人の労働が不払い労働となっている点を問題とするのである。山川は育児期にある婦人の家庭労働に経済的評価を加えることは、家庭において社会的任務に服しているといえる婦人に正当な支払をなし、経済的独立を可能とすることになるのであるから、与謝野氏の言うように婦人が寄食することにはならないとする（一三九－一四一頁）。

山川は与謝野、平塚いずれの主張にも一面の真理があり、婦人の経済的独立、母性の保護はいずれも重要であるので、双方の実現が婦人の地位の安定に資するとの立場である。但し山川の主張は婦人問題の根本的解決には経済関係そのものを改変しなければならないとするものである（一四二－一四三頁）。

この他山川は、与謝野の主張が十八世紀末に欧州で生じ、十九世紀後半に世界に広がった女権運動の伝統を継承しているとし、また平塚の説は旧来の女権運動に対抗して、その補足或いは修正として十九世紀初頭に北欧に起きた母権運動の系統を引くものと位置付ける（一三一－一三三頁）。

山川は、女権運動は例えば婦人にも労働の権利を認めるというような、男女の機会均等を主張するのに対し、母権運動は機会均等を単純に主張することから生ずる弊害を修正するところから生まれ、婦人の本来もつ生活の権利を要求するものとしている。しかしやはりそのいずれもが、現在の経済関係に根本的原因があることに思い至らぬことが問題だとしている（一四六頁）。

資本主義社会自体の改革こそ必要とする山川ではあるが、与謝野、平塚双方の主張に一理あるとする。ところがこの与謝野・平塚の論争に加わるもう一人の論者、山田わかと山川は大きく対立することになる。

そこで山田わかの主張、「今後の婦人問題を提唱す」（『女、人、母』一九一八年四月－七月推定）を見てみる。

山田は社会の単位は家庭であるとする。この家庭で社会道徳のもととなる利他主義を身につけるとする。また男女が調和している健全な家庭を作ることが婦人にとって重要と言う。山田は産業の発展に伴い、人々は産業のための労働に従事することになり家を出た結果、家庭が破壊されていると言う。そして婦人を家庭に引戻して婦人の天職を全うすることを望むとしている（九三‐九五頁）。

　この山田の主張に対して山川菊栄は「婦人を裏切る婦人論を評す」（『新日本』八‐八、一九一八年八月）において反論する。

　山川は女子の独立とは、結婚するか否かにかかわらず、女子が自己の意思に基づいて行動し得る自由と実力を持つことで、男女同等または男女同権とは、性別によって社会的地位に優劣をつけないことであるとして、山田がこの点を十分理解していないのではないかとする（一二二頁）。

　山川は家庭生活は人間生活の一つの方便であり、それ自身が目的となるのではないとし、男女はできる限り各自の天分の発揮に努めることが自他の利益となるとしている。そして自分と山田の意見の根本的相違点は、社会の単位は個人か家庭かという問題にまで行き着くとする。そして山川は今日の家庭関係は、原始時代以来変遷を遂げてきた経済組織の結果として時代の要求に応じて生まれたものにすぎないとし、人間あっての家庭だと言う（一二五‐一二六頁）。ここでも山川は現在の経済組織を問題としており、山田のように家庭の安定を望むのであれば、経済組織の改革こそ目指すべきだとの考えが根底にある（一二八頁）。

　その一方で山川は、山田のような「女の性質は其々である」とか「女の天職は之々に限る」というような言説に、「無自覚の男子中心主義」を読み取り、これは婦人に対する越権をなす不遜を憚らない行為だと厳しく批判する（一二九‐一三〇頁）。

　さらには山川は生殖育児を女子の最高使命であるからとして、特に優遇することの必要を認めるつもりはなく、またその最高使命を負うことの代償として女子を社会生活に関与させず、家庭に逼息させるという考えにも従うつもりはないと言っている（一三一頁）。

　このように山川は、山田の家庭を社会の単位とし、その家庭の安定を図るために、「女の本当の性質」との言説を用いることで婦人行動を規定しようとする考え方を徹底して批判するのである。

次にもう一度山田の論を見てみる。山田「母性保護問題――与謝野氏と平塚氏の所論に就て――」（『太陽』二四－一一、一九一八年九月）である。

山田は人間はそもそも社会で絶対的に独立して生きてゆけるものであろうかとの疑問をもつところから、与謝野の主張する「女子の独立」に疑義を挟む。山田は人は他人から自由を制限されるとともに、他人から独立を輔佐されて、もちつもたれつの中で生きていくとする。また独立して収入を得ようとして会社や工場で働くことを選んだ婦人についても、家の中では夫に隷属、外においては資本家に隷属するという矛盾を実験していると言うのである（一四八－一四九頁）。

この状況の打開のために山田は、婦人は家庭において慈愛の手で子を養育し、外で働く夫が精力を養うために家庭を温かくととのえるのであるから、この婦人の価値ある仕事に対して、男に金を支払わせるべきなのだと主張する。もし男がこの金の支払いができない事情がある場合には、国家がその男子に替って母を補助すればよいと言う（一四九－一五〇頁）。

山田は子供の養育に、場合によって国家から補助を受けるのは、「母の位置にある婦人の権利だ」と言う（一五一－一五二頁）。そして婦人が母の職務に従事し、それに対する報酬を夫又は国家に仕払わせるなら、与謝野が主張する婦人の独立、つまり婦人の収入の独立が得られることになると言う（一五二－一五三頁）。

このように山田も子供の養育のために婦人が国家から補助を受けるのは当然であり、それによって婦人の収入面での独立が保障されるとの考えである。先述の如く山田は、独立して生きる人間の存在自体を疑うのであるが、それが国家との関係については、適切な国家的補助は健全な人格の発達に資すると主張することになり、与謝野が心配するような、国家補助によって個人の責任概念や独立の精神が衰えるということにはならないと主張することになるのである（一五三頁）。

以上で四者の見解は大体提示できたと思う。

妊娠分娩期の女子の国家による保障は、女性の独立を妨げるとするのが与謝野である。

これに対して平塚、山田、山川は保護があってよいとするが、根拠付けには少しずつズレがある。

平塚は国家が母親に保護を与えるのは当然とする。それは国家社会の進歩発展に大きく関係する子供を生み、育てる母の仕事は個人的仕事ではなく、社会的、国家的仕事であり、母を保護しなければ社会に害をなす人間を生む結果となり、ひいては国家に害を与えるからだとする。この主張は女性保護の重要性を訴えるための戦略的理論構成ともとれるが、与謝野が平塚は「国家」というものに多大の期待をかけているとするように（一〇二頁）、国家に対する無防備さを指摘されることになる。

山田も子の養育のために国家から補助を受けるのは当然とする。これは家庭を社会の基礎単位と捉え、女子は子と夫のために家庭での仕事に従事すべきだとし、この家庭における婦人の価値ある仕事に対して金を支払うべきだとするものである。

山川の場合は社会の単位を個人と捉える立場に立ち、家庭外の労働に服せない育児期にある婦人の家庭労働に支払いをするのは、社会的任務に服しているといえる婦人に対する正当な支払いと言えるとする。

この後も四者は各々の説を補強する。

与謝野は「平塚、山川、山田三女史に答ふ」（『太陽』二四‐一三、一九一八年一一月）において、子供は一個の自存独立する人格者であり、平塚の言うような「社会のもの、国家のもの」とは考えられないと言う（一八八頁）。また母性の国家的保護にはあくまで反対することから、経済学者の説を根拠として、婦人の家庭内における労働は経済上の富ではないとすることで、家庭内労働に対して国家が報酬を与えることに理論的に反対しようとする（一九一

－一九二頁）。その一方で与謝野は、妊娠や分娩の期間に保険制度によって費用を補充することは良いとしている（一八七頁）。

平塚は「現代家庭婦人の悩み」（『婦人公論』四－一、一九一九年一月）において、既婚婦人が家庭生活と同時に他の労働生活を営むことの困難さを前提とした時、家庭婦人が経済的独立を計るための解決策としては、家庭労働に経済的価値を認めよと主張したいと言う。そして子供に手のかかる間は国庫が母の仕事に報酬を支払うべきだとしている（二一二－二一三頁）。

山川は「与謝野晶子氏に答ふ」（『婦人公論』三－一二、一九一八年一二月）において、母親となった婦人が、職業婦人であることを兼ねるかどうかは、個々の婦人が決定すべきこととする。そしてもし家事専門となることを選んだ婦人についてもその利益は擁護されるべきであり、そのためには職業婦人の間の労働組合と同性質の主婦同士の組合が必要であろうと言う（一九六－一九八頁）。また山川は婦人の家庭労働が正当な感謝と報酬に価せぬものと看做される理由は、今日の経済組織が商品の生産以外の労働を無用視している結果だとしている（一九九頁。）

山田は「婦人を惑わす婦人論」（『文化運動』一〇〇、一九一八年一〇・一一月合併号）において、妊娠や授乳が女にしかできないという現実が存在することから、男と女の区別はあるとの前提に立ち、普通一般の婦人は生理上、心理上男子より子女の養育に適しているのだから、その適した所に身を置けと言うことだとの主張をする（一七一頁）。そして愛を基礎にした家庭では、その中で男尊女卑や女尊男卑はないとする（一七六頁）。この主張から、山川の批判に対して山田が首肯くところは全くないということがよくわかる。

以上母性保護論争に加わった四人の論者の考え方を見てきたが、四人とも様々な観点を含み込んだ形で自説を展開するため、中に見られる観点を絞ることは難しい。しかし敢て筆者の視点から三つの論点を抜き出したいと思う。まず与謝野、平塚の論争からわかるのは、国家と女性さらには国家と個人の関係をどう捉えるかという問題の存在である。与謝野の指摘する、国家による安易な保護は女性（個人）の独立性を阻害するという点は重要に思われる。個人の自立性を弱めることなく、適切な保護をなすためには国家はどうあるべきかという問題を考えさせられる。

また山川、山田の相違点とされる社会の単位を個人と捉えるか、家庭と捉えるかという点に関わる問題がある。現代でも論じられる社会の単位を個人と捉えるとしても、その個人について、あくまで一個の個人と考えるか、人と人との関係の中で生きている個人、或いは共同体の中の個人として考えるかという、人の位置付けの根本的相違の存在である。この相違に基づく視点は、社会の制度構築また制度の具体的な運用の局面で様々な違いを生み出すと思われる。

そして平塚、山川、山田のいずれもが問題視している、家庭での労働を不払い労働とすることである。既述の如くこれは一九六〇年に起きた第二次主婦論争でも議論の焦点となった。さらに今に到るまで未解決となっている課題である。

終わりに

二節で述べたように、母性保護論争には三つの論点が見られる。改めて各論点を検討したい。

まず論点の一、国家による保護は女性の独立を妨げるかという、国家と女性、さらには国家と個人の関係についてである。

与謝野は妊娠分娩の時期にある女性が国家による経済上の保護を受けることは、女性の独立を妨げると言うが、与謝野の主張は安易な国家による保護に反対することであるから、妊娠・分娩の時期に保険制度により費用の援助を受けることは可とする。しかし平塚、山田、山川いずれもが与謝野に反対するように、妊娠・出産時の国家による保護を否定する意見はおそらく少数であろう。とはいえ与謝野の言う女性の独立を妨げるとの観点はやはり重要である。

この問題は現在もしばしば議論の対象となる女性の「自己決定」と関わってくる。「前稿」で挙げたように、「自己決定」についてはフェミニズム、法律学のいずれにおいても論じられている。両分野において一節で挙げたような、「自己決定」について、「自己決定」自体の意味が問われているということだが、「前稿」で述べたように、その他法律学では「自己決定」について、「支援」という関与の仕方が主張される。つまりあくまで決定するのは当事者本人であるとの立場に立ち、ただ決定までの過程で、干渉でもなく、パターナリズムでもない、当事者自身による決定を側で寄り添うことで支えるという関与の仕方が「支援」とされる。[21] ここに見られる個人の自立を最大限に尊重する発想、これが与謝野の最も拘る点なのであろう。

そしてまた現代のフェミニズムで論じられている、「差異か平等か」の問題も大きく関係する。つまり男性と女性の間の様々な生物学的・生理学的「差異」の存在を認め、それに対して一定の対応策をとることは、形式的に「同一」の取り扱いをするより、実質的な意味での女性の「平等な取り扱い」に繋がるのではないかとの議論である。例えば形式的に男性と女性いずれにも夜間業務に就いてもらうことが「平等な取り扱い」なのか、妊娠中の女性は夜間業務から外すというのは、「差異」に配慮した男女の「平等な取り扱い」なのかということである。[22]

国家と個人の関係について、次に挙げる論点二のような意味で個人を家庭の中の一員と捉え、国家と家庭の関係まで広げて考えるならさらに、国家がどこまで家庭に介入できるのかとの問題とも関わると言える。[23]「前稿」で挙げたように野崎綾子氏は、国家は正義に基づき正当化される場合のみ、家族への介入が許されるとする。この他この問題を憲法との関わりで見ると、例えば辻村氏によれば、日本国憲法も家族保護のための国家の介入は必要最少限度で認めているにすぎないと解されるとする。辻村氏はまた家族の「国家権力の防波堤」機能の観点から、憲法

第一三条、第二四条は、家族の自律の尊重と家族内部の問題の不当介入の禁止を保障すると解されることも挙げている。[24] また実質的な自由と平等を家庭内で実現するために家族法による保障の必要を言う水野氏も、その際なされるのは司法の関与の下での国家の介入とし、縛りをかけた慎重な姿勢をみせている。[25]

次に論点二、社会の単位を個人と捉えるか、家庭と捉えるかという問題である。

これは山川と山田の相違点であったが、現代における個人をあくまで個と捉えるか、或いは人と人との関係性の中に生きる個人または共同体の中の個人として捉えるかの問題に繋がるものである。この点は「前稿」で挙げた高井裕之氏の主張に関わる。高井氏は他人との関係性の中で個人の自律を保護する手段として権利を捉えていた。[26]

そして論点三、家庭での労働が不払い労働とされる問題である。

これは平塚、山川、山田のいずれもが問題視したものだが、家事労働の評価についてはこの後、第二次主婦論争でも議論の対象となったもので、日本では長い歴史をもつ論点であり、今なお問題となっている。

以上母性保護論争に見られる三つの論点は、いずれも現在なおその検討が課題となっている。但しそれらは皆極めて大きな課題であるため、本稿ではこの点を確認するのみとし、ここで一旦結びとしたい。

（1）拙稿「『青鞜』論争から人と法へ」（『阿部照哉先生喜寿記念論文集』成文堂、二〇〇七年）以下「前稿」と称す。

（2）フェミニズムについては以下を参照。大越愛子『フェミニズム入門』ちくま新書、一九九六年
江原由美子・金井淑子編『フェミニズム』新曜社、一九九七年
リサ・タトル／渡辺和子監訳『新版　フェミニズム事典』明石書店、一九九八年

（3）「近代」、「近代法」については以下を参照。
伊藤正己『近代法の常識』第三版、有信堂、一九九二年

石部雅亮・笹倉秀夫『法の歴史と思想』放送大学教育振興会、一九九五年

（4）フェミニズムの第一波、第二波、そして「近代」との関係については、前掲注（2）『フェミニズム』中、特に次を参照。
細谷実「リベラル・フェミニズム」

（5）辻村みよ子『女性と人権』（日本評論社、一九九七年）資料編による。

（6）白井堯子訳『女性の権利の擁護』未來社、一九八〇年

（7）三浦冨美子訳『増補　新しい女性の創造』大和書房、一九七七年

（8）岩男寿美子監訳『もう一つの声』川島書店、一九八六年
また次を参照。

中山竜一『二十世紀の法思想』コラム7「フェミニズムと法理論」、岩波書店、二〇〇〇年

（9）ギリガンは、男性によくみられる倫理の方を基準とし、そちらをすぐれたものと捉える発想を問題にしたわけだが、しかしその一方で「女性文化」を積極的に用いて変革を図ろうとするカルチュラル・フェミニズムも見られる。この場合単純に男性はこうだ、女性はこうだとする本質主義に陥り、その結果抑圧を生み出すとなると批判されることになる。

（10）「主体」、「自己決定」の問題が法律学の分野でも論じられていることは「前稿」でも述べた。「前稿」六九一－六九八頁
実態調査に基づいて見えてくる女性の姿については、拓殖あづみ氏の研究に詳しい。
柘植あづみ『生殖技術』みすず書房、二〇一二年

（11）人を断片として捉えることになるジュデス・バトラーの説は、竹村和子氏の明解な分析を通して「前稿」で挙げた。「前稿」六九三－六九七頁
またこの意義については、「前稿」七〇二頁及び七〇三頁注（21）でも述べた。

（12）「前稿」六九一頁

（13）前掲注（2）『フェミニズム』中、特に以下を参照。

加野彩子「日本フェミニズム論争史①」
西川裕子「日本フェミニズム論争史②」

(14) 岸田俊子については、関口すみ子氏の一連の研究を参照。
関口すみ子「岸田俊『函入娘』考」(『法学志林』一〇九‐二、二〇一一年)
同氏「岸田俊『世ノ婦女子ニ論ス』考」(『法学志林』一〇九‐三、二〇一二年)
同氏「岸田俊『同胞姉妹に告ぐ』考」(『法学志林』一〇九‐三、二〇一二年)
同氏「岸田俊子を読み直す――『男尊女卑』に挑む『気節凜乎たる温和柔順の姉妹』――」(『法学志林』一一〇‐一、二〇一二年)
同氏「岸田俊子の表象――『同胞姉妹に告ぐ』という神話――」(『法学志林』一一〇‐一、二〇一二年)
関口氏は従来岸田俊子の手になるとされてきたものにつき検討を加え、岸田の作とするには疑義あるものを除いたうえで、岸田の主張内容を明らかにする。関口氏は、岸田の主張はあくまで女子教育の必要性を言うことであり、男女同権を要求するものではないと言う。

(15) 景山(福田)英子については以下を参照。
村田静子『福田英子』岩波新書、一九五九年
福田英子『妾の半生涯』岩波文庫、一九五八年

(16) 戦争への傾斜の中での全日本婦選大会については次を参照。
西川祐子「戦争への傾斜と翼賛の婦人」(女性史総合研究会編『日本女性史』第五巻・現代、東京大学出版会、一九八二年)

(17) 「主婦論争」については次を参照。
上野千鶴子編『主婦論争を読む』Ⅰ・Ⅱ、勁草書房、一九八二年

(18) 日本のウーマン・リブについては次を参照。

(19)　溝口明代・佐伯洋子・三木草子編『資料　日本ウーマン・リブ史』Ⅰ・Ⅱ・Ⅲ、松香堂、一九九二‐九五年
アグネス論争については次を参照。
「アグネス論争」を愉しむ会『「アグネス論争」を読む』JICC出版局、一九八八年
アグネス論争に関して言えば、もし男性の最も歓迎する女性、つまり愛らしく、一生懸命であり、しかし男性に脅威を覚えさせるような言動は一切ない女性＝アグネス・チャン、その枠からはみ出す女性＝中野翠、林真理子との間の論争と見ると、また異なる局面が見えてくると思われる。

(20)　母性保護論争については次による。また本文中に示すページは当文献のページである。
香内信子編集／解説『資料　母性保護論争』ドメス出版、一九八四年

(21)　「前稿」六九七‐六九八頁

(22)　前掲注（8）中山著一九八頁参照。
また「差異」と「平等」の問題についてアメリカの議論状況はよく紹介される。例えば小久見氏の一連の研究が挙げられる。
小久見祥恵「差異と平等――マーサ・ミノウの理論を手がかりに」（『同志社法学』五六‐一、二〇〇四年）
同氏「関係的権利論による家族関係の再構成――マーサ・ミノウの議論を中心に」（『同志社法学』五七‐三、二〇〇五年）
同氏「『差異』と『平等』のジレンマに対する平等論のアプローチ――D・コーネルの理論を手がかりに」（『同志社法学』六〇‐二、二〇〇八年）
日本国憲法第一四条の「平等」についても、この差異か平等かの観点からの検討の重要性が指摘されている。
辻村みよ子『ジェンダーと法』第五章、不磨書房、二〇〇五年

(23)　「前稿」七〇〇頁
野崎氏は公私二元論、リベラリズム、そして家族のあり方からこの問題を論じている。
野崎綾子『正義・家族・法の構造変換』第1部Ⅱ、勁草書房、二〇〇三年

(24) 辻村みよ子「家族・国家・ジェンダーをめぐる比較憲法的考察」(ジェンダー法・政策研究叢書第六巻　水野紀子編『家族』東北大学出版会、二〇〇六年)三二頁

(25) 水野紀子「家族法とジェンダー」前掲注(24)著所収、七五-七六頁
ただ水野氏は国家による家庭の弱者保護を積極的に進めるべきとの立場である。水野氏については次も参照。水野紀子「公権力による家族への介入」(同氏編『社会法制・家族法制における国家の介入』有斐閣、二〇一三年)

(26)「前稿」七〇一頁
高井裕之「関係性志向の権利論・序説――アメリカにおける堕胎規制問題を手がかりに――」(一)~(三・完)(『民商法雑誌』九九-三、九九-四、九九-五、一九八八~一九八九年)

第十章　法学に見られる経済学的視点と「権利」

始めに

「権利」も「法」と並んで法学という研究分野にいる者にとって常に意識せざるをえない概念である。

筆者はかつて日本の法文化研究を辿ったことがある（拙稿「日本の法文化研究にみられる法意識と『近代』」二〇〇七年）。そこで得た結論として、法文化研究は「近代法」の限界に目を向けさせ、そして近代の限界を意識することによって、現代社会に求められる法秩序の探究をなすための端緒となる視点を与える役割を負うとのことが導かれた。拙稿では法文化との関連で「権利」についてしばしば言及しているので、この「権利」に関わる部分を振り返ってみる。

法文化研究としてまず挙げられる川島武宜『日本人の法意識』（一九六七年）において、川島氏が日本社会の課題として掲げたのは、日本社会において近代法システムを確立し、且つ近代法システムに対応した法意識を形成することであった。この形成すべきものに含まれていたのが「権利」意識ということになる。

このように近代化のための一つの指標とされた「権利」意識であったが、次第にその「近代」が揺らいでゆく。例えば棚瀬孝雄「近代の理念とゆらぎ――川島法社会学の理論と実践」（一九九三年）を見てみる。

川島教授の時代に比べ、現代の我々にとって「近代」はより複雑化していると捉える棚瀬氏は、「近代」への懐疑を示す。棚瀬氏は、日本のモデルとされた西洋において、例えばアメリカでは「訴訟社会」のいきすぎが語られ、「法の過剰」により個人の自律領域が侵害されていることが指摘され、もはや川島教授が言うように、常に法を使うことが正しいと言えなくなっているとする。また権利の主張が本質的に持つ脱文脈性が、生活世界に実際に見られる人々の間の関係性と抵触することへの危惧は川島教授には見られなかったとする。

このように所謂「法化」の問題が指摘されている。しかしこれは近代の否定を意味するのではなく、近代の価値観を重視はするのであるが、その価値観を一旦疑い、一方で反省を加えつつ、一方で近代の価値観を再検討するという発想である。このような近代の啓蒙と近代の反省の間で揺れ動く思考方法の中で棚瀬氏は川島教授の研究を辿っていた。

ところで棚瀬氏が指摘した、過度の「権利」の主張、ゆきすぎた訴訟社会、法の過剰がもたらす閉塞感は、アメリカでなくとも近年我々自身が感ぜざるを得なくなっている。

この点に関連してもう一つの文献、平井亮輔「正義をめぐる法文化」（一九九八年）を挙げる。

平井氏は現代正義論の主流と言えるリベラリズムは個人の権利を重視し、その権利の普遍性と不可侵性または優位性を尊重するものであり、そのリベラリズムが現代の我々の法制度・法文化の基礎となる理論と言えるとしつつ、その一方で近年のリベラリズムへの批判を取り上げ、その要点を整理しつつ、権利のあり方への提言を試みている。

一つは共同体主義からのリベラリズムへの批判であり、もう一つは多文化主義からのそれである。

平井氏によれば、共同体主義からは、権利も特定の文化を前提としたものにすぎず、必ずしも普遍的な基礎と射程を持つものではないと主張され、そして言説として権利が実際に使用される場合に、その価値根拠や相互的性格から乖離して、権利が他者からの要求や問いかけを断ち切り、自己の主張を一方的に貫徹するための道具として用いられる文化的傾向性があるという点を、共同体主義はリベラリズムへの批判の眼目の一つとすると述べている。

　また平井氏によれば、多文化主義はリベラリズムとその政治が西洋近代の特殊な文化の表現にすぎないとし、「権利の文化」の押しつけを拒否するが、しかしながら多文化主義は権利言説を否定するのではなく、支配的な西洋近代的な「権利の文化」に対して、文化的差異への配慮を要求するのであり、そのため多文化主義では、ある文化的集団を主体とする特別な権利の要求がみられるとする。

　共同体主義と多文化主義からのリベラリズムへの批判はこのようになるが、平井氏自身は権利に関して次のように述べている。自他を相互的な関係の中に引き入れて議論を立ち上がらせたり、或いは継続させるものとして権利を位置付け直すことが必要であり、またマイノリティ文化の承認のために、共通言語として権利を使用することは、他者との新たな承認関係を形成するための通路として権利が働くとの意味をもつので、全体社会の政治的統合に反するとはいえない。

　このように平井論文から「権利」の問題性が浮かび上がり、また権利の位置付け直しの必要が理解されるとともに、その一方で権利のもつ意味の重要性も確認できる。

　以上拙稿を振り返ったが、近代法システムの確立を目指し、その際に形成し強化することが目指された権利意識であったが、「権利」をより多方面から見る必要がでてきたことがわかる。つまり「近代」開始とともにとにかく確立が目指された「権利」について、「現代」においてはその問題性も考慮して対応策を施しながら確立を目指すものとなってきている。ところで「近代」については、例えば「近代」の前提とする「合理的な人」、「自律的主体」にポストモダンの視点が再考を促したのであり、また経済学からも「合理的な人」に対する批判がなされていた。これらについては第一章の「『現実の人』と物語的主体」及び「『現実の人』の経済学的追究」の節で述べたが、では「権利」についても近年の新たな動向からの影響など生じているのだろうか。

例えば近年は経済学的視点が法学にも取り入れられているが、このような視点が「権利」主張のもつ問題性に対する対応策を生み出しうるということはあるのだろうか。この点を考えるために、わが国における「権利」概念導入以降生じた問題を辿ったうえで、近年の「権利」の捉え方に関わる動きを検討してみたい。

一　「近代」の下での「権利」

筆者はかつて拙稿「台湾法制史と土地法研究」（二〇一二年）の中で、法制史、法社会学、民法学の結節点という意味をもつものとしてわが国の土地法に関わる先行研究をまとめたことがある。拙稿でまとめた明治政府の下での土地制度確立過程で生じた問題や戦後の土地所有に関わる論争を振り返ることで、わが国における「権利」概念導入以降生じた問題の一端を知ることができると思う。ここで関連部分を簡単に挙げる。

まず日本の明治期以降から終戦直後までの土地法制の展開を先行研究によって辿ると、(1)明治当初の土地の所有関係を現在の土地所有権という概念で見るなら、誰が土地所有権者であるかが非常に分かりにくく複雑であったことが指摘できる。

例えば江戸時代からの「永小作」では、地主がいる一方で、実際に土地を耕作する小作者は、耕作に期限はなく、世襲が認められており、地主が交代しても新地主に対抗できる。また地主は恣意的に小作地を取り上げることはできない。また田畑質の場合、借金の担保とした田畑の占有が金主に引き渡されたとしても、金主が質入主を小作人としてその土地を耕作させることもあり、この場合質入主はこれまでと同じ土地をそのまま耕作することになる。このため現代の我々の目からは、一見誰が所有者かわからないとか、或いは複数の所有者がいるかのような形になるのである。また山野周辺の村落にあっては「入会」の慣行が存在した。

明治時代に入るまでの土地の領有関係については、およそ「一物一権」というような概念は当てはまらず、一つの土地の上に重畳的に所有権が存在するかのような形となっていたと指摘される。一つの土地に関わる人々の間ではその土地から生ずる作物を身分に応じて分け合うという意識があるのみで、土地は物を生み出すものにすぎず、土地は商品であるというような捉え方はされていなかったということになる。

このような状況の中で明治政府は一八七三（明治六）年に地租改正に着手し、土地所有者の確定をしようとしたところ様々な問題を生み出した。

明治政府が原則として地主を土地所有者とし、地主の立場を強化するという方針をとったため、永小作人たちの反発を招き、訴訟や暴動が起きることもあり、また質入れ地については買戻しの慣行があるため、質取主と質入主のいずれを所有者とするかの判断が難しく、しばしば訴訟となったのである。この他入会については、入会地を官有地に編入しようとする政府に対し、入会の継続を望む農民たちが訴訟や騒擾で抵抗した。

これらの問題に対応しながら、地租改正以降地主の立場強化が進み、民法典の編纂も進められ、土地に関わる権利が定められた。

一八九〇（明治二三）年公布、一八九三（明治二六）年施行予定となった旧民法では、小作関係に関わるものとして、「賃借権」と「永借権」を定め、そのいずれをも物権とした。賃借権は第三者対抗力を持ち、物上請求権が認められ、また譲渡・転貸・抵当の自由も認められたのである。旧民法の原案起草者であるボアソナードは、用益権者の自立性に特別に配慮していたとも言う。ところで入会であるが、旧民法は入会については規定を設けなかった。

民法典論争の結果施行に至らなかった旧民法に替え、明治民法が一八九六（明治二九）年に総則・物権・債権編、一八九八（明治三一）年に親族・相続編が公布され、そして一八九八年七月一六日に全編施行された。明治民法は永小作権の期間は二〇年以上五〇年以下、賃借権の期間は二〇年以下とし、長期賃貸借の永小作への転化を否定する。そして永小作権は物権としたが賃借権は債権とした。賃借権の第三者対抗力については、登記を対抗要件とした。この他明治民法は入会権の規定を設けている。入会権は地方の慣習に従うと定めたのである。

この明治民法の下で、日本社会の慣行及びその後の社会状況の変化の中で生じた問題に法的に対応することになるのであるが、その一つが都市部での借地の問題であり、もう一つが農村での小作の問題であった。

土地を借り、その土地に家を建てることが一般的に行なわれていた日本では、民法施行後も建物所有を目的とする借地に賃借権が設定されることが多く、明治民法下では借地をし建物を建てた人は第三者に対抗できず、地主の交代で土地を退去させられる危険があった。その危険を避けるためになしうる賃借権の登記は、賃貸人の同意が必要であるためにほとんどなされていなかった。この問題に対しては一九〇〇（明治三三）年の「地上権ニ関スル法律」は、民法施行前に設定された「借地」については地上権によるものとして保護をはかった。しかし民法典施行後に建物所有を目的に借地をした人々は保護の対象とはならなかったため、日露戦争（一九〇四年）後の地価の高騰に伴い地震売買の問題が生じた時、彼らは土地退去の危険に瀕した。そこで一九〇九（明治四二）年に「建物保護ニ関スル法律」（建物保護法）が制定され、借地人はその建物を登記すれば借地について第三者に対抗できることとなったのである。ところが明治民法では賃借権には最低期間の定めがないことから、短期で賃貸借契約を結び、契約更新時に地代の値上げを迫るとの方法がとられた。そこで一九二一（大正一〇）年に借地法が制定され、地上権と賃借権を一括した「借地権」の保護が図られたのである。借地法では借地権の存続期間は、契約で定めていない時は「堅固ノ建物」で六〇年、「其ノ他ノ建物」で三〇年とされることや、土地所有者が契約の更新を拒絶した場合、借地人は建物とその附属物の買い取りを請求できることなどが定められた。

このような地主と借地人の間の問題は、産業発展に伴う都市部の地価の高騰が引き起こしたわけだが、政府はこのような社会状況の変化に応じて生じた問題に対し、特別法を制定することで対応したのである。

一方小作についても産業発展と人々の生活の間の矛盾が現われてくるようになり、とりわけ第一次世界大戦（一九一四－一九一八年）に伴う産業発展の頃にその問題が大きくなった。産業発展に伴い都市労働者が増大し、都市での農作物需要の増大に応じようとする農民たちが、生産物の半分に及ぶ高額の小作料に反対するようになり、小作争議が激増した。この問題への対応として当時、国家による強力な土地収用を前提とする自作農の創設、或いは土地の国有化で対応しようとするものと、小作法を制定することで小作人の擁護を図ろうとする二つの考え方がみられたが、いずれも実現しなかった。但し小作関係では一九二四（大正一三）年に小作調停法が成立している。

入会地については、日露戦争後に国家が造林の統制・推進を強め、入会地を奪われるという事態が生じたため、農民側は訴訟に訴えるようになった。

この後昭和に入ると、世界的な恐慌の中での経済危機の発生以降、対外戦争が拡大し、それにつれて人々の生活面に関する国家による統制が強まってゆく。土地関連でも、例えば一九三九（昭和一四）年の地代家賃統制令は、地代や家賃の最高額を設定するなどしている。

そして戦後であるが、戦前の日本ではその発想は見られたものの、展開されるには至らなかった自作農創設が、一九四六（昭和二一）年の自作農創設特別措置法制定以降、実行に向かったのである。

以上先行研究に基づくと、明治政府の下で、それまでの人々と土地との関わり方を転換し、西欧近代型の権利概念に基づき土地関係を捉える法制度を作り上げようと考えられたということ、そしてまたその場合社会の変化とともに種々の問題が生じ、それに応じて法的対応がなされたということがわかるのである。

この点に関連したものとして、川口由彦『近代日本の土地法観念――一九二〇年代小作立法における土地支配権と法――』（一九九〇年）が興味深い。詳しくは前掲拙稿「台湾法制史と土地法研究」に譲り、ここでは極簡単に述べる。

川口氏によれば以下のように言える。明治民法典編纂時の土地支配の状況は、幕藩体制時から続く重畳的土地支配構造が克服されず、近代的な抽象的観念的所有権が成立しないまま、地主の土地支配権が小作人の土地支配権に優越する構造となっていたが、その状況の下で明治民法の土地法制が成立したため、西欧近代法典をモデルとする近代的法規範形態がとられる一方で、現実の地主・小作関係のあり方を反映する法規定を備えることになったのである。

そしてこの矛盾から生ずる一つが小作人の土地「用益権」の構成であり、この点につき旧民法は物権としたのに対し、明治民法は債権とした。但し明治民法は「賃借権」を債権に編入する一方で、例外的なものとして小作人の自立性の強い権利とする「永小作権」を設け、物権に編入した。またもう一つの矛盾として、近代法的構成の基本原理である「権利」「義務」形態を採用し、その形態で地主と小作の家父長的人格支配関係を把握しようとしたことが挙げられる。このような状況は農村において未だ商品・貨幣関係の広範な展開が見られない段階では一定の安定を保っていたが、一九二〇年代の日本における資本主義の展開がこの構造を動揺させることになり、これまでの地主と小作人の温情主義的関係、恩恵と報恩の関係が後退してゆく状況の中で、明治政府は法的に如何に対応するかを迫られていった。

以上のような川口氏によって示されたところからわかるように、日本の社会は必ずしも直ちに西欧近代の権利概念が根付いたわけではなかったが、その社会で生ずる問題に対して、西欧近代法システムの下での対応が図られた。そしてその状況下で保護すべきと考えられた「権利」を守ろうと努めたのである。

現実社会の問題に対する西欧近代型法概念の下での対応の努力というものは、結局戦後も続くことになる。その一つの現われが民法学、法社会学の分野で論じられた「近代的土地所有権論」と言えるのではないか。詳しくは前掲拙稿「台湾法制史と土地法研究」を参照していただきたいが、ここでは戦後の状況ということで節を改めて、

「近代的土地所有権論」の問題を概観する。(2)

二　戦後の「近代的土地所有権論」

「近代的土地所有権」の出発点となるものとして挙げられる川島武宜『所有権法の理論』（一九四九年）においては、所有権と賃借権の関係について、資本制社会においては、（賃借権をも含めて）他物権が所有権の自由に制限を加えるとしても、それは近代的所有権の一つの現象型態・発展型態と捉えられるとする。なぜなら他物権によって土地の所有権者は土地の使用において制限を受けたように見えるが、地代や家賃という対価収入が資本に還元されるので、経済的・価値的には所有権の内容は減じていないからだとするのである（第二章）。

次に渡辺洋三「近代的土地所有権の法的構造」（一九六〇年）を挙げる。渡辺氏は、交換価値支配権としての自由な絶対的土地所有権が法的に確認され、さらに土地用益権が土地所有権に対して優位となる原則が法的に確認されるまでの過程を近代化の過程とし、近代的土地所有権は対抗の側面では、土地用益権の絶対性・自由のまえにはみちを譲り、自らの絶対性・自由を制限することで、その特殊近代的性格を維持・保障することができるとする。

また水本浩『借地借家法の基礎理論』（一九六六年）、同氏「借地借家法の現代的課題」（一九六九年）は、「賃借権＝物権構成」を明示的に主張したものとされる。水本氏は賃借権物権化の具体的内容を、対抗力、妨害排除請求権、転貸、賃借権の譲渡、存続期間の長期化とする。

ところが稲本洋之助「『賃借権の物権化』について」（一九七四年）は、農地賃貸借を物権的に構成する必要がないと主張する。稲本氏は宅地においては投下資本の物的形態としての建物が土地とは別個の不動産とされることから、商品性の確保のために土地利用権が「物権化」の観念と結びつきやすいのに対して、農地においては作物は物理的に分離されて動産商品となることが予定されている限り、土地利用権が問題とならず、農地は土地改良効果も物理的に分離できないことから、独自の商品性をもたないため、賃借権の変動時には補償がなされればよく、この点からも賃借権を物権化する必要はないとするのである。また稲本氏は、建物を土地と別の不動産とした日本においては、建物保護の必要から「物権化」論が登場したことを挙げている。

この他稲本氏は、都市における土地所有者が集団的公共的な計画に従って、自己の土地を都市的利用に供する基本的義務たる「供用義務」という観念を提唱する。これは都市部で市街地価格の騰貴から、資産保全や投機的利益を目的とする土地取得が一般化し、また無原則に進行する都市化により、農村との関係において都市の果たす公共的機能が不明確になり、都市施設の一環としての公共的性格となんら関わりない土地保有が存在するとの矛盾が生じているとして、その状況の打開のためである（稲本「都市における土地利用と借地権観念」一九八四年）。

但し「供用義務」論については、原田純孝「不動産利用における所有権と利用権」（一九八七年）で、負の側面が指摘されている。「供用義務」論は、土地所有権に対する公法的制限の一般的増大現象を正当化する恐れや、私人相互間での土地利用の転換をあたかも法律理論的に根拠づけうるかのような恐れがあるというのである。

ところで原田氏は「賃借権物権化論」は賃借人の法的地位を強化する点で極めて大きな役割を果したとする。原田『近代土地賃貸借法の研究』（一九八〇年）の序論と、同氏「『賃借権の物権化』の現代的意義について」（一九七八年）によると、日本の明治民法の所有権規定と賃借権規定について言えば、賃借権を土地利用のための法的基礎として予定しながら、その安定性を図るための条項をほとんど定めていないので、その後建物保護法等の制定が不可避となり、一方そのような特別法が制定されることのなかった農地賃貸借については、戦後明治民法の規定の実質的機能に即しつつ、その規定を批判し克服することが課題となったとする。そして土地所有権と土地賃借権・土地利用権の法的関係のあり方の理解について、理論的、歴史的分析作業が展開され、一つの理論的結実を生んだという。それは、明治民法が定めた近代的所有権＝自由な商品所有権としての土地所有権の確立は、それ自体は「土地所有権の近代化」の出発点でしかなく、近代市民社会における「近代的土地所有権」はその自由或いは「絶対性」が土地利用権・土地賃借権によって制限されることによって完成された恣態となる、つまり土地賃借権の「物権化」によって完成されるというものである。

この他原田氏は戦後の議論の展開の背景に、資本投下者である土地利用者＝賃借人の資本所有権の保障という市民法的側面と、不動産所有者に比べるなら経済的弱者であることの多い賃借人の社会的保護の強化の要請という社会法的側面の二面があることを指摘している。

この指摘に関して言えば、前掲水本『借地借家法の現代的課題』において、賃借権物権化の限界を市民法の限界内に留めるべきか、それを超える社会法的規定による保護を受ける場合をも賃借権の物権化といいうるのかという点を問題にしていることと通ずるものと思われる。

以上のように戦後の民法学・法社会学では、土地問題について、日本社会の特徴的問題を認識し、それに法的に対処する際に必要となる理論的根拠を与えるための研究が展開された。

かつて江戸時代の土地慣習の下では、土地は単にものを生み出す存在であり、人々の意識はそこから得られる収穫物の分配にのみ向けられていた。しかし西欧近代法概念、例えば権利概念の導入以降は、土地自体が取引対象となり、商品化へと向かうことになり、その過程で様々な紛争が生じ、それに対して西欧近代法システムの下での対応が図られた。

戦後の農地改革で、西欧近代法観念とは必ずしも一致するものではない観念に支えられていた地主と小作人の関係がほぼ消滅し、多くの人々が商品としての土地を個人として所有するようになった。農地の耕作者が土地の所有権者と位置付けられたのである。しかし建物所有を目的とする借地は戦後も存続し、また入会地も消滅することはなかった。そのため近代的土地所有権を巡る論争に見られるように、近代法概念に基づきながらも、日本の実態を踏まえたうえで、それに適応し得る法理論を構築するために論争が繰り広げられたのである。近代的土地所有権論で焦点となったのは、土地所有権と土地賃借権・土地利用権の関係をどう捉えるかであった。

このように戦後も現実社会において守るべきと考えられた「権利」を保障するための理論構築が試みられたということになる。ところが現代は本章「始めに」で述べたように、「権利」自体に対する批判が登場している。そしてその中で「権利」については新たな視点からの捉え方が見られるようになった。この点について次に見てみたい。

三　近年の「権利」に関する新たな視点

「権利」に関する新たな視点ということであるが、この視点に繋がる考え方は実は「近代的土地所有権論」の論争の中に既に見られた。稲本氏の土地の供用義務論である。この考え方では、それまでの土地の所有権の存在を前提に、土地に関して誰の、或いは如何なる権利を保護すべきかという観点に加え、さらに最も有効に土地を利用するにはどうすべきかの観点が加わっている。そこでもし土地の有効利用という点に注目すると、近年のコモンズ論が想起され、このコモンズ論は「権利」の捉え方に関わる点があると考えられる。しかし筆者はコモンズ論について多くの知識を持つわけではない。そこでかつて拙稿「〈慣習と『近代』〉研究会についての一報告」（二〇一五年）において述べたことでもあるが、民法学の文献で知り得た知識によることで、権利の捉え方に関わる点を紹介するということにしたい。

山本顯治「現代不法行為法学における『厚生』対『権利』——不法行為法の目的論のために——」（二〇〇六年）での「共有地（コモンズ）の悲劇」と「アンチコモンズの悲劇」の説明が非常に明解である。また社会全体の福利増進とも言える「社会的厚生」と自己所有権論に基づく「権利」、つまり「厚生対権利」の観点から財産権の正当化根拠を検討している点が注目される。

まず「共有地（コモンズ）の悲劇」である。

「共有地（コモンズ）の悲劇」が示すのは、共有されている財はその使用を人々の個人的合理性に任せておくと、過剰に浪費されてしまうことになるということである。この事態はついには財の枯渇を引き起こす。財の枯渇にまで到りうる財が過剰利用されている状態は、社会レベルでの財の効率的利用が阻害されているといえる。山本氏は排他的な私有財産権を設けることで「共有地の悲劇」、つまり財の枯渇に到りうる状況を回避することが可能となる点にも注目し、共有地を社会全体からみて適正な程度で利用するという、財の社会レベルでの効率的利用を達成するための、その一つの手段として財産権が正当化されていると言う。そしてこのような財産権という権利の正当化は、既存の法体系からのリーガリスティックな演繹的衡量に求めることや、ロックに代表される「自己所有権の延長」というなんらかの道徳的権利を基礎として説明するものとは異なるという点も指摘する。

次に「アンチコモンズの悲劇」である。

「アンチコモンズの悲劇」とは、私有財産権を強調しすぎるなら、今度は逆に「財の過小利用」が生じてしまうことである。例としては新薬を開発しようとしても複数の特許権が関わってくる時、すべての特許権者の同意を取り付けるための取引費用が余りに高いことや、また各々の権利者の利害関心の相違から全員の同意取り付けが困難である等の理由で、当該薬品の開発がなされない結果となることが挙げられる。この場合新しい医薬品が開発されないということが、社会的非効率が生じたことになる。そこで社会的非効率を避けるため、つまり財の効率的利用を導くために、今度は私有財産権が制約を受けることが正当化されると言う。つまり先述の如く財産権は社会的な財の効率的利用を導くために正当化されるのであるが、その一方で制約も受けることが正当化されることになるのである。

以上山本論文に基づいて、「共有地（コモンズ）の悲劇」、「アンチコモンズの悲劇」、そこで示された「厚生対権利」の観点を挙げた。ここでもう一つ前掲拙稿でも挙げた、加藤雅信「所有権法の歴史と理論——所有権発生の社会構造——」（二〇一四年）を紹介する。

加藤氏は、入会「権」は構成員に対する利用規制と、構成員以外の者に対する利用排除をもたらすので、この二つによって過大利用による疲弊を防止する権利システムであるとする。加藤氏も入会「権」という権利の正当化の根拠を、自然状態での再生産のサイクルを保つという点、山本氏のいう財の社会レベルでの効率的利用の達成に求めている。

さらに加藤氏の所有権概念の発生についての捉え方を極簡単に挙げてみる。加藤氏は人類社会の初期段階では所有権は占有に基礎を置いたが、生産の増大に伴い階層が分化すると、生産力の増強という面から所有権が捉えられるようになったとする。また定着農耕社会、遊牧社会、狩猟採集社会、工業社会いずれにおいても、その社会での生産量を極大化するために、労務投下等をなした者に労務等の資本投下の対象物に所有権を認めるという形をとるようになったことに、所有権発生の起源を求めている。やはり財の社会レベルでの効率的利用を達成するための一つの手段として財産権が正当化されるとしたものと同様の発想が見られるのであり、社会全体の生産量を極大化することが所有権正当化の根拠となっている。

以上のように財の社会レベルでの効率的利用の達成、或いは社会全体の生産量の極大化という観点から権利の正当化が図られ、そしてまた社会的な財の効率的利用を導くために権利に制約を課すことが正当化されている。ではここに見られる「社会的厚生」対「権利」の観点をどう考えればよいのだろうか。つまり「社会的厚生」との関係で「権利」を捉えるなら、「権利」の過剰への対応の糸口となるのであろうか。このように考えると、「権利」に関する経済学的視点も重要な側面を有しているように思われるのである。

終わりに

近年は「社会的厚生」との関係から「権利」を捉えるという新たな視点が登場している。そしてここで注目したいのは、「権利」が「社会的厚生」との関係から正当化もされるが、また一方で制約を加えることが正当化されるという点である。

明治以降の西欧近代法上の概念の導入過程で、その確立が主張されてきた「権利」であるが、先述した平井氏の説明に見られるように、現代においては批判も生まれている。その一つが、言説として権利が実際に使用される場合に、その価値根拠や相互的性格から乖離して、権利が他者からの要求や問いかけを断ち切り、自己の主張を一方的に貫徹するための道具として用いられるということであった。

棚瀬氏においても同様に「権利の主張が本質的に持つ脱文脈性が、生活世界の濃密な関係性と抵触することへの危惧」という表現で、川島武宜教授の時代に念頭に浮かばなかった問題性が指摘されている。

川島教授の時代の「権利」意識の低さが問題とされた頃とは異なり、「権利」の過剰、「権利言説」の引き起こす弊害が言われる時代となっている。では適度な「権利」主張というものは可能なのであろうか。そしてその場合社会的厚生という観点が適切な絞りをかける可能性があるのだろうか。

本書第一章では行動経済学に基づいた分析をなす立場から、人の一定の行動パターンを利用する勧誘行為が頻発すると社会的厚生が害されるとの観点から勧誘行為の違法性を論じうることも指摘されていることを挙げた。つまり「社会的厚生」という観点が違法性の判断に用いられるというのであれば、では「社会的厚生」の観点から、

「権利言説」の過剰に制限をかけられないのであろうか。このように考えると、経済学的視点をもって「権利」を問い直すことも有益ではないかとの期待を寄せさせる。但しこれは社会的厚生という観点から権利を基礎付けようと考えるものではない。それとは別に、「権利」の過剰への歯止めに社会的厚生の観点は有益なのではないか、「権利」の位置付け直しに、このような効率性と関わる経済学的な視点からの検討も重要なのではないかということなのである。(3) その意味で経済学的視点の法学への影響にも今後注意を払いたいということで稿を終えたいと思う。

（1）　拙稿「台湾法制史と土地法研究」で挙げたように、以下の文献を参照した。
鈴木禄弥「借地借家法（法体制再編期）」（鵜飼信成・福島正夫・川島武宜・辻清明編『講座日本近代法発達史』11、勁草書房、一九六七年）
山中永之佑「現代土地法の歴史的位置づけ——戦前日本の土地政策と土地法——」（渡辺洋三・稲本洋之助編『現代土地法の研究』上、岩波書店、一九八二年）
牧英正・藤原明久編『日本法制史』（青林書院、一九九三年）
川口由彦『日本近代法制史』（新世社、一九九八年）
山中永之佑編『新・日本近代法論』（法律文化社、二〇〇二年）
石川一三夫・中尾敏充・矢野達雄編『日本近代法制史研究の現状と課題』（弘文堂、二〇〇三年）
稲本洋之助・小柳春一郎・周藤利一『日本の土地法——歴史と現状』第二版、成文堂、二〇〇九年）
浅古弘・伊藤孝夫・植田信廣・神保文夫編『日本法制史』（青林書院、二〇一〇年）
（2）　前掲拙稿では法社会学と民法学の交錯領域として展開された土地法研究の文献は膨大な数に上るため、的を絞るということで、『民法の争点』（『Jurist 増刊』新・法律学の争点シリーズ1、二〇〇七年）中の「民法と他領域（10）法社会学」（山本顯治）によったうえで、そこで掲げられた文献の一つ森田修「戦後民法学における『近代』——『近代的土地所有権』論史斜断

――」(『社会科学研究』四八‐四、一九九七年)が掲げる先行研究を辿るものとした。

(3)　加藤氏が自然状態の再生産サイクルの保持や、社会全体の生産量の極大化を正当化の根拠としたのは各々入会権や所有権である。また山本氏は「財産権」という最も基本的権利でさえ、正当化については、「厚生対権利」の問題が基礎にあるとするが、一方で社会的厚生の最大化という観点が権利の性質を問わず妥当するかについては、さらなる検討の必要があるとしている。

文中引用文献

稲本洋之助「『賃借権の物権化』について」(『社会科学の方法』七‐九、一九七四年、後に同氏『借地制度の再検討』所収、日本評論社、一九八六年)

稲本洋之助「都市における土地利用と借地権観念――借地権制度の再検討・序説」(『法律時報』五六‐一二、一九八四年、後に同右『借地制度の再検討』所収)

加藤雅信「所有権法の歴史と理論――所有権発生の社会構造――」(日本法社会学会編『法社会学』八〇、二〇一四年)

(なお加藤氏には『「所有権」の誕生』〈三省堂、二〇〇一年〉がある。)

川口由彦『近代日本の土地法観念――一九二〇年代小作立法における土地支配権と法――』(東京大学出版会、一九九〇年)

川島武宜『所有権法の理論』(岩波書店、一九四九年、後に『川島武宜著作集七』所収、岩波書店、一九八一年)

川島武宜『日本人の法意識』(岩波新書、一九六七年)

棚瀬孝雄「近代の理念とゆらぎ――川島法社会学の理論と実践」(『法律時報』六五‐一、一九九三年、後に同氏『権利の言説』所収、勁草書房、二〇〇二年)

原田純孝「『賃借権の物権化』の現代的意義について」(『不動産研究』二〇‐四、一九七八年)

原田純孝『近代土地賃貸借法の研究』(東京大学出版会、一九八〇年)

原田純孝「不動産利用における所有権と利用権」(『ジュリスト』八七五、一九八七年)

平井亮輔「正義をめぐる法文化」（竹下賢・角田猛之編著『マルチ・リーガル・カルチャー』晃洋書房、一九九八年、改訂版二〇〇二年）
松田恵美子「日本の法文化研究にみられる法意識と『近代』」（『名城法学』五七－一・二、二〇〇七年）
松田恵美子「台湾法制史と土地法研究」（『法制史研究』六一、二〇一二年発行）
松田恵美子「〈慣習と『近代』〉研究会についての一報告」（『名城法学』六五－一・二、二〇一五年）
水本浩『借地借家法の基礎理論』（一粒社、一九六六年）
水本浩「借地借家法の現代的課題」（『ジュリスト』四一三、一九六九年、後に同氏『借地借家法の現代的課題』所収、一粒社、一九七一年）
山本顯治「現代不法行為法学における『厚生』対『権利』——不法行為法の目的論のために——」（『民商法雑誌』一三三－六、二〇〇六年）
渡辺洋三「近代的土地所有権の法的構造」（『社会科学研究』一二－一、一九六〇年、後に同氏『土地・建物の法律制度』（上）所収、東京大学出版会、一九六〇年）

終　章

西欧近代法が我が国に導入されて既に一五〇年になる。明治、大正、昭和、平成とその時代、時代の問題を抱えながら、我が国の法制度は常に変化を続けていた。法のもつ役割として、人が生きる社会に秩序をもたらすということが一つ挙げられるが、現代においてはその秩序は見えにくく、さらに「人」についてはますます多様な存在として見る目が要求されるようになっている。

そのため何事においても一面だけで判断するのではなく、あらゆる側面を考える必要がでてくるのかもしれない。ただ現実の社会に生きている人の姿が第四章で挙げる魯迅が描いたように、何も理解しておらず、何も思考していないというものだとなると、これはどうなるのであろうか。そのような人が多面的にものを見てくれるものだろうか。確かに魯迅の描く人からは、極少数のものごとの本質を摑むことのできる人の存在が期待できる。ではその人々だけが多面的にものを見て、あらゆることに的確な判断をすることが求められるのであろうか。明らかに不公平である。なぜなら様々な問題に気づく人間はあらゆる要素を考慮せねばならないとされて、その一方で理解もせず、思考もしない人間は自分が生きてゆくことだけを考えていればよいということになると、例えば一旦問題が起これば誰のせいで被害を防げなかったのかと、責任者を特定して責めたてるだけとなり、一人一人が己を省みることはなされなくなる。これでは同じ人間でありながら双方の間で考えることの負担の差がありすぎる。

「近代法」が前提とした理性的・自律的な「人」は理想であったとしても、「現実の人」が当然だということで、一人一人が理性的な判断をするに努めず、また自律する努力もせず、法律やルール、マニュアルがないのでどうしてよいかわかりませんでした、誰も何もやってくれませんでした、或いは禁止されていないことなのでやりましたと言っていてはやはりより良い社会に進めないだろう。何かに責任を負わせるのではなく、一人一人がどうすればよいのかを常に考えねばならないのではあるが、しかし「現実の人」にとってそれはそう簡単ではないということである。

こうなると「近代法」が前提とした理想はやはり追求すべき理想だったのかもしれないと思われる。極力人は自律的な判断ができるように理想の人に近づくよう努めるべきであろうし、また各人が判断できるように人の自由な空間は守らねばならないように思われる。そしてその時、法は如何なるものと位置付けられるのであろうか。それを考えるために歴史は何を教えてくれるのであろうか。

歴史を辿ると、異なる時代であっても似たような問題が起こっており、一つの方向に行きすぎると揺り戻しが始まっている。同じく人間が生きる社会ゆえ、何か普遍的なものがあるのだろうと思う一方、また歴史は鑑とするものなのかもしれないと実感することになる。本書では歴史事象に目を向けることで、権利概念を有しながら調和の中に存在する個の追究、また内面の徳、形式により規律する礼、強制力ある法という三層構造による社会秩序維持方法の考察の必要を引き出したのではあるが、結局は如何にしてそのようなことが実現できるのかが問われてしまうのである。

そもそも人にとって重要なことはいつの時代であってもそれほど変わらず、孔子がはるか昔に唱えていたように、忠と恕こそ肝要なのかもしれない。確かに皆が忠（まごころ）と恕（他人へのおもいやり）で表わされる最上の徳である仁を身につけて生きているなら、この世は大変平和になるように思われる。しかし問われるのはやはり、その実現にはどうすべきなのかということになるであろう。

ポストモダンの潮流の中で「近代」から漏れ落ちたものに目が向けられるようになり、「近代法」の再考もなされるようになった。そのような動きが見られる頃、筆者の見る限りでは、一九八〇年代の日本の法律学においては「現実の人」が着目され、「現実の人」のもつ不確定性・多面性・複雑性が意識されるようになった。ここから一つの結果として主体は物語や言語から構成されるとする捉え方に基づく「物語的主体」が導き出されることとなったのである。「近代法」の前提とした理性的、自律的な「人」に疑問を呈したところから生まれた「物語的主体」は、周囲との関係性の中にあり、悩みつつようやく一つの判断をするのである。しかし保護や干渉が必要となると言うのではなく、このような主体がなお己自身で判断することが重視され、そのために法はどうあるべきかが問われることとなり、一方でまた自由な空間が常に意識されていた。

第三章で掲げた紛争解決について論ずる論者たちも、現実の当事者の多様な側面に注目し、そこから当事者の主体的活動を読み取ったうえで裁判官の役割や法規範の位置付けを検討していた。そして彼らは本来当事者自体がもっていた紛争解決のために使いうる能力を引き出し、発揮させる場として訴訟を捉えている。周囲との関係性の中にあり、内面にも葛藤を抱える、不確定で浮動的な存在であろうと、なおその中に潜む内在的創発力に掛けようとするわけである。そしてそれは現代社会の「法化」に対する防波堤としての作用を、私的自治の活性化に込めるものであった。

「現実の人」の不確定性、多面性、複雑性に着目した「物語的主体」の発想は、「人」は言説により形作られると捉えるフェミニズムの「行為体」概念に通ずるものである。フェミニズムにおいては、人はついには断片の集積として捉えられてしまうわけだが、それは人を解体するためのものではなく、一人の人間に対して固定化した捉え方をしようとすることに異を唱えるものなのである。一方でその断片に他者との共鳴の可能性を見ようとするものであったため、逆に断片同士の共鳴に抑圧からの解放を掛けようという意味も含んでくる。

ところで一方の「物語的主体」は法システムの再考のために立ち現われてきたものであるので、そのもつ意味を法との関連で考えねばならない。そこで「物語的主体」の発想に立つ場合、法の用いられる局面でのそれぞれ異なる個々の人への対応、また極めて多様な具体的状況での個々の対応が重視されることから、安定性や普遍性が大きな要素となる法制度との関係を考えることが必要になる。結局「物語的主体」という捉え方をすることの意義は、制度の運用時に持つべき視点として重要性をもつということを一つの要点として確認した。

また「現実の人」に着目したという一点では「物語的主体」と同じであるが、全く異なる方向から迫る動きも近年は生じている。例えば民法学の分野で見られるような、行動経済学に基づいて「現実の人」の非合理な側面を明らかにするものである。行動経済学では関数や数式で示されるような「人」の「一般的性癖」に着目している。つまり人の非合理性を合理的手法で分析するとも言える。そしてこれは「物語的主体」の捉え方が法制度の下で一人一人の人間が見えなくなっていることに拘り、個々の人間の個別具体性を重視したことに比べると、正反対とも言える発想である。数値化された人の共通的一般性においては、個々の人間の姿は消えている。また「物語的主体」は人の不確定性・多面性・複雑性をすべて含み込んで捉えようとするのに対し、人の一面を切り取って捉えることとなる点でも違いをみせる。

第一章で挙げた「法主体」を巡る二つの方向性とも言える、「現実の人」に対する分析の二つの方向性はこのように大きな違いがある。そうであれば新たな経済学の関わる動きがもたらすものは、「物語的主体」のような法制度運用時に持つべき視点の重要性というある意味意識改革的なものとはまた異なることが予想される。新たな動向の下では「権利」を「社会的厚生」との関係で捉える発想もでてくるわけだが、このような動きは法制度全体の枠組みに強力な作用を及ぼすものであるのだろうか。もしそうであるならより良き法制度を目指すために法律学は如何なる役割を担うのだろうか。「物語的主体」の持つ意味を確認した時、改めて意識された理想的、自律的な人を求めることの重要性、そして自由な空間との関係はどうなるのか。強力な作用をもつものであるならなお、その正の面、負の面のいずれをも検討せねばならないように思う。

第一章で見たように、人の一般的性癖を投資の勧誘に利用する行為のもたらす弊害については既に指摘されている。もし人の一般的性癖を利用して、一人の人間或いは一部の人間が自分の望む方向へ人々を動かすようなことになれば、人々の行動は意識されることなく干渉されていることになる。フェミニズムが人は無意識に抑圧を生み出す存在であることを明確化したことで、我々は無意識の行動には自覚的に注意を払わねばならないことは理解しているはずである。そして「現実の人」は理性的でも合理的でもないことも、理解していなければならない。

以上「現実の人」を基点にする場合、「物語的主体」との視点をもつ一方で、近年の法律学に見られる経済学と関わる新たな動向にも注意せざるを得ないとなると、状況はさらに複雑となっていると言える。しかしより良き法制度に近付くための歩みは止めるわけにはゆかず、そのためには歴史事象に着目する法制史の立場からも、まだまだ問いを続けねばならない。

著者紹介
松 田 恵 美 子（まつだ えみこ）
1958年　石川県に生まれる
1983年　京都大学法学部卒業
1991年　京都大学大学院法学研究科博士後期課程単位取得
　　　　満期退学
現　在　名城大学法学部教授

伝統中国と近代法、人

2019年12月20日　初版第1刷発行

著　者　松　田　恵美子
発行者　阿　部　成　一

162-0041　東京都新宿区早稲田鶴巻町514
発行所　株式会社　成　文　堂
電話 03(3203)9201(代)　FAX 03(3203)9206
http://www.seibundoh.co.jp

製版・印刷　藤原印刷　　製本　弘伸製本

ISBN978-4-7923-0654-0　C3032　検印省略
定価（本体7000円＋税）